中央高校基本科研业务专项资金项目"异质性视角下制度
环境对企业出口贸易影响研究"（JUSRP121093）
江苏省"双创博士"项目（JSSCBS20210838）

异质性视角下
制度环境对企业出口贸易
影响研究

魏昀妍 著

YIZHIXING SHIJIAO XIA
ZHIDU HUANJING DUI QIYE CHUKOU MAOYI
YINGXIANG YANJIU

中国财经出版传媒集团
经济科学出版社
Economic Science Press
·北京·

图书在版编目（CIP）数据

异质性视角下制度环境对企业出口贸易影响研究/
魏昀妍著 . -- 北京：经济科学出版社，2023.11
ISBN 978 - 7 - 5218 - 5357 - 5

Ⅰ.①异… Ⅱ.①魏… Ⅲ.①企业管理 - 出口贸易 -
研究 - 中国 Ⅳ.①F752.62

中国国家版本馆 CIP 数据核字（2023）第 215659 号

责任编辑：刘　莎
责任校对：齐　杰
责任印制：邱　天

异质性视角下制度环境对企业出口贸易影响研究
魏昀妍　著
经济科学出版社出版、发行　新华书店经销
社址：北京市海淀区阜成路甲 28 号　邮编：100142
总编部电话：010 - 88191217　发行部电话：010 - 88191522
网址：www. esp. com. cn
电子邮箱：esp@ esp. com. cn
天猫网店：经济科学出版社旗舰店
网址：http：//jjkxcbs. tmall. com
固安华明印业有限公司印装
710 × 1000　16 开　15.25 印张　250000 字
2023 年 11 月第 1 版　2023 年 11 月第 1 次印刷
ISBN 978 - 7 - 5218 - 5357 - 5　定价：69.00 元
（图书出现印装问题，本社负责调换。电话：010 - 88191545）
（版权所有　侵权必究　打击盗版　举报热线：010 - 88191661
QQ：2242791300　营销中心电话：010 - 88191537
电子邮箱：dbts@ esp. com. cn）

　　自改革开放以来，中国出口贸易的地区结构失衡问题十分突出，近年来虽有改善但并不显著。缩小出口贸易地区差距在目前已成为改善地区经济失衡的重要课题。毋庸置疑，造成地区出口贸易结构失衡的原因，除了自然资源禀赋差异，关键在于区域（省级）制度环境的差异，以及由区域制度环境所引起的其与国际制度环境摩擦效应的差异。那么，区域（省级）制度环境、国际制度环境以及这二者之间的交互摩擦效应，是否对不同地区不同类型企业出口贸易存在不同的影响作用？如果影响作用存在，其又是如何影响异质性企业（不同的规模、年龄、所有制、贸易方式、区域、行业）出口贸易在量上的增长？以及如何影响异质性企业出口贸易特征（数量增长与商品—地区扩张、商品出口持续时间、商品质量提升等）的变化？等等诸如此类问题，都亟待进行深入系统研究，这不仅有助于改善中国出口贸易地区结构失衡，而且有利于促进中国对"一带一路"沿线国家的出口贸易增长，有着十分重要的理论与现实意义。

　　就现有文献看，较少聚焦于省级制度环境以及其与国际制度环境交互摩擦效应的研究。本书拟基于异质性视角，在拓展制度环境、异质性企业等概念内涵与外延的基础上，运用微观企业数

1

据对上述问题进行理论与实证相结合的系统研究。全书共分7章，在文献梳理的基础上，首先，分析了异质性制度环境对企业出口贸易额、企业出口贸易三维特征的作用机理和传导路径，构建了综合分析框架，并提出相应假设；其次，在大样本微观数据的基础上，实证分析了异质性制度环境对企业出口贸易总额及其异质性企业出口贸易额的影响方向与程度；再次，运用结构分解法、K-M生存估计法、需求残差法测算了企业出口贸易二元边际、企业出口贸易持续时间、企业出口贸易产品质量，实证检验异质性制度环境对异质性企业出口贸易三维特征的影响方向与程度；最后，根据研究结论，提出了相应的对策建议。

本书的主要创新在于：

第一，拓展了异质性企业和异质性制度环境的内涵与外延，通过规范分析揭示了省级制度环境、国际制度环境及其二者交互摩擦效应对异质性企业出口贸易影响的作用机理，并构建了一般理论分析框架。本书以异质性企业为出发点，将企业规模、年龄、所有制、贸易方式、区域、行业融入异质性企业的内涵中。同时，发现制度环境相互摩擦所引起的"内生性交易成本"会增加企业出口难度、阻碍贸易增长。所以，将异质性制度环境分为省级制度环境、国际制度环境以及二者的交互摩擦效应。基于此，将异质性制度环境的三个因素共同纳入到异质性企业贸易模型的框架内，构成了本书的一般均衡理论模型，从而实现了对异质性企业贸易模型的拓展。

第二，通过异质性制度环境对异质性企业的实证分析发现，省级制度环境及其与国际制度环境交互摩擦效应是影响异质性企业（不同规模、不同年龄、不同所有制、不同贸易方式、不同区域、不同行业）出口贸易总量增长的重要因素，东部的制度环境交互摩擦效应显著低于中西部。本书基于中国工业企业数据库和海关出口数据库匹配的大样本数据，采用市场化指数和经济自由度指数构建了异质性制度环境指标，实证检验了异质性制度环境对异质性企业出口总额的影响效果，在大样本下得出了省级制度环境、国际制度环境促进贸易增长，二者交互摩擦效应显著影响贸易增长的结论。进一步对异质性企业的分样本进行了比较研究，得出了多种不同的结论，尤其发现区域经济发展优势能够淡化制度环境交互摩擦效应阻碍贸易增长的作用。为此，克服了以往研究笼统、宏观而实践针对性不强的缺点。

第三，运用结构分解法、K－M生存估计法、需求残差法刻画了中国企业出口贸易在数量与商品—地区扩张、商品生存时间、产品质量方面的现状与特征，实证揭示了出口贸易商品—地区扩张的主要动力来源于省级制度环境，而国际制度环境则对出口贸易的数量增长和质量提升影响显著，商品生存时间的延续更依赖于省级制度环境和国际制度环境的共同作用。通过分析异质性制度环境对异质性企业出口贸易三维特征的作用效果发现，省级制度环境对产品—地区扩张，国际制度环境对出口贸易数量增长、产品质量提升具有显著且积极的影响，制度环境交互摩擦效应对商品生存时间的影响最为显著。可见，异质性制度环境变量支配着不同贸易特征的发展。为此，弥补了现有文献仅从单一制度指标或单一制度因素对异质性企业出口贸易特征方面研究的不足。

CONTENTS ▷
目　　录

第1章

绪　　论

1.1　选题背景与研究意义

1.1.1　选题背景

(1) 中国对外贸易蓬勃发展，赢得了举世瞩目的成绩

中国的改革开放、加入世贸组织、提出"一带一路"倡议等一系列重大举措，不仅带动了中国经济贸易的快速发展，而且还激励着全球贸易增长和多边贸易体制的形成。纵观这几十年的变化，中国已经从1978年世界贸易排名的第32位，上升到2009年的世界第一大贸易出口国，并在2013年总贸易额超过美国，成为世界第一大贸易国。可见，中国正在以前所未有的态势进行对外扩张，实现对外贸易"爆炸"式的增长。

大量事实表明，中国的出口实力正在不断增强，尽管在2008年全球经济危机期间出口贸易额呈现出波动的情况，但从1992~2018年的整体趋势看，出口贸易额的增长依旧显著（见图1-1），年均增速达到了16.20%。

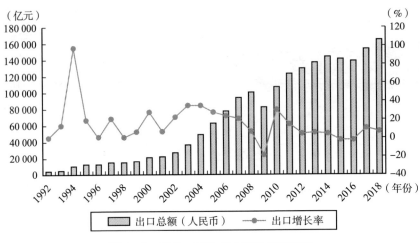

图1-1　1992~2018年中国出口贸易额

资料来源：根据国家统计局数据整理得到。

（2）中国迫切希望从贸易大国转变为贸易强国

在改革开放后，中国出口贸易得到了长足发展，在世界各国中的贸易地位稳步攀升，赢得了世界贸易大国的称号。然而，贸易大国并不等同于贸易强国，中国的出口贸易依然存在着一些现实问题，导致其面临"大而不强"的困境。首先，贸易条件①不断恶化，1994~2017年这24年间，有70%的年份中都出现了贸易条件指数同比下降的情况，平均下降幅度为3.38%②。究其原因，一方面是随着中国对外贸易的蓬勃发展，国内企业迫切需要打开国际市场，在出口过程中出现了恶性竞争、低价竞销的情况。另一方面是由于国内加工贸易规模不断扩大，促使生产要素稀缺，造成了中间产品价格上升。此外，我国企业的出口产品和目标市场还较为集中，且依然保持着以集约边际带动总体贸易增长的模式。因此，更易于造成企业之间的过度竞争。不仅如此，我国企业是以"低端嵌入"的方式进

---

①　贸易条件（terms of trade，TOT）是指一定时期内一国每出口一单位商品可以交换多少单位外国进口商品的比例，或交换比价。

②　根据国家统计局网站的数据计算得出，价格指数是以1982年为基期进行计算。

入到全球产业链中，主要出口劳动密集型产品，产品中的技术含量较低、产品质量较差；其次，中国自加入世界贸易组织（WTO）以来，所面临的贸易摩擦空前增加。据统计，在 2018 年，全球发起的贸易救济案件共有 258 起，涉及中国的案件达到 108 起，占到了全球总数的 41.86%。其中，反倾销 61 起，反补贴 29 起，案件总量同比增长了 42.11%①。可见，中国依然是全球贸易救济调查的重点目标国。

综合看来，在中国出口贸易额大幅增长的背后依然存在着出口商品单一、出口市场集中、出口产品质量较低等问题。同时，随着中国劳动者整体素质的大幅提升，劳动力的价格也随之增高，这就弱化了我国以劳动力价格低廉为主的竞争优势。在这样的背景下，中国如何获取、保持新的竞争优势，拓展贸易广度和深度、提高出口产品质量，逐渐由贸易大国走向贸易强国，无疑成为亟须研究的重要课题。

（3）中国出口贸易地区结构失衡的问题十分突出

在 2017 年，中国东部、中部、西部（不包括港澳台地区）的出口贸易额分别占到了总出口的 84.01%、8.10%、7.89%②。可见，中国各区域的出口贸易存在着严重失衡的问题，东部地区以遥遥领先的速度成为中国对外贸易发展的排头兵。不可否认，根据经典的贸易理论，自然资源禀赋是影响贸易竞争优势和贸易分工的重要因素。然而，随着经济社会的不断进步和发展，贸易竞争的优势除了资源禀赋的差异，制度环境，包括区域（省级）所具有的制度环境差异，国际制度环境以及由区域制度环境差异所引起的其与国际制度环境摩擦效应的差异都会成为影响贸易增长的重要来源。

具体而言，在传统国际贸易理论的分析框架中，贸易的竞争优势主要来源于先进的生产技术、丰富的要素禀赋以及规模经济等方面，较少涉及贸易双方的制度问题。事实上，制度环境作为合约执行的重要保障，自然

---

① 数据来源于中国贸易救济信息网，http://cacs.mofcom.gov.cn。
② 根据国家统计局网站的数据计算得出。

就成为影响贸易发生的重要因素（李新等，2013）。忽视了对制度因素的分析，将会导致贸易理论模型的预测与实际结论相偏离（郭界秀，2013）。诺斯、托马斯（1999）对西方世界经济史进行深入研究后，得出了制度决定经济增长的结论，即制度决定论。随后，有大量的实证研究和经验分析也对此观点进行了验证。贝洛克和鲍尔斯（Belloc & Bowles，2009）就指出，生产要素禀赋和生产技术差异并不是导致贸易产生的主要原因，制度环境的差异才是影响贸易发展的决定因素。艾斯莫格鲁等（Acemoglu et al.，2007）也在文章中阐述了制度环境可以通过降低贸易的进入成本，影响生产率，进而提高经济效益的观点。为此，要揭示区域（省份）经济贸易发展的巨大差异，就必须对区域（省级）制度环境和国际制度环境，以及它们之间的关系进行细致分析。

基于上述背景，我们不禁思考：区域（省级）制度环境、国际制度环境以及这二者之间的交互摩擦效应，是否对不同地区不同类型企业出口贸易存在不同的影响作用？如果影响作用存在，其又是如何影响异质性企业（不同的规模、年龄、所有制、贸易方式、区域、行业）出口贸易在量上的增长？以及如何影响异质性企业出口贸易特征（数量增长与产品—地区扩张、产品出口持续时间、产品出口质量等）的变化？等诸如此类问题，都亟待进行深入系统研究，这不仅对改善中国出口贸易地区结构失衡有着十分重要的现实意义，而且有利于促进中国对"一带一路"沿线国家的出口增长，有着十分重要的理论与现实意义。

为了回答上述疑问，本书依据交易成本理论和异质性企业贸易理论，以企业面临的出口制度环境为背景，将省级制度环境、国际制度环境以及二者的交互摩擦效应纳入异质性制度环境的概念，分析其与企业出口贸易总额、三维特征（企业出口二元边际、企业出口持续时间、企业出口产品质量）的关系；结合经济理论，揭示异质性制度环境影响企业出口贸易总额以及三维特征的作用机理和传导路径；通过运用中国企业出口数据从总额、三维特征、不同类型异质性企业等方面进行实证检验；根据实证检验的结论，提出优化省份开放环境、重视企业异质性特征、拓展广度、稳定关系、提高质量，培育出口竞争新优势的建议。

1.1.2 研究意义

（1）理论意义

①从异质性视角深化了对制度环境的认知。制度环境是一个复杂的系统，它们之间存在着各种各样复杂的关系，如果制度环境之间不能进行良好的协调和匹配，就会出现冲突和摩擦。综合来看，制度环境不仅指出口方或者进口方，这种单方面影响下的环境，还应该包含制度环境之间互相影响而产生的摩擦效应，这就会出现交易成本理论中提到的"浪费型"交易成本。因此，通过对异质性制度环境进行详细刻画，有助于人们从多维度了解制度环境的构成。

②厘清了异质性制度环境影响企业出口贸易额的作用机理。目前，对制度环境的研究多集中于经验性分析，或者在计量模型中添加一项或几项制度环境的代理变量进行研究，较少从异质性角度对制度环境进行分析，并且将异质性制度环境变量纳入到微观企业的理论模型中。本书以交易成本理论、异质性企业贸易理论为基础，构建了本书的一般理论分析框架，并对作用机理进行了分析和刻画，厘清了异质性制度环境影响企业出口贸易额的传导机制。

③将机理分析拓展到企业出口贸易特征模型中。如果仅对企业出口贸易额进行分析会略显单薄和片面。本书考虑到企业不仅具有出口贸易额的特征，还具有出口贸易的其他特征，于是借鉴一般均衡理论模型构建的思路，将异质性制度环境的三个变量同时纳入到企业出口二元边际模型、企业出口持续时间模型、企业出口产品质量模型中，以此构成了本书的综合分析框架。这样做一方面期望能为在异质性制度环境下的中国企业保持稳定出口提供理论依据；另一方面也希望为国际贸易理论从宏观到宏微观结合提供有益补充。

(2) 实践意义

①为中国省份制度环境改善提供参考依据。本书从异质性视角分析制度环境对中国企业出口贸易的影响，有助于人们清楚认识不同制度环境对企业出口的影响程度。由于中国各省的制度环境存在较大差异，所以运用企业所在省份的制度环境代替中国整体制度环境，从一定程度上具有其合理性，而且更加符合企业出口面临的真实情况。通过分析得出的结果能够有针对性地敦促各省职能部门根据各地区情况制定不同措施来改善本省的制度环境。

②为不同类型异质性企业提供参考借鉴。目前，中国正处于从贸易大国到贸易强国转变的关键时期，本书不仅要从企业出口贸易总额角度进行考察和分析，而且还要通过探究企业出口贸易的三维特征，进而研究异质性制度环境对异质性企业出口的影响。这样有助于不同类型企业根据出口市场的制度环境，有目的地选择出口目的国（地区），避免贸易成本的浪费，从而实现企业出口的高质量发展。

③激发更多学者对制度环境与企业贸易结合研究的兴趣。目前，有较多学者已经在制度环境与企业出口方面提供了许多有益的研究，但从制度环境交互摩擦效应角度展开的研究还略显不足。希望本研究能够抛砖引玉，激发更多学者对异质性制度环境的研究兴趣，为中国贸易发展提供更为丰富的经验支持，共同推进中国从贸易大国走向贸易强国。

1.2　相关概念界定

1.2.1　异质性制度环境

在多数情况下，制度经济学家并不严格区分制度环境与制度。科斯

（2002）将一系列用于建立生产、交换与分配的基本政治、社会和法律的基础规则定义为制度环境。如法律条文、社会交易规范和文化传统习惯等。可以看出，所谓的制度环境是一个综合概念，它囊括了在各个方面能够影响人们相互交往的规则。学者们基于不同的研究目的和要求，对制度环境的概念内涵从国家层面（宋芳宇等，2012）到省份层面（徐浩、冯涛，2018）分别进行了界定。

本书定义的异质性制度环境是基于企业在出口过程中所面临的综合制度环境，同时考虑到在双边制度环境共同作用下产生的摩擦效应。基于此，把异质性制度环境界定为：出口企业所在的省级制度环境、企业出口目的地的国际制度环境以及这二者之间的交互摩擦效应。

1.2.2　异质性企业

学术界关于"异质性"的研究多见于生态、遗传等与医学相关的学科，随后被逐渐运用到经济学领域，而多重异质性在经济演化过程中扮演了重要的角色（孟祥宁、张林，2018）。在梅利茨（Melitz，2003）的异质性企业贸易理论中，企业生产率差异是异质性最为重要的表现。正是由于这种表现，才影响到企业的出口选择，出现了资源重新配置和优胜劣汰效应。其中，生产率水平在行业内领先的企业将会选择出口，生产率处于中等水平的企业会选择在国内市场销售，而被市场淘汰企业的生产率往往是行业内最低的。还有研究发现，生产率水平并不能完全解释出口企业竞争力的差异，还可以进一步从企业区位、企业规模等多方面进行分析（李军、刘海云，2015）。

本书在现有文献的基础上，从两方面对异质性企业进行阐述。第一，从生产率方面，即生产率存在差异性的企业；第二，从企业种类方面，即包括不同年龄、不同规模、不同所有制、不同贸易方式、不同区域、不同行业的异质性企业。

1.2.3 异质性企业出口贸易特征

异质性企业贸易理论不仅把学术研究从宏观领域带入到微观世界，而且使从多角度对企业出口贸易进行研究成为可能。如从企业出口贸易额到对贸易额进行分解后的企业出口二元边际、再到反映贸易关系稳定性的企业出口持续时间分析，以及决定企业出口实力的产品质量分析等，这些研究都从不同方面反映出异质性企业出口贸易的特征。由于企业出口是一个错综复杂的过程，其出口结果不能仅靠某一方面的特征来进行评定，还应该从多方面进行衡量。

因此，本书中的异质性企业出口贸易特征是对企业从总额到总额的结构分解，从生存视角到质量视角的全面衡量，具体包括出口贸易额（总额）、出口贸易二元边际（数量增长与产品—地区扩张视角）、出口贸易持续时间（生存视角）、出口贸易产品质量（质量视角）这几方面的特征。

1.3 研究思路与研究方法

1.3.1 研究思路

本书基于"提出问题 分析问题—解决问题"的研究范式，从以下几方面展开了研究。

①分析了中国对外贸易的现实背景，并在此基础上将制度环境视作影响贸易发展的重要因素。据此明确研究意义，提出研究方法和确定研究内容。

②界定了本书的核心变量：异质性制度环境、异质性企业、异质性企

业出口贸易特征的概念内涵。通过分别回顾制度环境、异质性企业贸易、异质性企业出口贸易特征的相关研究，在此基础上，对制度环境影响异质性企业出口贸易总额和三维特征的文献进行了综述，指出现有研究的不足，提出本书的研究重点。

③以异质性企业贸易模型为基础，通过纳入异质性制度环境变量，分析其影响的作用机理和传导路径，构建了本书的一般均衡理论模型，在此基础上进一步拓展了企业出口贸易三维特征模型，构成了本书的综合分析框架，并提出了四个理论假说。

④依据异质性制度环境的概念内涵，将省级制度环境、国际制度环境及二者的交互摩擦效应作为本书实证分析的核心解释变量。进而检验异质性制度环境对异质性企业出口贸易额、三维特征的影响，并验证理论假说。此外，将异质性制度环境对不同类型异质性企业的影响效果也进行了实证检验。

⑤根据经济学理论、量化分析数据和实证检验结果，提出相应的政策和建议。

1.2.2 研究方法

本书采用的研究方法主要有以下几种。

(1) 理论分析与实证检验相结合

在阅读和收集了国内外学者有关制度环境影响企业出口贸易相关文献资料的基础上，进一步梳理和归纳学者们关于此领域的研究现状，找到本研究的突破口。深度分析和论证异质性制度环境对企业出口贸易特征的影响渠道和作用机理，然后基于理论论证的结果，将异质性制度环境视为核心解释变量纳入到实证分析中，从而实现了理论分析和实证检验的有机统一。

（2）比较分析与综合分析相结合

本书研究了在异质性背景下制度环境对我国企业出口贸易的影响。鉴于制度环境和企业出口贸易都存在异质性的特征，首先，本书采用比较分析法，论证了三个异质性制度环境变量影响企业出口总额的作用机理；其次，进一步探讨了异质性制度环境对企业出口贸易三维特征作用渠道的差异，整个分析过程一直运用的是比较分析法；最后，使用综合分析法，对研究结论进行提炼和概括，进而得到相应的建议。

（3）定性分析和定量分析相结合

在进行实证分析前，本书对异质性制度环境、企业出口贸易总额、企业出口贸易三维特征进行了定性分析。首先，搜集了各国经济自由度、中国市场化指数、中国工业企业数据库、海关进出口数据库中的相关信息；其次，对数据进行整理和统计分析；最后，运用相关计量软件和多种计量方法实现异质性制度环境对企业出口贸易特征影响的系数估计，从而得到关于异质性制度环境对我国企业出口贸易的作用方向、影响程度等较为细致的结论。

1.4　研究内容与研究框架

1.4.1　研究内容

全书内容共分7章，各章节的研究内容安排如下。

第1章，绪论。通过对研究背景的阐述，引出本研究的主要问题。包括五个部分：首先，提出了本研究的背景和研究意义；其次，对本书涉及的核心概念分别进行界定；再次，总结了本书的研究思路和主要研究方法；又次，概括出研究内容和研究框架；最后，对创新之处进行了归纳和总结。

第 2 章，相关文献综述。通过对已有文献的回顾，梳理出研究的脉络和后续研究的可改进之处。主要包括五个部分。第一，对制度环境相关理论文献进行了回顾，其中介绍了制度经济学发展的简要历程、新制度经济学中的交易成本理论以及制度环境的相关文献研究；第二，对异质性企业贸易理论的发展演变和拓展研究进行了综述；第三，对企业出口贸易的三维特征，即企业出口贸易二元边际、企业出口贸易持续时间、企业出口贸易产品质量的相关研究文献进行了整理；第四，总结了制度环境对异质性企业出口贸易额以及三维特征影响的文献；第五，对现有文献进行了评述。

第 3 章，异质性视角下，制度环境对企业出口贸易影响的理论分析。通过规范分析，旨在揭示异质性制度环境对异质性企业、异质性企业出口贸易特征的影响机理。主要包括五个部分。前两部分探讨了异质性制度环境对企业出口贸易额、三维特征的影响机理和传导路径。其中，重点从两个影响渠道分别进行阐述，包括省级制度环境影响企业生产率的渠道，国际制度环境、制度环境交互摩擦效应影响交易成本的渠道，然后分析了异质性制度环境对异质性企业的影响机理；第三部分简要介绍了异质性企业贸易模型，并在此基础上构建了引入异质性制度环境的一般均衡理论模型；第四部分是借鉴一般均衡理论模型的分析思路，将异质性制度环境纳入企业出口贸易二元边际模型、企业出口贸易持续时间模型、企业出口贸易产品质量模型中；第五部分是对本章内容进行的总结和归纳。

第 4 章，异质性制度环境、企业出口贸易特征的指标选取与测度。通过对数据的整理、指标的选取，旨在为后续实证分析提供研究基础。主要包括四个部分。首先，介绍了本章主要使用的工业企业数据库和海关进出口数据库的基本情况，以及样本合并与筛选的规则；其次，分析了异质性制度环境的选取方法；再次，对异质性企业出口贸易特征进行测度，获得企业出口贸易总额和三维特征的指标，并列示出测算结果；最后是对本章内容的总结。

第5章，异质性视角下，制度环境对企业出口贸易额的影响实证。通过分析异质性制度环境对异质性企业出口贸易额影响的实证结果，揭示其影响方向与程度。主要包括三个部分。首先，设定了实证计量模型，并对变量进行说明和统计描述。在 2000~2006 年企业大样本数据的基础上，实证分析了异质性制度环境对企业出口贸易总额的影响；其次，继续从企业规模、年龄、所有制、贸易方式、所属地区、所属行业这六个方面对异质性企业进行了实证检验和分析；最后，是对本章实证检验结果的总结。

第6章，异质性视角下，制度环境对企业出口贸易特征的影响实证。通过分析异质性制度环境对异质性企业出口贸易特征影响的实证结果，揭示其影响方向与程度。主要包括四个部分。首先，设定了企业出口贸易三维特征计量模型，并进行了变量说明和统计描述；其次，实证检验了异质性制度环境对企业出口贸易三维特征的影响；再次，从企业规模、年龄、所有制、贸易方式、所属地区、所属行业这六个方面对异质性企业出口贸易的三维特征进行实证检验；最后，是对本章实证检验结果的总结。

第7章，研究结论与展望。通过总结本书的结论，旨在提出相应的政策建议。主要包括两个部分，首先是总结全书的分析结论，进而根据研究结论从三个方面提出了相关的政策建议；其次是本书研究的不足和有待拓展的方向。

1.4.2　研究框架

本书的研究框架如图 1-2 所示。

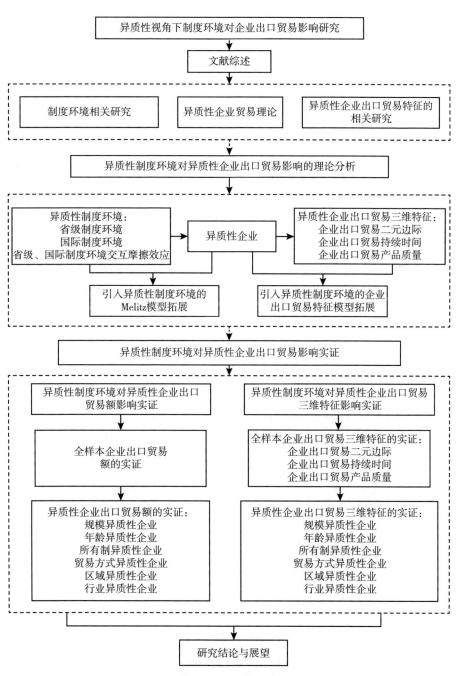

图 1-2 研究框架

1.5　研究的主要创新

本书系统研究了异质性视角下制度环境对企业出口贸易的影响，主要创新点如下。

①拓展了异质性企业和异质性制度环境的内涵与外延，通过规范分析揭示了省级制度环境、国际制度环境及其二者交互摩擦效应对异质性企业出口贸易影响的作用机理，并构建了一般理论分析框架。本书以异质性企业为出发点，将企业规模、年龄、所有制、贸易方式、区域、行业融入异质性企业的内涵中。同时，发现制度环境相互摩擦所引起的"内生性交易成本"会增加企业出口难度、阻碍贸易增长。因此，将异质性制度环境分为省级制度环境、国际制度环境以及两者制度环境的交互摩擦效应。基于此，将异质性制度环境的三个因素共同纳入到异质性企业贸易模型的框架内，构成了本书的一般均衡理论模型，从而实现了对异质性企业贸易模型的拓展。

②通过异质性制度环境对异质性企业的影响作用分析，发现省级制度环境差异及其与国际制度环境交互摩擦效应是影响异质性企业（不同规模、不同年龄、不同所有制、不同贸易方式、不同区域、不同行业）出口总量增长的重要因素，东部地区的制度环境交互摩擦效应显著低于中西部。本书基于中国工业企业数据库和海关进出口数据库匹配的大样本数据，采用市场化指数和经济自由度指数构建的异质性制度环境指标，实证检验了异质性制度环境对异质性企业出口贸易总额的作用效果，在大样本下得出了省级制度环境、国际制度环境促进贸易增长，二者交互摩擦效应显著影响贸易增长的结论。进一步对异质性企业的分样本进行了比较研究，得出了多种不同的结论，尤其发现区域经济发展优势能够淡化制度环境交互摩擦效应阻碍贸易增长的作用。为此，克服了以往研究笼统、宏观、实践针对性不强的缺点。

③运用结构分解法、K - M 生存估计法、需求残差法刻画了中国企业出口贸易在数量与产品—地区扩张、产品生存时间、产品质量方面的现状与特征，实证揭示了出口贸易产品—地区扩张的主要动力来源于省级制度环境，而国际制度环境则显著影响出口贸易的数量增长和质量提升，商品生存时间的延续更依赖于省级制度环境和国际制度环境的共同作用。通过分析异质性制度环境对异质性企业出口贸易三维特征的作用效果发现，省级制度环境对产品—地区扩张，国际制度环境对出口数量增长、产品质量提升具有显著且积极的影响，制度环境的交互摩擦效应对产品生存时间的影响最为显著。可见，异质性制度环境支配着不同贸易特征的发展。为此，弥补了现有文献仅从单一制度指标或单一制度因素对异质性企业及其出口贸易特征研究方面的不足。

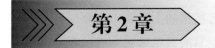

第2章

相关文献综述

2.1 制度环境的相关研究

2.1.1 制度经济学的发展

美国经济学家凡勃仑 1899 年在《有闲阶级论》中把制度作为研究对象，在他看来，制度就是人们的思想习惯。私有财产、价格、市场、货币、竞争、企业、政治机构以及法律等，都是"广泛存在的社会习惯"。制度受环境的影响，一旦环境发生变化，它就会随之而变，而它的变化是通过个人思想习惯的变化来实现的。随后，科斯 1937 年在《企业的性质》中明确提出交易费用的存在和重要性。1960 年，科斯发表了著名的《社会成本问题》，将交易费用概念从企业成本进一步扩展为社会成本范畴，以

"公地悲剧"① 的典型案例入手，首次明确提出了交易费用概念。可以看出，经济学家对制度的研究从未停止过。制度经济学主要归纳为三个发展阶段：旧制度主义阶段、新制度主义阶段、新制度经济学阶段。以下就对制度经济学的发展历程进行简要介绍。

（1）旧制度主义阶段

自 19 世纪 70 年代起，新古典经济学作为主流学派在经济学界一直占据着统治地位。它支持自由放任的市场经济，提出经济人具有"完全理性"和"完全信息"的经典假设，为后续经济学研究打下了基础。但是，随着 1929～1933 年世界经济危机的爆发，主流经济学说面对现实中的经济问题显得苍白无力，导致其重要地位逐渐丧失。旧制度主义就是在怀疑与批判新古典经济学的基础上发展起来的。

旧制度主义产生于 19 世纪末到 20 世纪 30 年代，它主张重视国家干预、强调制度具有同进化论般的演进能力。其中有三位重要的代表人物：第一位是制度理论的奠基人凡勃仑，他运用生物学、心理学、经济学等多种分析方法，对资本主义历史演变和未来发展进行了深入分析，表明达尔文的生物进化论可以很好地解释社会经济的发展，并在此基础上提出了制度理论。第二位是改革家康芒斯，他力荐国家通过法律形式调节各个利益集团的冲突，把制度理解为集体行动控制个体行动，并且把交易当作经济活动和制度经济学分析中的基本单位。第三位是研究者米契尔，他主要通过统计资料来验证制度主义理论，同时关注政府和企业的关系以及有关经

---

① "公地悲剧"在英国是和"圈地运动"联系在一起的。15～16 世纪的英国，草地、森林、沼泽等都属于公共用地，耕地虽然有主人，但是庄稼收割完以后，也要把栅栏拆除，敞开作为公共牧场。由于英国对外贸易的发展，养羊业飞速发展，于是大量羊群进入公共草场。不久，土地开始退化，"公地悲剧"出现了。于是一些贵族通过暴力手段非法获得土地，开始围栏将公共用地圈起来，据为己有，这就是我们历史书中学到的臭名昭著的"圈地运动"。"圈地运动"使大批的农民和牧民失去了维持生计的土地，历史书中称之为血淋淋的"羊吃人"事件。但是书中没有提道："圈地运动"的阵痛过后，英国人惊奇地发现，草场变好了，英国人作为整体的收益提高了。由于土地产权的确立，土地由公地变为私人领地的同时，拥有者对土地的管理更高效了，为了长远利益，土地所有者会尽力保持草场的质量。同时，土地兼并后以户为单位的生产单元演化为大规模流水线生产，劳动效率大为提高。英国正是从"圈地运动"开始，逐渐发展为日不落帝国。

济周期的问题。他通过对企业内部和企业之间协作的观察，发现了资本主义基本矛盾的表现形式，并认为货币是引起经济波动的主要原因。此外，他还把经济周期分成了若干阶段，进一步阐述和解释经济危机反复出现的现象，并提出了一套富有特色的见解[1]。

（2）新制度主义阶段

第二次世界大战结束后，科学技术有了很大的进步，经济发展的速度也随之加快，但是由生产过剩导致的社会问题却日益尖锐，经济危机爆发越发频繁。面对各种严重的社会矛盾，主流经济学理论显得束手无策。因此，在20世纪30～50年代，基于旧制度主义思想，以加尔布雷思为代表的新制度主义用制度结构分析方法，对新古典经济学和凯恩斯主义进行批判。其中，加尔布雷思撰写的《丰裕社会》《新工业国》《经济学与公共目标》这几本著作中对权利、权利分配、集团之间利益冲突等问题进行了分析。加尔布雷思的新社会主义论其实质就是，认为资本主义与社会主义两种制度最终会走向趋同，只要进行社会改革就能够实现"新社会主义"。在加尔布雷思看来，这两种社会制度之间的趋同是现代经济和技术发展的必然结果，计划终究要取代市场。其具体表现就是管理需求、控制物价；技术阶层终将取代资本家掌管计划体系的权力；国家必将行使调节总需求、物价和工资的职能，并且致力于兴办教育和发展科技。加尔布雷思认为，通过限制资本主义社会计划体系的权力，提高市场体系的地位，就能够在这两个部门实现权力和收入均等化，从而实现"新社会主义"。加尔布雷思的新社会主义论看到了现代化大生产的某些发展趋势。如计划体系

---

① 米契尔在其出版的《商业循环及其调整》一书中，对经济周期做了清晰的定义：经济周期主要是指一个主要由工业厂商和商业企业组成的国家，在经济运行的过程中产出会出现上下起伏的波动现象。而且，一个完整的经济周期包含了经济发展的几个阶段。首先是经济的扩张阶段，这一时期的经济活动表现出了同步扩张的状况，随之而来的是经济活动的同步性收缩，即整个经济系统出现了衰退的特征，经济系统的复苏紧随其后，并为下一个周期经济活动的再一次扩张做好了准备。经济系统依照时间序列不断地重复循环波动，但是每一次周期波动的时间间隔并不一致，有时时间间隔较短，为一年到两年；有时时间间隔却较长，为十年到十二年不等。根据周期波动的自身特性还能够对经济周期性波动的时间间隔进行再度的细分。

和市场体系之间的矛盾和冲突。不过，他为解决这对矛盾所开的处方（如国家负责调节总需求、物价和工资等）也许只能起到缓解矛盾的作用，却达不到根治的目的。

与旧制度主义相比，尽管制度主义依然没有给"制度"下一个确切的定义，但新制度主义带来的积极作用却十分显著。首先，新制度主义认为自由放任的政策早已不合时宜，自行调节是不可能恢复市场均衡的，市场经济必须依靠政府进行调节和干预。其次，新制度主义的理论更加切合当时经济社会中出现的问题。在对资本主义存在的问题进行分析后，新制度主义能够给予较为具体的政策建议，而凡勃仑代表的旧制度主义则把重心更多地放在提出设想方面，与现实存在较大的差距。

（3）新制度经济学阶段

新制度经济学的繁荣不仅对经济学产生了巨大而深远的影响，而且成为 20 世纪 60 年代以来，经济学界最引人瞩目的研究之一。它的发展过程主要包括 20 世纪 30 年代到 60 年代的产生阶段和 20 世纪 70 年代至今的快速发展阶段。继科斯在 1991 年首先获得了诺贝尔经济学奖后，诺斯和威廉姆森作为新制度经济学的重要代表分别于 1993 年、2009 年再次获得了诺贝尔经济学奖，这不仅让新制度经济学在经济学界大放异彩，而且更加说明学习和研究新制度经济学所具有的重大意义。

科斯撰写的《企业的性质》一文是新制度经济学产生的代表之作，其产生的理论背景就是基于主流学派对制度的忽视。在此基础上，科斯发现新古典经济学并没有对企业制度和市场制度进行研究。所以，科斯将交易费用纳入到经济学的分析中，成功打开了新古典经济学的理论缺口。虽然科斯 1960 年才正式对交易费用的概念进行了界定和分析，但交易费用早已成为新制度经济学中最为核心的理论。

威廉姆森是新制度经济学的重要代表之一，他通过将交易作为基本分析单位，研究了企业和市场之间制度相互替代的问题，开创了企业组织理论与交易费用相联系的研究领域。诺斯（1991）提出，制度是用来约束社

会主体行为的包括守法秩序、行为道德的一系列规则。与此同时，诺斯
（1999）提出了一个不同凡响的观点：经济增长的关键因素是制度，制度
变迁对经济发展的影响远大于技术，这就是著名的"制度决定论"。值得
一提的是，诺斯通过对西方市场经济演变史的审视与分析，升华出制度变
迁理论的思想，并以三大理论支柱①来构建他的分析框架。如他所述，"我
研究的重点放在制度理论上，这一理论的基石是：描述一个体制中激励个
人和集团的产权理论；界定实施产权的国家理论；影响人们对'客观'存
在变化不同反应的意识形态理论，这种理论解释为何人们对现实有不同的
理解。"值得提出的是，诺斯在阐明上述分析框架的过程中，始终以成
本—收益作为分析工具，论证产权结构选择的合理性、国家存在的必要性
以及意识形态的重要性；而这种分析使得诺斯的制度变迁理论具有巨大的
说服力。

新、老制度经济学的逻辑主线其实是一个主线。对于老制度经济学而
言，他没有统一的理论体系。而对于现在的新制度经济学理论体系而言，
它主要呈现出的是松散的、开放性的特点。老制度经济学其实是最基础的
制度，新经济制度学习是一个更加综合的概念，所以从总体上而言，两者
并不是对立的关系，彼此之间有着十分密切的联系，是一脉相承的关系。
尽管如此，新制度经济学与制度主义在研究方法上存在较大差异，一个采
用的是新古典经济学的分析方法，另一个采用的是心理学、生物学的分析
方法。同时，它们在经济学界所处地位也不尽相同。新制度经济学由于得
到了主流经济学的认同，一直保持着快速发展，而制度主义由于难以被主
流经济学接受，其发展受到了不同程度的限制。

---

① 产权理论是诺斯制度变迁理论的第一大理论支柱。诺斯认为有效率的产权对经济增长起
着十分重要的作用。他曾提到"增长比停滞或萧条更为罕见这一事实表明，'有效率'的产权在
历史中并不常见"。很显然，经济能否增长往往受到有无效率的产权的影响。有效率的产权之所以
对经济增长起着促进的作用，是因为一方面产权的基本功能与资源配置的效率相关，另一方面有
效率的产权使经济系统具有激励机制。国家理论是诺斯制度变迁理论的第二大理论支柱。诺斯对
国家的看法集中体现在这一悖论中："国家的存在是经济增长的关键，然而国家又是人为经济衰退
的根源"。意识形态理论是诺斯制度变迁的第三大理论支柱。诺斯认为只有意识形态理论才能说明
如何克服经济人的机会主义行为（如"搭便车"现象），才能进一步解释制度的变迁。

2.1.2　交易成本理论

(1) 交易范畴的界定

古希腊的亚里士多德是最早使用"交易"概念并对它的功能和分类加以分析的人。他把交易看作是带来财富的途径，并按照部门将其分成三类。一是包括海上、陆上的商业交易；二是货币之间的交易；三是劳动力之间的交易。虽然这样的划分与新制度经济学所提出的"交易"范畴还相距甚远，但是作为最早对交易做出的定义还是较为明确的。

康芒斯是旧制度主义学派的代表人物，他把交易归为经济学研究的范畴，并做出了明确的界定和分类。他从法律角度对社会中的经济关系进行解释，认为经济关系的本质就是交易，并从三个方面对交易的内涵进行说明。第一，交易是经济活动、制度经济学中的基本单位；第二，实际"物品交换"所代表的交易并不能完全表示经济学中交易的含义，而交易应该是人与人之间对物品未来所有权的转让和取得；第三，交易本身必须含有"冲突、依存和秩序"三项原则（康芒斯，2011）。他在此基础上把交易划分为：买卖交易、管理交易以及限额交易。可见，康芒斯论述的交易极具现实意义。

(2) 交易成本的内涵与外延

科斯发现的交易成本，不仅结合了以往制度学派中对交易内涵的解释，而且对新古典经济学也进行了深刻反思。完美的价格机制和交易成本为零的经典假设，是整个新古典经济学大厦的基础，其地位在主流经济学中是不可动摇的。但科斯提出的交易成本问题打开了新古典经济学研究的"黑箱"，动摇了其经典的假设，可以说导致了经济学的革命。从新古典经济学中的零交易成本走向新制度经济学中正的交易成本，这使经济学获得了对现实问题前所未有的解释力。

①交易成本的内涵。

科斯最初并没有给交易成本下一个明确的定义，而是提到了市场运行的成本。他对交易成本的定义始终围绕着交易过程，并认为与交易有关的一切活动所引起的成本就是交易成本。其中，包括准备进行交易前的成本，交易过程中的成本和保证契约严格实施的成本。威廉姆森（2002）指出，经济系统在运行时，出现错综复杂活动所要付出的代价或费用就是交易费用。张五常（2000）也从整体角度提出，交易成本就是在鲁宾逊特殊经济环境中也不可能存在的成本。可见，制度经济学家在交易成本内涵分析方面还存在较大的差异。

②交易成本的外延。

以交易成本概念中的对象或具体项目为基础，进而划分的交易成本就构成了交易成本的外延。目前，对交易成本外延的理解有两种不同的观点：一种是以康芒斯的划分为基础，将交易成本分为市场型、管理型、政治型的交易成本。另一类是在布罗姆利（1996）思想的基础上，弗鲁博顿和芮切特（2006）划分出的制度交易成本和给定制度条件下的交易成本。

市场型交易成本主要包括：交易前信息搜寻的费用。例如，发布广告、举办展览会等产生的成本；交易进行时，双方进行讨价还价以及决策过程中产生的成本。例如，支付顾问、律师的费用；交易后期监督和执行的费用。管理型交易成本是指组织内部产生的成本，以企业为例，主要指管理者与雇员之间产生的成本。政治型交易成本是指维护政治体制所产生的成本，包括国家立法、军队国防、教育等方面的支出。

（3） 交易成本的性质

根据新制度经济学家分析的交易成本，可以从以下两点总结其性质。

第一，从财富和资源角度来看，交易成本是具有损耗性的。这种损耗型的交易成本可分为两种：一种是人们在进行交易之前对相关信息进行搜集，由此引起的花费。另一种是由于企业寻租行为产生的纯粹浪费的交易成本。

第二，虽然交易成本无法消除，但是可以通过一定方法使其降低。新制度经济学家在此基础上就提出了，制度可以达到降低交易成本的目的。诺斯（2014）认为交易成本是由制度所提供的交换结构以及技术决定的转化成本共同来决定的。可见，制度通过影响交换与生产成本进而影响经济绩效。同时，制度决定了构成总成本的交易成本和生产成本。

2.1.3　制度环境的相关文献研究

从制度主义到新制度经济学，不同学派学者都从自己的角度给予制度不同的定义。但在学术界，被广泛接纳的定义应属诺斯（2014）提出的，制度是一个社会博弈过程，主要用来约束人们之间的相互交往和关系。按照这一思路，制度环境可以理解成为在社会生活中，人们自发形成的一系列与政治、经济、文化有关的，并被无意识接受的行为规范。科斯（2002）也认为涉及生产、交换与分配的政治、社会和法律规则都应该称之为制度环境。但在大多数情况下，制度经济学家并不严格区分制度和制度环境（颜克高、井荣娟，2016）。近些年来，随着学者们对制度经济学重视程度的提高，对制度环境与经济贸易发展关系的研究也逐渐增多，主要从单边制度环境和双边国家制度距离这两方面展开。

（1）单边制度环境的角度

①国外研究综述。

国外学者安德尔森和马奎勒（Anderson & Marcouiller，2002）从进口角度分析了制度对贸易增长的影响。通过把制度分为经济政策和司法制度后发现，如果进口国不具备健全的制度环境，将会抑制贸易的发展。贝尔科维奇等（Berkowitz et al.，2006）在此基础上研究制度质量对产品技术复杂度的影响，研究发现拥有良好制度的国家倾向于出口更复杂的产品，进口更简单的产品。此外，制度通过生产成本（比较优势）而不是通过国际交易成本对贸易产生更大的影响。列夫琴科（Levchenko，2007）同样从进口角度分析了具有良好契约制度的出口国确实能促进其贸易比较优势的形成。努恩（Nunn，2007）以美国为基准，用合约执行的力度代替制度质量，分析得出合约执行越好的国家，其出口情况越好的结论。弗兰克斯和曼基（Francois & Manchin，2007）分析了伙伴国的制度水平对贸易的影响。梅恩和赛卡特（Meon & Sekkat，2008）认为国家的制度水平对总出口、制成品出口和非制成品出口的影响程度是不同的。其中，对制成品的影响显著且为正。此外，还有学者从国家角度（Zahonogo，2016；Samadi，2019），企业角度（Marano & Kostova，2016）来分析制度环境对贸易的影响。

②国内研究综述。

国内学者在国家层面的研究主要分为母国制度环境、目的地制度环境对贸易的影响。从母国制度环境的角度来看，潘向东等（2005）分析了37个国家制度与经济贸易之间的关系，通过把经济制度分为经济法律制度、经济政策、经济自由化程度后发现，经济政策中的贸易政策对贸易的影响最大，经济法律制度中的产权保护程度对经济增长的影响最大。项卫星、李宏瑾（2009）将经济自由度指数作为制度环境的代理变量，在控制了劳动力人口、资本存量以及人力资本等变量后发现，制度环境确实促进了各国经济的增长，从而为自亚当·斯密以来的自由经济理论提供了新的证据。还有学者从理论上提出，贸易政策的制度质量分析框架除了包括制度有效性分析，还应当包括制度稳定性分析。贸易制度稳定性的重要意义在于，它既是经济长期增长的需要，更是贸易制度变迁进入"梯形"上升演进通道的必要条件。贸易制度稳定性均衡主要取决于利益集团、政治风险、理性预期及政策承诺，而它又会通过投资、贸易、经济改革等渠道间接地影响贸易发展和经济增长（熊锋、黄汉民，2009）。随后，郭苏文、黄汉民（2010）就利用1995～2009年，95个国家三个样本组平均每5年的面板数据，设定跨国面板固定效应模型，检验了制度质量、制度稳定性对经济增长的影响，并对制度质量和制度稳定性对发达国家和发展中国家经济增长的不同作用进行了比较分析。研究结果表明高质量的制度促进经济增长，不稳定的制度阻碍经济增长。和发达国家相比，制度质量对发展中国家经济增长所发挥的作用相对较小，而制度不稳定对发展中国家经济增长所产生的阻碍作用却相对较大，这主要是因为发达国家更透明的市场信息，更完善的资本和保险市场减少了制度不稳定性带来的短期危害。

此外，陈能军、王娟（2019）以 2003～2016 年中国与"一带一路"沿线 58 个国家的出口数据为样本，运用双向固定效应模型和动态面板 GMM 方法实证检验制度质量与出口结构优化之间的关系。实证分析结果表明，监管质量、政府效率和法律规制与出口结构之间存在正相关关系，制度质量对出口结构具有积极影响，制度质量的提高有利于优化中国对"一带一路"沿线国家的出口结构，出口结构的滞后一期对出口结构优化具有正向影响。从东道国制度环境来看，谢孟军、王立勇（2013）从引力方程的微观基础出发，构建包含经济制度质量的引力模型，并利用占中国对外贸易额 85% 以上的 36 个国家（地区）1995～2011 年的面板数据，对经济制度质量和中国出口贸易之间的关系进行实证检验。结果表明，贸易伙伴的经济制度质量与中国出口贸易高度相关，经济制度质量较高的国家（地区）对中国出口贸易的引力较大。目前，中国经济制度质量相对较低，对出口贸易的推动作用不显著。朱福林、赵绍全（2018）基于制度质量视角，采用国际通用公式测算了 62 个国家（地区）国际 R&D 溢出存量及服务出口技术复杂度，运用动态面板估计模型对制度质量、国际 R&D 溢出及两者交互项与服务出口技术复杂度的影响关系进行了实证检验。结果发现，国际 R&D 溢出对服务出口技术复杂度具有显著正向影响；制度质量的直接与间接效应在不受控制变量的影响时呈显著正相关，在控制了地区差异后虽表现出一定的不稳定性，但仍呈现出较为显著的促进效应；发达国家（地区）的制度质量对服务出口技术复杂度的影响作用比发展中国家（地区）更为显著，从而更加确认了制度质量的重要性。

随着微观数据可得性的增强，大量文献逐渐转移到对我国具体行业、地区、企业的研究。从对具体行业的影响来看，邵俊、张捷（2013）分析了 5 个制度指标对中国 28 个省份服务行业增长的影响。齐兰、徐云松

（2017）利用中国西部地区的数据得出，规范地方政府行为、增强地区执法水平、提高区域信用水平有利于西部金融化水平提升，从而促进产业结构升级；且作为非正式制度的社会资本是对西部不完善的正式制度（法治）的有效替代；长期来看，总体制度环境优化具有显著正向效应；短期而言，总体制度环境改善的作用效果不显著。路畅等（2019）基于2008～2015年中国省际面板数据，构建门槛效应模型，将制度环境设为门槛变量，实证分析技术创新对传统产业升级的影响。结果发现，各区域制度环境差别会导致技术创新对传统产业升级表现出明显的门槛效应，即市场化处于较低水平时，技术创新对传统产业升级的作用不显著；伴随着市场化水平的不断提高，技术创新对传统产业升级的促进作用逐渐显现，并且促进强度呈倒"U"型结构。

从对地区经济的影响来看，孙晓华等（2015）以2001～2011年中国省际面板数据为样本，利用夏普利值方法分解市场化对地区经济发展差异的贡献，进而讨论了市场化改革拉大地区经济发展差距的机制。结果显示，市场化对地区经济发展差距的平均贡献度为13.18%，表明市场化进程的不同步是地区经济发展失衡的重要原因之一；市场化改革对地区经济发展的影响存在门限效应，能够促进发达地区经济以更快速度发展，而对欠发达地区的带动作用较弱，这种强者愈强的"马太效应"是助推地区经济发展差距的内在机制。邓宏图、宋高燕（2016）考察了知识分布、学历分布与制度质量的关系，研究发现，新中国成立初期的干部学历分布会通过影响不同省区的制度和政策实施的效果（即制度质量），间接地影响不同省区的经济增长和社会发展，从而使不同省区在经济增长和社会发展的路径上呈现出足可观察得到的差异性。

从对企业发展的影响来看，金祥荣等（2008）运用构建的司法制度和产权保护制度，重点研究了中国30个省份的制度质量对出口规模的影响，在控制了地区技术水平、地理因素、劳动人口、FDI流入等变量差异后，最后得出两种制度对出口都具有显著影响。邓路等（2014）以中共中央统战部等4家机构对中国民营企业进行调研的数据为样本，实证检验了民间金融、制度环境与地区经济增长的关系。研究发现，民间金融会对民营企业产生抑制作用，但是如果能受到制度环境的约束，其负面作用将被显著削弱。此外，还有研究表明，企业所在地区的制度质量越高，趋向于一体化的程度就越弱（郑幸迎等，2014）。叶迪、朱林可（2017）以本地区企业出口同类产品的平均质量为该产品"地区质量声誉"的代理变量，发现以地区为主体的出口产品质量声誉会对企业出口绩效产生显著为正的影响，而且当企业出口的产品质量差异化程度越高时，这种影响越大。进一步研究发现，"地区质量声誉"对非外资企业、通过贸易中介出口的企业、出口目的国距离更远的企业以及自身产品质量较低的企业影响更大。除此之外，"地区质量声誉"的提高还有利于产品出口价格的提升。

（2）双边国家制度距离的角度

①国外研究综述。

国外学者凯普泰亚（Cheptea，2007）在中东欧贸易一体化的背景下，分析了贸易政策以及国家之间制度相似性对跨境贸易的影响，同时也研究了贸易额对制度变革的反向作用关系。巴伊和萨洛蒙（Bae & Salomon，2010）研究了国家之间制度距离对跨国公司发展的影响。晁和库马尔（Chao & Kumar，2010）以大型跨国公司作为样本，探讨了制度距离对企业绩效的调节作用。安多和帕伊克（Ando & Paik，2013）用英国公司的数据分析得出，国家之间的制度距离能够缓解跨国企业之间由于其他因素而造成的影响。阿尔瓦雷兹等（Álvarez et al.，2018）揭示了制度质量、国家之间的制度距离对186个国家（地区）中特定行业的影响程度，结果发现目的国（地区）的制度条件和制度距离都是影响双边贸易的重要因素。

②国内研究综述。

国内学者潘镇（2006）以153个国家和地区为样本，分析了制度质量、制度距离对双边贸易的影响，结果发现制度差异越大对双边贸易的阻碍作用就越大。魏浩等（2010）从国家层面分析得出，国家之间的制度距离越大，贸易成本就越高，在这样的环境下，不利于国家对外贸易的增长。也有研究指出，制度距离的增大会影响国家之间的合作迈向深度一体化（胡超、王新哲，2012）。许家云等（2017）发现了中国与"一带一路"沿线国家之间在文化、法律、宏观经济制度以及微观经济制度方面的差异显著抑制了双边进出口贸易的发展，并且这种抑制作用在长期更为显著。刘德学、孙博文（2019）利用81个国家1995～2014年的跨国面板数据进行的实证检验证实了"平均制度距离"对一国的贸易发展有着显著的负向影响，即距离越小越有利于贸易的开展；进一步对影响机制的检验结果表明，制度距离的缩小主要是通过降低多边贸易成本、提高贸易自由度来实现对贸易发展的促进作用。

从跨国公司角度来看，阎大颖（2011）探讨了中国企业海外并购成功与否的决定因素。通过对截至2010年中国企业发起的海外并购为样本进行实证检验表明，正式和非正式制度距离对中国企业海外并购能否成功有显著负面影响。吴晓云、陈怀超（2011）以跨国公司为研究对象，探究了制度距离对跨国公司总部和国外分支机构之间双向和单向知识转移的影响。研究结果表明，制度距离越大，跨国公司跨国界转移知识越困难。并且，管制距离难以转移明晰性知识，而规范和认知距离难以转移默会性知识。类似的研究还见于陈怀超、范建红（2014），谢洪明等（2018）和吴先明、张雨（2019）。也有学者从特定行业和产品角度进行分析。其中，潘安、魏龙（2013）研究了制度距离对中国稀土出口贸易的影响。实证结果显示，不同类型的制度距离对中国稀土出口贸易的影响路径及产生的效应不同：在 Freedom from Corruption 和 Fiscal Freedom 上的制度距离对中国稀土出口具有正面影响，而在 Business Freedom 和 Trade Freedom 上的制度距离则具有负面影响。韦永贵、李红（2016）运用中国对36个贸易伙伴文化产品出口的面板数据，从全样本和分组样本两个层面分析文化、地理和制度三维距离对文化出口贸易的影响。结果表明：文化、地理和制度三维距离均对文化出口贸易具有阻碍作用。还有研究发现，制度距离对服务贸易的影响也呈现出阻碍的作用（陈丽丽、龚静，2014；宋渊洋，2015）。

2.2　异质性企业贸易的相关研究

2.2.1　异质性企业贸易理论的演变与发展

(1)　国际贸易理论溯源

在新新贸易理论出现之前，国际贸易理论研究的核心是贸易产生的基础、贸易进行的模式以及贸易所得的分配这三大基本问题。而贸易增长问题并没有作为研究的重点出现在相关文献中。随着国际市场的蓬勃发展和新贸易现象的大量出现，贸易理论也随着时代变革做出了不断的创新，主要经历了四个发展阶段。18世纪中叶的古典贸易理论（绝对优势理论和比较优势理论）、20世纪初的新古典贸易理论（要素禀赋理论和里昂惕夫悖论）、20世纪80年代兴起的新贸易理论（规模经济和非完全竞争市场）以及21世纪初诞生的新新贸易理论（异质性企业贸易理论和企业内生边界理论）。以下就对这四个阶段进行简要回顾。

第一阶段，古典贸易理论是建立在对重商主义①批判的基础上，主要包括古典学派经济学家亚当·斯密的绝对优势理论和英国古典经济学家大卫·李嘉图的比较优势理论。其中，绝对优势理论是亚当·斯密于1776年在其代表作《国民财富的性质和原因的研究》（简称《国富论》）中提出的。他认为国际贸易的原因是国与国之间的绝对成本的差异，如果一国在某一商品的生产上所耗费的成本绝对低于他国，该国就具备该产品的绝对优势，从而可以出口；反之则进口。各国都应按照本国的绝对优势形成国

---

①　重商主义（mercantilism），也称作"工商业本位"，它的主要内容是"重商""重工""国家干预"，发展目标是"国家富强"，产生并流行于15世纪至17世纪中叶的西欧，是封建主义解体之后的16世纪至17世纪西欧资本原始积累时期的一种经济理论或经济体系，反映资本原始积累时期资产阶级利益的经济理论和政策体系。

际分工格局，提供交换产品。该理论解释了具有不同优势国家之间分工和交换的合理性，但是这只是国际贸易中的一种特例。如果一个国家在各方面都处于绝对优势，而另一个国家在各方面则都处于劣势。那么，它们应该如何分工和交换？对此，他并无解释。

随后，大卫·李嘉图在对绝对优势理论继承和发展的基础上，于1817年在其代表作《政治经济学及赋税原理》中提出了比较优势理论。他认为一国在两种商品生产上较之另一国均处于绝对劣势，但只要处于劣势的国家在两种商品生产上劣势的程度不同，处于优势的国家在两种商品生产上优势的程度不同，则处于劣势的国家在劣势较轻的商品生产方面具有比较优势，处于优势的国家则在优势较大的商品生产方面具有比较优势。两个国家专业化生产和出口其具有比较优势的商品，进口其处于比较劣势的商品，则两国都能从贸易中得到利益，这就是比较优势原理。也就是说，两国按比较优势参与国际贸易，通过"两利取重，两害取轻"，两国都可以提升福利水平。比较优势贸易理论在更普遍的基础上解释了贸易产生的基础和贸易利得，大大发展了绝对优势贸易理论。古典贸易理论成为当时世界各国开展对外贸易的主要依据，在西方经济学界占据的支配地位长达一个世纪之久。

尽管如此，比较优势理论也存在理论上的"硬伤"，或者说，存在理论分析上的"死角"。这是因为，在李嘉图的理论分析中，比较优势之所以能够成立，完全取决于两国间两种商品生产成本对比上"度"的差异。但是，如果只是考察经过高度抽象的"2×2贸易模型"，势必存在着这样一种情况，即两国间在两种商品生产成本对比上不存在"度"的差异。一旦出现此种等优势或等劣势的情况，即便具有一定的普遍适用性，李嘉图的比较优势理论及其基本原则"两优择其甚，两劣权其轻"也会失去指导意义。人们惊异地看到，李嘉图陷入了"此优为彼优，无甚可择！"或"彼劣即此劣，何以权轻？"的尴尬境地。

第二阶段，瑞典经济学家埃利·赫克歇尔提出了要素禀赋理论（H-O理论）的基本观点。他的学生俄林进一步发展了要素禀赋理论，由此成为新古典贸易理论的代表。在赫克歇尔和俄林看来，现实生产中投入的生产要素不只是劳动力，而是多种要素。而投入两种生产要素则是生产过程中的基本条件。根据生产要素禀赋理论，如果各国生产同一种产品的技术水平相同，则两国生产同一产品的价格差别来自产品的成本差别，这种成本差别来自生产过程中使用生产要素的价格差别，这种生产要素的价格差别则取决于各国各种生产要素的相对丰裕程度，即相对禀赋差异，由此产生的价格差异导致了国际贸易和国际分工（Ohlin，1933）。新古典的要素禀赋理论，从要素禀赋结构差异以及由这种差异所导致的要素相对价格在国际间的差异来寻找国际贸易发生的原因，克服了李嘉图模型中关于一种生产要素投入假定的局限，不仅找到了国际贸易的另一基础，也是对李嘉图比较优势理论的深化与发展，取得了相当大的成功。古典贸易理论和新古典贸易理论在学术界中被统称为传统贸易理论。其假设条件中的完全竞争、规模报酬不变、生产技术水平不变都与现实存在着较大差距。传统贸易理论所讨论的国际贸易只有产业间的贸易（inter-industry trade），即传统贸易理论只考虑了不同产业间产品的交换。也就是说，根据传统贸易理论，一国不可能同时出口和进口相同的商品。因而，传统理论对当今世界普遍存在的产业内贸易（intra-industry trade）现象缺乏解释力度。

第三阶段，随着产业内贸易、发达国家之间的水平分工与贸易的迅速增长成为国际贸易的主要表现，新贸易理论认为这是因为产生国际贸易的动因与基础发生了变化，不再仅仅是因为技术和要素禀赋的差异带来了贸易。以保罗·克鲁格曼为代表的一批经济学家从规模经济、不完全竞争市场和产品差异视角对国际贸易的成因和产业内贸易现象做出了解释，使得国际贸易理论进入到了新贸易理论阶段。具体而言，新贸易理论对传统贸易假设的改进主要体现在两个方面：（1）放宽企业是规模报酬不变的假设，而假定企业是规模报酬递增的；（2）放宽市场结构是完全竞争的假设，而假定市场结构为垄断竞争。新贸易理论认为垄断竞争企业通过国际贸易扩大市场份额来获得规模经济；产业集聚是由企业的规模报酬递增、运输成本降低、生产要素移动，并通过市场传导的相互作用而产生的。

随后，经济学家又提出了产业组织理论、规模经济理论、产品生命周期理论、新增长理论、竞争优势理论等一系列经典的国际贸易理论。尽管新贸易理论很好地解释了产业内贸易和产业集聚现象，比传统贸易理论更贴近国际贸易的现实。但是，新贸易理论的分析视角仍然是从国家或产业层面入手，模型中企业是同质的，仍然无法解释国际贸易中微观层面的许多现象。实际上，企业在规模、资本密集度、所有权结构、人力资本、组织方式、技术选择等方面是存在差异的。显然，传统和新贸易理论的假设是与现实不符的，这就为新新贸易理论的发展提供了空间。

第四阶段，21世纪初诞生的新新贸易理论主要体现为异质性企业贸易理论和企业内生边界理论。这些研究将国际贸易的研究范畴从产业间贸易逐渐拓展到微观企业层面。梅利茨（Melitz）基于企业异质性假定，对异质性企业贸易理论研究做出了开创性的贡献，讨论和回答的主要问题包括：什么样的企业会进入国际市场？什么样的企业只服务国内市场？贸易开放对行业内所有企业的影响都一样吗？贸易开放对社会资源配置效率和总福利有什么影响？为了回答这些问题，Melitz基础模型在封闭经济和开放经济两种情况下讨论了异质性企业贸易的差异，并对比分析了贸易对异质性企业的影响，阐明了现实中只有部分企业选择出口的原因，在方法上取得了重大突破。

关于企业组织形式对贸易影响的研究是新新贸易理论另一主要分支——企业内生边界模型。该模型主要分析什么因素影响了企业的外包和一体化选择，什么样的企业会选择企业内贸易和外包以及相关的资源配置问题；在异质性企业的基础上，探讨分析了企业异质性是如何影响企业边界、内包和外包战略的实施，同时主要讨论企业的组织形式如何影响贸易模式的问题。这不仅为当今国际贸易理论获得了新的微观基础，而且为实证研究拓展了新的思路。由于Melitz基础模型的简明性和可拓展性，特别是与新贸易理论的一脉相承，使其成为异质性企业贸易模型中影响最大、接受度最高的基础模型，以下就对异质性企业贸易理论进行简要的介绍。

（2）异质性企业贸易理论的发展

自 20 世纪 90 年代后，国际贸易格局出现了新变化，揭示出许多以往理论未曾涉及也难以解释的现象。学者们通过微观企业层面的数据和不断进步的计量经济学研究方法发现，现实经济中并非所有企业都从事出口活动，企业的出口参与度普遍不高（Bernard et al.，1995）。还有研究指出，企业之间存在着显著的差异，参与出口贸易企业的生产率、企业规模以及工资水平都高于非出口企业（Bernard & Wagner，1997；Clerides et al.，1998；Bernard & Bradford，1999；Bernard & Jensen，2004）。

在贸易发展的过程中，生产率低的企业将逐渐被淘汰，生产率高的企业不仅会成为进入出口市场的主要力量而且还会提高行业总体的生产率水平。可见，生产率已经成为决定企业是否出口的关键因素（Pavcnick，2002）。这些研究发现使得学者们开始寻求解释企业间差异的理论基础。2000 年后，出现了较多的理论文献（Jean，2002；Bernard et al.，2003；Melitz，2003）都尝试以异质性企业作为假设基础，从不同角度构建理论模型，进而解释异质性企业如何从事国际贸易。但影响力最广、最被学者们所接受的无疑是梅利茨的异质性企业贸易模型。

梅利茨认为在同一产业内部，不同企业拥有不同生产率的情况非常普遍，不同企业在进入该产业时面临不可撤销投资的初始不确定性也各不相同，进入出口市场也是有成本的，企业在了解生产率状况之后才会做出出口决策。因此，在克鲁格曼（Krugman，1980）贸易模型的基础上进一步加入了两个重要假设条件。一是假设企业的生产率是具有差异的，企业是否出口是由生产率决定的；二是假设企业在进入出口市场时需要有一个固定成本用于开拓市场。模型得出的结论：①异质性企业的"自选择效应"决定企业的生产决策，即企业清楚了解生产成本和自身生产率水平后才会做出是否进入市场的选择。②出口市场进入成本和"竞争淘汰效应"对企业贸易决策有重要影响。在出口市场进入成本的影响下，贸易促使拥有较高生产率的企业出口，生产率较低的企业只能服务国内市场，生产率最低的企业被迫退出市场。③异质性企业的"资源再分配效应"使资源在行业内生产率不同的企业间重新配置，资源更多地流向生产率高的企业，从而使出口企业规模不断扩大，生产率不断提高，进而提高整个行业的福利。④出口成本的变化会改变企业之间贸易收益的分布。贸易导致更有效率的企业增加市场份额和贸易收益，反之，效率低的企业损失市场份额和贸易收益。可以看出，贸易成本的变化将影响不同生产率的企业，使其面临不同的出口选择，其结果是整个产业的生产率因为出口贸易而得到改变。所以，在模型中引入企业生产率差异能够很好地解释异质性企业出口决策行为。该模型以其所具有的简洁性和易处理性，赢得了众多学者的认可，不仅成为新新贸易理论的基石（Helpman，2006），而且也为后续贸易模型的扩展和延伸奠定了基础。

异质性企业贸易理论把国际贸易理论研究从宏观层面拓展到微观领域，以生产率异质性作为切入点，系统考察了生产率异质性对企业参与国际贸易决策的影响，开创了新新贸易理论的新篇章，是国际贸易理论研究的基石。在后续研究中，包括梅利茨在内的大量学者在此模型基础上进行了拓展，深入分析了劳动力市场灵活性、市场竞争强度和贸易政策、宏观经济波动对贸易的影响，系统验证了异质性企业贸易对福利的影响，并且阐述了企业异质性对其国际化组织形式的影响。可见，这一经典的理论框架为分析现实中的贸易问题提供了新的视角，更为推动国际贸易理论的发展作出了重要贡献。

2.2.2　异质性企业贸易理论的扩展研究

异质性企业贸易模型诞生后，有大量学者从多个维度对其进行了拓展，主要表现在以下几个方面。

（1）市场竞争强度与异质性企业贸易模型

梅利茨构建的异质性企业贸易模型接受了克鲁格曼（1980）关于市场结构为垄断竞争的假定，但模型中并未明确分析市场竞争强度差异对异质性企业贸易决策的影响。梅利茨等以市场内相互竞争的企业数量和企业平均生产率来衡量市场竞争强度，引入市场竞争强度差异对企业贸易决策的影响，继而分析了不同的贸易自由化政策对贸易的影响。除了认同梅利茨经典论文中的企业贸易"竞争淘汰效应"外，梅利茨还认为，市场规模和贸易开放程度都会影响市场竞争强度。同时，市场规模和市场竞争强度会影响异质性企业的总生产率和商品平均溢价，市场规模越大、市场竞争越强，则市场中企业的总生产率越高、商品的平均溢价越少。另外，贸易自由化政策会加大贸易市场的竞争强度，继而提高市场中企业的总生产率。他们所构建的多国贸易研究框架尤其适合分析贸易自由化和区域一体化政策对异质性企业生产率及商品溢价的影响，这为后续研究奠定了坚实基础。

上文分析了市场规模和市场竞争强度对企业生产率的影响，却未厘清市场竞争强度对企业生产率产生影响的内在机制。梅利茨等在上述模型中加入贸易双边经济距离的影响，用市场规模和贸易双边的经济距离共同衡量市场竞争强度的大小，同时将研究视角缩小至贸易对单个企业内部生产率的影响，侧重分析了市场竞争强度对企业出口产品组合和企业生产率的影响。他们认为每个企业生产和出口的产品不止一种，且每种出口产品带来的绩效收益不同，为此建立了一个异质性企业、异质性产品与市场竞争强度相结合的贸易模型，分析贸易对企业出口产品组合的影响。他们通过理论模型分析得出：市场竞争越强，企业越倾向于生产绩效更好的产品；企业通过放弃生产绩效差的产品来应对市场竞争加剧的情况；贸易会导致企业出口产品组合变化，倾向于生产效率高的产品，由此提高企业整体生产率水平。该模型将研究视角缩小至贸易对单个企业内部出口产品组合和生产率的影响，打开了贸易对单个企业生产率影响的"黑箱"。

(2) 非对称国家的异质性企业贸易模型

在异质性企业贸易模型的经典假设中，国家是对称的，生产要素市场是完全市场，技术在各国之间不存在差异。法尔维等（Falvey et al.，2004）在非对称国家的构思下，构建了国家和企业两级效率差异的两国产业内贸易模型。法尔维等（2006）在异质性企业模型的基础上扩展了假设条件，将国家分为领先国家和落后国家，并将生产技术纳入模型。通过研究发现，如果领先国家在技术上占据优势或者规模足够大，那么就更容易在差异化产品上获得顺差，从而导致落后国家退出差异化产品的生产。

(3) 生产率内生的异质性企业贸易模型

企业生产率外生是异质性企业贸易模型中的经典假设，这也成为后续模型拓展的基础。学者们通过不断加入影响生产率差异的因素对模型进行扩展，构成了生产率内生的异质性企业贸易模型。布斯图斯（Bustos，2011）在异质性企业贸易模型中引入了技术选择因素，进一步分析了自由贸易协定、南方共同市场对阿根廷企业技术升级的影响。隆等（Long et al.，2011）建立了一个包含异质企业和内生研发的互惠倾销模型。布拉蒂和菲利斯（Bratti & Felice，2012）、希尔默尔等（Shearmur et al.，2015）也都进行了类似的研究。可见，当企业的生产率水平随着技术进步而提高时，企业才会选择出口。因此，引进先进技术会提高企业的生产率，从而达到提高一国平均生产率水平的目的。

(4) 异质性企业与对外投资

除出口贸易外，对外投资也是企业国际化的重要路径。有大量学者把对外直接投资（OFDI）作为企业进入国际市场的另一个重要途径。梅利茨（2003）假设，企业只存在出口企业和不出口企业两种组织形式。随后，梅利茨及其合作者拓展了该思路，认为企业除了以出口的方式进入国际市场，还可以考虑在海外投资建立分支机构，继而出现了异质性企业国际化组织形式（出口和对外直接投资）的选择问题。他们采用离差分析的方法，构建了一个多国多部门的一般均衡模型，分析初始固定成本对异质性企业国际化组织形式的决策影响。假设三种类型（不出口、出口和对外直接投资）的企业面对的初始固定成本不同：进行对外直接投资（OFDI）的企业需要在国外市场建立分支机构、雇佣员工等，初始固定成本较高；出口企业进入国际市场需要面临出口市场进入成本，初始固定成本次之；非出口企业面临的初始固定成本最小。他们通过对理论模型的分析认为，企业做出出口或 OFDI 的决策主要依据企业对自身生产能力的预估，即按照生产率不同来选择不同的国际化组织形式；生产率最高的企业可以选择 OFDI 或出口的方式进入国际市场，生产率次高的企业只会选择出口的方式，生产率居中的企业仅选择国内销售，而生产率最低的企业则被迫退出市场。当贸易摩擦较少时，生产率较高的前两类企业更倾向于选择出口而不选择 OFDI。随后，他们利用美国企业在 38 个国家、52 个行业的出口和 OFDI 数据进行检验，证明了理论模型的合理性。

胡梅尔斯和斯奇巴（Hummels & Skiba，2004）将异质性企业贸易模型拓展为多国多部门的一般均衡模型，通过分析美国在 38 个国家 52 个行业的子公司，找出异质性企业如何在出口和对外直接投资中进行选择。模型的结论认为，企业的生产率水平是决定其国际化路径的重要因素，以对外直接投资的方式进入国外市场的企业普遍具有较高的生产率；选择以出口方式进入海外市场的企业，其生产率水平处于中端；在国内市场销售的企业，其生产率水平处于低端；逐渐被市场淘汰的企业，其生产率水平处于最低端。安特拉斯和赫尔普曼（Antràs & Helpman，2004）将企业的投资放在不完全契约条件下进行研究。诺克和耶普尔（Nocke & Yeaple，2007）通过与出口企业的生产率相比，对外进行绿地投资企业的生产率普遍高于出口企业，但对外进行跨国并购企业生产率水平的高低并不能确定。

（5）企业异质性与新经济地理

鲍德温和大久保（Baldwin & Okubo，2005）将异质性企业贸易模型集成到一个简单的新经济地理模型中，通过分析得出生产率最高的企业希望迁往大城市，而生产率最低的企业则会转移到外围地区。弗伦肯和博施马（Frenken & Boschma，2007）从企业规模和城市规模角度对异质性企业展开了研究。考比斯等（Combes et al.，2012）分析了企业的集聚现象，进一步解释了具有较高生产率的企业往往出现在大城市的原因。贝伦斯等（Behrens et al.，2014）也从生产率角度解释了大城市人均产出较高的原因。

（6）生产率异质性向多重异质性的扩展

还有学者从多个角度探究生产率差异的来源。其中，从产品质量视角对异质性进行的研究受到了广泛关注。库格勒和维胡根（Kugler & Verhoogen，2008，2011）的研究发现，企业的产品质量越高，效益和利润就会越高，从而受到出口固定成本的影响就越小。由此看出，高质量产品的"性价比"较高，所以在实际价格上具有一定的优势，让其在出口中占据较强的竞争力。安东尼亚德斯（Antoniades，2015）在此基础上又考虑了市场竞争强度所带来的差异。

随着异质性企业贸易理论的不断发展，现有研究不仅在以上几个领域进行了扩展，更是在自身模型拓展上取得了一系列突破性进展。例如，迈尔等（Mayer et al.，2014）的多产品企业贸易理论模型，博纳德等（Bernard et al.，2011）在多产品的基础上加入多目的地的异质性企业贸易模型。此外，近年来国内学者也从不同的视角对异质性企业贸易模型进行了拓展，这里不再赘述。

2.3 异质性企业出口贸易特征的相关研究

2.3.1 异质性企业出口贸易二元边际的相关研究

企业出口贸易二元边际理论是随着国际贸易理论的发展而出现并成型

的，分解后的二元边际逐渐成为理解贸易基础、贸易模式和贸易利得的重要工具。以下主要从异质性企业出口贸易二元边际的内涵和影响因素这两个方面展开。

（1）异质性企业出口贸易二元边际的内涵

出口边际（margin of export）是指一国出口贸易额发生变动的情况。所有出口产品品种的数量与价格乘积的总和构成了出口贸易总额。所以，出口产品种类、数量和价格的增长都能够成为出口总额增长的来源（周晔，2015）。出口贸易的扩展边际（extensive margin）和集约边际（intensive margin）成为多数贸易理论文献研究的重点。到目前为止，由于研究问题的层面不同，学术界并没有对扩展边际和集约边际给出统一的定义。随着对二元边际研究成果的增多，学者们主要从三个视角：国家层面（Felbermayr & Kohler，2006；Helpman et al.，2008；Besedes & Prusa，2011）、企业层面（Melitz，2003）和产品层面（Hummel & Klenow，2005；Chaney，2008；Amiti & Freund，2008、Amurgo - Pacheco & Pierola，2008）对二元边际的内涵进行了界定。虽然从三个层面给出的定义具有差异，但实际上它们并不是孤立存在的，这些研究较为统一地依据了梅利茨（2003）、赫尔普曼等（2008）形成的理论。

由于本书研究的是企业层面的问题，因此重点对企业层面出口贸易二元边际的界定进行介绍。梅利茨（2003）、博纳德和詹森（Bernard & Jensen，2004）、伊顿等（Eaton et al.，2008）、洛尔兹和弗雷德（Lorz & Wrede，2009）等学者主要用企业数量来表示扩展边际，具体界定为新企业进入市场所带来的出口贸易增长。集约边际界定为已有出口企业出口贸易额的扩张，一般用企业的出口额来表示。随后，学者们在此基础上对扩展边际进行了拓展，阿尔考拉奇斯等（Arkolakis et al.，2008）从新的企业和新的消费者这两个维度进行了拓展。博纳德等（2009）认为扩展边际应该包含两个维度，一个是出口企业，另一个是出口产品种类。

(2) 异质性企业出口贸易二元边际的影响因素

从贸易成本角度看，坎克斯（Kancs，2007）分析了可变贸易成本和固定贸易成本对东南欧国家出口贸易二元边际的影响，结果发现，可变成本仅对集约边际产生影响，固定贸易成本对二元边际都会产生负向影响。伊顿等（2011）对法国企业的出口进行了分析，结果得出贸易成本对扩展边际的影响更为显著。钱学锋（2008）将中国出口总量增长分解为集约的贸易边际与扩展的贸易边际，并在此基础上模拟了可变贸易成本和出口固定成本对二元边际的影响。结果表明，2003~2006年，中国的出口扩张主要源自集约的贸易边际，而贸易成本的变动对中国出口总量增长的影响主要是通过促进扩展贸易边际来实现的。陈阵、隋岩（2013）从多产品企业的微观视角分解了中国出口增长的二元边际，发现融入产品维度和市场维度后，随时间动态变化的扩展边际对出口增长的贡献略高于集约边际，而随截面静态变化的集约边际在中国出口增长中发挥主要作用。运用扩展的引力模型分析二元边际的影响因素发现，贸易成本主要通过扩展边际影响中国的出口增长，其中对中国出口企业数量的影响尤为显著。曹亮、陆蒙华（2017）基于多产品企业异质性贸易模型框架，利用2000~2005年的中国海关数据刻画中国多产品出口企业的特征事实，进一步采用扩展的引力模型考察贸易成本对多产品企业出口二元边际的影响。结果表明，多产品出口企业主导了中国的出口增长，贸易成本对二元边际的影响以扩展边际为主，而对企业内二元边际都有显著负向的影响。

从融资约束角度看，程玉坤（2015）通过匹配2002~2006年中国工业企业数据库和中国海关进出口数据库，将各个出口企业贸易额分解为出口广度和深度两部分，研究多产品出口企业融资约束与出口行为之间的关系，结果发现：①融资约束阻碍了我国出口企业出口总额、出口深度以及平均出口广度的增长；②融资约束对民营企业的出口行为影响最大，之后是外资企业和国有企业；③与中东部地区相比，西部地区企业的出口行为对融资约束的敏感程度更大。杨连星等（2015）将融资约束的研究拓展到了企业出口贸易的三元边际，结果发现，融资约束对企业出口的进入边际以及扩展边际呈现显著的制约效应，对企业出口的集约边际影响不大，企业融资约束与扩展边际存在典型的"U"型关系，但是金融发展程度的提升能够极大地改善企业融资约束的制约效应。曾金莲（2016）分析了中国企业出口贸易二元边际受到融资约束和金融发展的影响程度。研究发现，提升金融发展水平不仅能使"钱尽其用"，支持整体经济发展；也可以有效缓解企业融资约束，促进企业出口二元边际增长。当企业能以较低成本从金融市场筹集到资金时，对于潜在出口企业而言，能够缩短进入出口市场的时间，增大参与国际贸易的概率；对在位出口企业而言，能够降低出口成本，增加出口销售额。类似的研究还见于陈梅等（2017）、刘清肇（2017）。

此外，学者们还继续从不同角度探究影响企业出口贸易二元边际的因素。例如，隋岩（2014）从汇率角度对企业出口贸易二元边际进行了分析。黄远浙等（2017）基于"企业—产品—目的地"的视角，利用 2000～2006 年企业数据进行分析，发现外资对出口的影响较弱。进一步区分出口的宽度和深度后，表明出口集约边际受 FDI 的影响不明显，但有利于企业通过扩展边际实现出口扩张。徐莉（2017）、许和连等（2017）从政府补贴角度；陈继勇、刘骐豪（2015）从信贷融资角度；陈思思（2014）从关税角度都对此问题进行了研究。

2.3.2　异质性企业出口贸易持续时间的相关研究

企业出口贸易持续时间开启了研究企业出口贸易变化的新领域。出口持续时间不仅是集约边际的重要组成部分，也是实现贸易稳定增长的重要因素。以下主要从异质性企业出口贸易持续时间的基础研究和影响因素这两个方面展开。

（1）异质性企业出口贸易持续时间的基础研究

贝赛德和普鲁萨（Besede & Prusa，2006a）开创性地提出了"贸易关系持续时间"的概念①，把企业出口贸易持续时间界定为出口企业或企业的出口产品从进入到退出某一国外市场，中间没有间隔的时间段。

国外学者对此领域的研究早于国内，并取得了丰富的研究成果。贝赛德斯和雷彻特（Besedeš & Nair – Reichert，2009）在异质性企业框架下研究了印度企业出口和生产的持续时间，通过运用 Cox 比例风险模型得出，出口持续时间的中位数分别为 4 年和 7 年。贝克斯和穆拉考兹（Békés & Muraközy，2012）从企业异质性角度出发，分析了 1992 ~ 2003 年匈牙利产品和企业层面的出口贸易数据，结果表明，有一半以上企业—产品—目的国单元的出口模式，以及有三分之一企业—目的国单元的出口模式是不稳定的。瓦格纳（Wagner，2013）通过德国制造业的数据分析企业进出口生存率，结果发现企业生存率与进口行为及双向交易间有明显的正向关系。莱乔尔（Lejour，2015）通过荷兰企业的数据发现，新的贸易联系构成荷兰企业出口的 50%，但其中仅有 25% 的企业能在两年后存活下来。查查和爱德华兹（Chacha & Edwards，2017）对肯尼亚企业的出口数据进行了研究，也得出了企业出口持续时间较短的结论。希勒等（Hiller et al.，2017）在异质性企业贸易模型扩展的基础上，分析了丹麦企业的出口持续时间。

国内学者对此领域的研究虽起步较晚，但发展迅速。主要从总体企业角度和不同影响因素角度展开了研究。从总体企业角度看，陈勇兵等（2012）基于 2000 ~ 2005 年的数据，分析了企业出口贸易持续时间。研究发现，企业出口贸易持续时间均值不到 2 年，中位数为 3 年，且存在明显的负向时间依存关系。逯宇铎等（2013）运用 Kaplan – Meier 乘积—极限估计方法和 Cox 比例风险模型对中国 1999 ~ 2008 年新成立的 63 万个企业样本进行了实证检验。通过从不同维度对出口是否延长企业生存时间进行比较分析，结果发现：①出口可以有效降低企业失败风险，显著提高企业生存概率，延长企业寿命；②不同行业、地区、所有制类型的企业，其出口行为对企业生存状况的影响均存在较大差异；③影响企业寿命的因素十分广泛，中国企业的生存状况在受到西方传统产业组织理论中企业规模、

---

① 也可以称作贸易关系生存时间。

盈利能力、融资能力、所在行业和地域的影响外，还受到由中国特殊国情所决定的所有制性质和成立时间的影响。逯宇铎等（2015）对 2000～2006 年间中国企业的进口持续时间进行了测算，结果表明中国企业进口贸易关系的持续时间平均只有 1.8 年，低关税产品进口企业与外资企业进口关系持续时间较长。蒋灵多、陈勇兵（2015）从异质性产品视角，以企业—产品为单元，分析出口贸易持续时间，研究发现 80% 的企业—产品出口片段在两年内结束，多产品企业核心产品的出口失败概率较小，且出口持续时间显著长于其边缘产品。

（2）异质性企业出口贸易持续时间的影响因素

从影响因素角度来看，毛其淋、盛斌（2013）从关税角度，实证考察了贸易自由化对企业出口动态的影响，结果表明，企业进入市场的时间会受到投入品关税降低的影响而延长，但是受到产出关税降低的影响并不明显。许家云、毛其淋（2016）的研究表明，只有适度的政府补贴可显著延长企业的经营时间，高额度补贴反而提高了企业退出市场的风险率。进一步研究发现，"寻补贴"投资和创新激励的弱化是高额度政府补贴抑制企业市场存活的重要渠道。张慧（2018）运用 1998～2011 年中国工业企业数据库，从政府补贴、异质性视角分析了其对企业生存的影响效应。此外，学者们还从贸易成本（Gullstrand & Persson，2015）、人民币汇率（佟家栋等，2016）、最低工资（赵瑞丽等，2016）、出口经验（刘慧、綦建红，2017）、创新行为（鲍宗客，2016；张慧、彭璧玉，2017）等角度来分析中国企业出口贸易持续时间。

2.3.3　异质性企业出口贸易产品质量的相关研究

（1）异质性企业出口贸易产品质量的研究

林德（Linder，1961）首先在国际贸易分析中引入了产品质量的问题。

随后，学者们纷纷对此领域展开研究。由于产品质量难以被人们直观测度，且受到数据的限制，所以早期的研究更多集中于理论层面，对出口贸易产品质量的刻画也仅是利用出口单位价值作为代理变量。

随着异质性企业理论的发展和微观数据可得性的增强，学者们开始从多维度观察企业的异质性。其中，一个重要的维度就是将企业产品质量的异质性纳入到异质性企业模型的框架内。布鲁克斯（Brooks，2006）通过构建生产率和质量的双重异质性模型来分析企业出口比例较低的事实。维胡根（2008）在异质性模型中引入了质量异质性因素，将发展中国家的工资水平与出口贸易联系起来。研究得出，生产效率高的企业将生产更高质量的产品，而生产效率较低的企业如果要提高产品质量，就需要支付更高的工资雇佣高素质的劳动力，以此来提升产品质量。哈拉克和希瓦达森（Hallak & Sivadasan，2009）建立了一个具有企业和质量两维度异质性的国际贸易模型，对企业出口行为提供了更为细致的描述。格尔维斯（Gervais，2015）将产品质量差异作为异质性来源的重要因素纳入到模型中，分析贸易自由化对异质性企业出口产品质量的影响。结果得出，贸易自由化降低了高质量产品在出口中所占的份额以及出口商的平均生产力。布拉德维南德和哈里根（Bladwinand & Harrigan，2011）用单位价格刻画产品质量，并且将其以外生变量的形式引入到效用函数中。约翰森（Johnson，2012）构建了一个包括企业出口单位价值的异质性企业贸易模型。哈拉克和希瓦达森（2013）将冰山成本作为企业产品质量的递减函数，从企业生产率和产品质量双重异质性视角，拓展了异质性企业贸易模型，同时运用美国企业的微观数据加以验证。

（2）异质性企业出口产品质量的测度

斯科特（Schott，2004）运用世界各国对美国出口的十分位数据，测算了产品在单位价值上的差异。最终得出，产品的单位价值和产品质量呈正比变化趋势。由于此方法具有简便性和可操作性，随后被广泛效仿。如胡梅尔斯和克莱诺（Hummels & Klenow，2005）；哈拉克（2006）、胡梅尔斯和斯奇巴（Hummels & Skiba，2004）均使用出口产品的平均单位价值作为出口产品平均质量的衡量指标。虽然该做法存在较为明显的局限性，但是却打开了学术界测度产品质量的大门。哈拉克和斯科特（2011）利用贸易差额信息，把一国出口商品价格分解为两部分，一部分是含有质量因素的部分，另一部分是纯粹的价格。费斯特拉和罗马利斯（Feenstra & Romalis，2014）结合到岸的价格信息计算了质量调整价格，进而测度质量。亨德尔沃尔（Khandelwal，2010）研究了低收入国家对美国各质量阶梯产业中就业和产出的影响。以上文献虽然没有得出统一的方法，但是却有利于学者们从不同角度对企业出口贸易产品质量进行后续研究。

　　利用类似的逻辑，亨德尔沃尔等（2013）进一步测度了中国企业出口到美国、欧盟和加拿大纺织品的质量。马克等（Mark et al.，2012）、马诺瓦和张（Manova & Zhang，2012）都从企业层面测算了出口产品的质量。施炳展（2014）首次测算了中国企业出口产品质量，研究结果发现由于持续出口企业产品质量升级，质量总体水平上升；质量升级效应主要发生在第二年；产品质量越高，出口持续时间越长、广度越大；由于生产低质量产品企业的大量进入，本土企业产品质量总体水平下降，与外资企业差距扩大；本土企业的产品质量升级效应、出口稳定性、持续时间、广度均劣于外资企业。随后，施炳展、邵文波（2014）借鉴新新贸易理论最新进展，放弃单位价值（unit value）等同于质量的假设，采用 2 485 个产品层面回归反推方法，测算中国企业出口产品质量；然后匹配海关数据和工业企业数据，分析企业出口产品质量的决定因素。结论发现，中国企业出口产品质量总体呈上升趋势；但本土企业与外资企业产品质量的差距在扩大；生产效率、研发效率、广告效率、政府补贴、融资约束缓解、市场竞争均会提升产品质量；但研发投入、广告投入并没有明显效果；企业出口空间分布特征也会反作用于产品质量；外资对本土企业产品质量影响不利，但提升了外资企业出口产品质量。此外，施炳展、曾祥菲（2015）在测算中国企业进口产品质量时，也运用了需求回归反推的方法。

　　还有一部分学者把质量评级标准作为特定行业或者产品质量的代理变

量。维胡根（2008）研究了墨西哥制造业的出口问题，并以 ISO9000 质量体系认证作为产品质量的衡量指标。克罗泽特等（Crozet et al.，2012）将企业层面的出口数据与专家对红酒生产商质量评估的排名相匹配，进而对法国红酒的质量进行研究。但这些测度方法仅适用于一些特殊的行业和产品，在研究上并不具有普遍性。

（3）异质性企业出口贸易产品质量影响因素研究

较多文献重点研究了影响企业出口贸易产品质量的因素。范等（Fan et al.，2015）从中国进口关税角度分析了企业出口产品质量升级的问题。苏丹妮等（2018）考察了产业聚集与企业出口产品质量之间的关系。研究发现，产业聚集有利于企业出口产品质量的提升。张明志、季克佳（2018）从人民币汇率角度进行分析，研究发现：人民币升值提高了"企业—目的地"层面的出口产品质量，而企业垂直专业化水平的提高扩大了汇率升值的正向影响作用；在控制垂直专业化影响的基础上，人民币汇率变动对"企业—目的地"层面出口产品质量的影响因企业生产率、所有制形式以及融资约束的不同而有所差异。同时，也因企业所处行业的要素密集度和竞争程度的差异而不同，表现为生产率越高的企业、融资约束越小的企业、外资企业、处于劳动密集型行业或者竞争较为激烈行业的企业，其出口产品质量受到的汇率正向影响更强。曹献飞等（2018）分析了企业出口贸易产品质量受到政府补贴的影响程度，结果表明政府补贴能显著促进产品质量的提升，通过分样本比较分析可发现政府补贴的激励效应因企业类型不同而存在差异，政府补贴对民营、资本密集及一般贸易企业出口产品质量的影响显著大于国有、劳动密集及加工贸易企业。李方静（2016）和许家云等（2017）考察了中间品进口对中国制造业企业出口产品质量的影响。此外，学者们还从融资约束角度（许明，2016）、最低工资标准角度（许和连、王海成，2016）、贸易自由化角度（刘晓宁，2015）对中国企业出口贸易产品质量进行了研究。

2.4 制度环境影响异质性企业出口贸易的相关研究

2.4.1 有关制度环境影响异质性企业出口贸易额的研究

新制度经济学的奠基人科斯和诺斯打破了新古典经济学对制度的假设条件，不仅认为制度是内生的，而且认为建立良好制度的目的就是为了降低交易成本，从而鼓励个人和集体从事经济活动。随后，制度因素被国内外学者逐渐纳入到国际贸易的研究中，并发现制度环境显著影响着贸易模式、贸易流量和贸易增长。虽然较早的研究主要集中于制度环境对宏观贸易总量影响，但随着异质性企业贸易理论的出现，对此领域的研究也逐渐深入到了微观企业层面。

微观企业层面的研究主要集中于制度环境中的某一方面对企业出口贸易的影响以及整体制度环境对企业出口表现的研究。从制度环境中某一方面的研究看，马等（Ma et al.，2010）利用 28 个国家企业层面的数据，分析了司法制度如何影响企业出口贸易。研究发现，良好的司法制度能够促进企业出口贸易额的增长。王等（Wang et al.，2104）分析了司法制度如何影响中国 30 个省份 77 000 家企业的出口。研究发现，企业在司法制度好的省份出口表现越好。还有学者运用不同国家的数据对制度环境在国际贸易中的重要性进行了检验，也都得出了类似的结论（Li et al.，2013；Chakraborty，2016；Soeng & Cuyvers，2018）。国内学者曾燕萍、曲如晓（2017）从微观企业层面考察了中国省级社会信任对企业出口决策及出口水平的影响。研究发现，社会信任可以显著促进中国工业企业出口，并且这种作用主要是通过影响私营企业实现的，主要影响中东部地区的企业出口。刘俊青等（2018）从法治环境和契约密集度角度，分析了其对企业出口决策的影响。

从整体制度环境看，阿拉（Ara，2013）在异质性企业贸易模型的基础上加入了制度因素，阐明了制度环境是通过影响企业劳动生产率水平，进而影响企业出口贸易的作用渠道。利普马等（Lipuma et al.，2013）分析了制度环境对56个国家的7 494个企业出口业绩的影响。研究发现，制度环境对规模较小企业的出口业绩影响较大。克拉默尔等（Krammer et al.，2018）分析了制度环境对"金砖四国"的16 000个企业出口绩效的影响。纵观现有文献，大部分的研究结论都认为良好的制度环境对企业出口具有积极的推动作用。

2.4.2　有关制度环境影响异质性企业出口贸易三维特征的研究

（1）制度环境影响企业出口贸易二元边际的研究

郭平（2015）把政治制度作为非正式制度的代理指标，在同时考虑了制度环境因素的情况下，分析其与企业出口行为之间的关系，研究结果表明，政治关系与制度环境对企业出口贸易二元边际都产生了正向的促进作用，且两者之间存在明显的替代关系。吴飞飞等（2018）基于Heckman两阶段法，实证考察了地区制度环境对企业出口贸易二元边际的影响。研究结果表明，地区制度环境优化对企业出口扩展边际及出口集约边际的增长均会产生显著的正向促进效应，且这一效应主要体现在企业出口扩展边际层面；基于不同类型企业的进一步分析得出，地区制度环境对高生产率企业、私营企业、技术密集型企业、东部地区企业出口扩展边际的正向影响更大，而对不同类型企业出口集约边际的影响则表现出显著的异质性特征。

（2）制度环境影响企业出口贸易持续时间的研究

阿贝哈德特等（Aeberhardt et al.，2014）在异质性企业模型中引入了制度因素，并且认为较好的制度可以降低企业出口的风险率。同时，贸易关系维持的时间越长，降低出口风险的可能性越大。阿拉乔等（Araujo et al.，2016）运用 1995～2008 年比利时企业的数据，从理论和实证角度探究制度质量、出口经验和企业出口动态之间的关系。结果表明，制度环境越好，出口经验越丰富，企业出口持续时间越长。国内学者谭智等（2014）研究了目的国的制度质量对出口企业的生存及出口增长的影响。结果发现，目的国的制度质量对企业出口持续时间的影响为正，对贸易增长的影响为负。曹驰（2017）分析了制度质量对多种类型异质性企业出口持续时间的影响。

（3）制度环境影响企业出口贸易产品质量的研究

法鲁克（Faruq，2011）研究了一个国家的制度环境和其出口产品质量之间的关系，研究表明，更低的腐败、更高效的官僚机构和更安全的产权制度会改善出口产品质量。胡国恒、赵雪婷（2018）考察了制度环境和契约密集度对中国制造业出口企业产品质量的影响，结果发现，良好的制度环境有助于形成交易效率优势，从而促使企业出口产品质量提升；其中，政府与市场的关系、非国有经济的发展、市场中介组织发育和法律制度环境三方面对出口质量的影响最显著。张兵兵、田曦（2018）运用 2000～2013 年美国等 11 个目的国经济政策不确定性指数和企业—产品层面的海关统计数据，从宏观—微观视角实证分析了目的国经济政策不确定性对中国企业出口产品质量的影响，结果显示，目的国经济政策不确定性的上升会导致中国企业出口产品质量的提升。这一结论在是否引入外资企业、国有企业等控制变量或在变换不同产品质量测度指标的情况下，均呈现出较好的稳健性。辛大楞、辛立国（2019）使用中国 1 136 家制造企业的数据，分析了腐败对企业出口贸易产品质量的影响。结果表明，腐败显著降低了中国企业的产品质量升级；腐败对中国企业的产品质量升级具有非对称影响，随着腐败程度的增加，对处在国际质量认证密集度较高行业内的企业以及规模较小的企业影响更大。

2.5 本章小结

本章通过对上述国内外研究文献的归纳整理发现，学者在制度环境和出口贸易之间进行了丰富的研究，得出了很多具有启发性的结论。同时，还存在一些不足，主要表现在以下方面。

①异质性企业和异质性制度环境的内涵与外延还需进一步拓展。现有研究主要是从单边制度环境或双边国家制度距离角度分析制度环境，从企业出口生产率异质性角度分析异质性企业。较少文献考虑了制度环境所具有的异质性，以及异质性企业具有的多重含义。因此，本章将企业所在省份的省级制度环境、出口目的地的国际制度环境，以及二者的交互摩擦效应共同纳入到异质性制度环境的研究体系中。同时，将企业规模、年龄、所有制、贸易方式、区域、行业融入异质性企业的内涵中。基于此，将异质性制度环境变量纳入异质性企业贸易模型的框架内，构成了本章的一般均衡理论模型。

②缺乏异质性制度环境对异质性企业（规模、年龄、所有制、贸易方式、区域、行业）出口贸易的实证分析。国内外学者在制度环境对宏观贸易影响研究方面取得了丰硕的成果。但是，在异质性制度环境对异质性企业出口贸易影响研究方面的经验分析却相对较少。在中国区域（省级）出口贸易结构失衡的背景下，分析造成差异的来源就显得尤为重要，究其原因，除了资源禀赋差异，关键在于区域（省级）制度环境的差异，以及由区域制度环境差异所引起的其与国际制度环境摩擦效应的差异。因此，分析异质性制度环境对异质性企业出口贸易的影响就显得尤为重要。

③欠缺异质性制度环境对异质性企业出口贸易数量增长与产品—地区扩张、产品出口持续时间、产品质量提升等方面的综合实证研究。从现有研究来看，学者主要侧重于对企业出口贸易的单一特征进行分析，或者从单一特征视角分析不同类型异质性企业，忽略了从异质性企业的多个出口

贸易特征视角进行综合分析。考虑到企业出口不仅存在数量的增长,更体现在产品及地区扩张、出口持续时间、产品质量等多个方面,如果仅从一个角度进行分析会略显偏颇。因此,本章运用结构分解法、K - M 生存估计法、需求残差法,分别刻画中国企业出口贸易在数量与产品—地区扩张、产品生存时间、产品出口质量方面的现状与特征,实证揭示异质性制度环境对异质性企业出口贸易三维特征的影响。

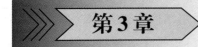

第3章

异质性视角下制度环境对企业
出口贸易影响的理论分析

3.1 异质性制度环境对企业出口
贸易额的影响路径与机理

3.1.1 异质性制度环境对异质性企业出口贸易影响路径

(1) 基于企业生产率的影响路径

经典的异质性企业贸易理论并没有考虑制度环境对企业出口贸易的影响。而"制度决定论"的提出充分说明了制度环境对国际贸易的重要性。在后续的研究中，有学者在异质性企业贸易模型的基础上添加了制度环境因素。例如，阿拉（Ara，2013）通过分析企业劳动生产率，将本国的制度环境加入到理论模型中，构造了开放环境下两国异质性企业贸易模型。本章将借鉴此思路，分析基于企业生产率视角的影响路径。

企业生产率的差异是异质性企业贸易理论的核心。企业对贸易行为的选择也取决于生产率的差异。根据阿拉（2013）的研究思路，企业的劳动生产率受到三个因素的影响。第一，企业特定的与技术相关的因素；第二，行业特定因素；第三，国家特征因素①。在这三个影响因素当中，企业特征要素可以看作是企业的生产率水平。

关于行业特定因素和省份特定因素可以理解为，行业特定因素受到省份特定因素的影响，所以省级制度环境包括省份特定因素和行业特定因素。而省级制度环境会影响出口企业与生产合作企业在生产前期进行沟通时的议价能力。具体看来，企业在生产过程中分为单要素生产和联合要素生产，而现实中的制造业企业大多数都需要进行合作生产。在进行生产前，合作双方需要投入特定的资金用于构建彼此的生产关系，由于这部分投资具有不可逆的特性，如果没有相应的制度约束，双方是不愿意轻易进行合作的。如果双方勉强进行合作，就会造成合作过程中生产率低下的问题。因此，建立长期有效的约束就是解决此问题的有效方法。当出口企业所在省份的制度环境水平较高时。比如，契约执行程度和市场化程度越高，那么对生产企业的支持程度就越高，不仅能够保证合作生产的顺利进行，而且还能增强企业事前讨价还价的能力。从而在事前议价过程中占据优势，使其可以根据利润最大化原则来决定最终的价格、产量、收益，最低限度降低企业生产率的扭曲程度。

（2）基于交易成本的影响路径

新制度经济学打破了传统贸易理论中交易成本为零的经典假设，使研究逐步逼近了现实世界。通过分析发现，企业在出口过程中不仅会面临生产成本，同时还会面临交易成本。随着国际分工专业化程度的不断提升，生产成本所占比重不断下降，而交易成本的地位在逐渐上升。那么，制度环境究竟如何影响交易成本、进而影响企业的出口贸易？以下将基于交易成本视角对影响路径进行分析。

杨小凯（2003）把交易成本划分为外生交易成本和内生交易成本。本章将借鉴此划分标准进行后续分析。所谓外生交易成本，即交易过程中所

---

① 考虑到企业所处的省份不同，每个省份的制度环境又存在较大差异，所以认为第三点中的国家特征因素可以理解为省份特征要素。

必须要承担的成本费用。其中，包括企业进入海外市场前，搜集目的国（地区）的商品、劳务、客户、销售渠道等信息的成本；熟悉目的国（地区）市场营销的特征和消费者需求偏好，谈判、起草交易合同的成本；履行、监督交易合同执行的成本；建立长久合作营销网络、保护双方权益的成本等。这些成本是企业在出口到目的地时所必需的成本，不能完全被消除。而制度的一项重要功能就是降低交易成本，所以目的地的制度环境越好，市场化程度越高，贸易协调机制越完善就越能够降低不同类型的外生交易成本，保证企业在出口过程中的交易安全，达到促进企业出口的目的。

所谓内生交易成本，指在决策交互作用发生后才能看到的交易成本，属于"浪费型"的交易成本。可以理解为出口国（地区）和进口国（地区）在制度环境相互影响下产生的交易成本。中国作为贸易大国，逐渐成为世界各国关注的焦点，对世界的影响力也日益突显。事实证明，中国与世界其他贸易伙伴并不是独立存在的，国家之间制度环境也不是相互孤立的，而是相互影响的。中国的对外贸易不仅受到自身内部因素的影响，而且还受到外部世界的影响（李坤望，2008）。在考虑到贸易政策对我国经济发展影响的同时，还必须考虑到与其他贸易伙伴经济利益是否相协调。如果忽视了这一点，将会降低政策的可行性，甚至适得其反（兰宜生，2010）。由于各个国家在制定政策时都会优先考虑本国利益的最大化，所以就会导致国家之间制度环境出现不相容的情况，这样势必会使制度环境降低交易成本的目的产生扭曲。例如，国家之间商品通关手续更加繁琐、商务人员签证时间过长且通过率降低、检验检疫标准提高，这些交易成本都属于在两国制度环境摩擦过程中产生的"浪费型"交易成本。

然而，国内地区利益与国家整体利益之间也是相辅相成的。国内地区开放程度还需要依据国家开放程度进行调整。由于各个省份的基础开放程度不同，制度环境也存在差异。如果企业在开放程度较高的省份，那么就有较强的能力来抵御"浪费型"交易成本带来的阻碍，而企业在开放程度低的省份则可能由于自身制度环境的限制，无法给予出口企业有效的帮助，最终导致"浪费型"交易成本成为影响企业出口的因素。所以，虽然表面上我国国内各地区的发展程度（市场化程度）与世界其他国家没有直接联系，但实际上地区市场化程度不仅是国家开放程度的具体体现，也是与国际贸易标准和规则对标的体现。

总之，通过以上对影响路径的分析可以看出，国际制度环境通过降低交易成本起到促进企业出口的目的。同时，制度环境交互摩擦效应将产生"浪费型"交易成本，将在一定程度上影响企业出口贸易增长。

3.1.2　异质性制度环境对异质性企业出口贸易影响机理

异质性制度环境中的省级制度环境、国际制度环境以及二者的交互摩擦效应将通过企业生产率、企业出口贸易成本来影响异质性企业、异质性企业出口贸易特征，具体综合影响机理见图 3－1。以下主要从三方面对影响机理进行分析。

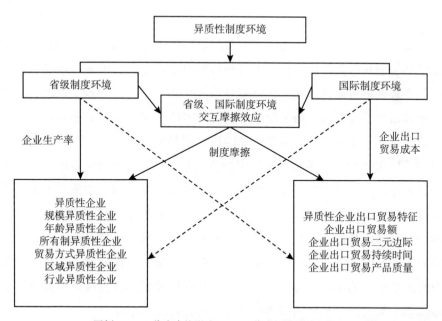

图例：——代表直接影响　----代表间接影响

图 3－1　异质性制度环境对异质性企业出口贸易的影响机理

（1）省级制度环境的影响作用

省级制度环境不仅反映了各地区给予当地企业政策扶持的力度，帮助企业推进市场化的程度，而且也是促进企业出口贸易增长最直接、最重要的因素之一。此外，企业又在不同规模、不同年龄、不同所有制、不同贸易方式、不同区域、不同行业等方面存在差别。因此，省级制度环境对企业的推动作用也会因为异质性企业的性质不同而产生差异。另外，各个类型异质性企业的生产率水平相差较大。例如，从区域异质性企业来看，东部地区企业的经济贸易发展一直处于我国的领先地位，生产率水平远超中西部地区企业，这离不开东部制度环境强大的推动作用。只有当企业的生产率水平达到出口标准时，才能够进行出口数量和地区的扩张，进而提升企业的出口产品持续时间和产品质量。可见，省级制度环境将通过直接影响异质性企业，进而间接影响异质性企业的出口贸易特征。

（2）国际制度环境的影响作用

国际制度环境是企业在出口贸易时必须要考虑的因素，因为目的地的制度环境能从很大程度上反映出海外市场自由竞争、自由贸易以及法律结构与产权保护方面的现状，也是海外市场化程度的重要表现。因此，企业会选择市场开放度高、通关便利、规则透明的国家（地区）进行扩张，因为这些都从一定程度上降低了企业的出口贸易成本。与此同时，制度环境良好的国家（地区）普遍具有稳定的政治基础，这是维持企业出口贸易关系长期稳定发展的重要保障。此外，制度环境也是一国经济发展水平的重要体现，制度环境越好，国家（地区）的经济发展水平、消费者生活质量也相对越高，从而就提升了对进口产品质量的要求。在此基础上，企业就需要根据目的地的要求和标准调整出口产品质量，进而间接影响到不同类型异质性企业的出口行为。可见，国际制度环境将通过直接影响异质性企业出口贸易特征，从而间接影响异质性企业的出口行为。

（3）省级、国际制度环境交互摩擦效应的影响作用

虽然良好的国际制度环境能够起到降低出口贸易成本的目的，但如果省级制度环境和国际制度环境之间的接纳程度不同，就会产生制度摩擦的风险，也就是本章所提到的制度环境交互摩擦效应。在制度环境交互摩擦效应产生扭曲作用时，就会增加制度运行成本，导致严重阻碍甚至完全中断相互之间的贸易往来。比如，国家之间商品通关手续更加繁琐、商务人员签证通过率降低等，这都将直接影响到各种类型企业正常的出口贸易行为。再如，当目的地的贸易政策改变、地缘政治战略调整或者针对某类产品的检验检疫标准提高时，这都将直接影响到我国企业出口产品—地区扩张、产品出口持续时间、产品质量提升。可见，省级、国际制度环境交互摩擦效应将会直接影响异质性企业和异质性企业出口贸易特征。

以上分析从异质性制度环境视角分析了省级制度环境对异质性企业的直接影响，对异质性企业出口贸易特征的间接影响；国际制度环境对异质性企业的间接影响，对异质性企业出口贸易特征的直接影响，以及二者的交互摩擦效应对异质性企业和异质性企业出口贸易特征的直接影响。可见，异质性制度环境对企业出口贸易的影响是不容忽视的。

3.2　异质性制度环境对企业出口贸易特征的影响机理

3.2.1　企业出口贸易额与三维特征的关系与构思

（1）企业出口贸易额与三维特征的关系

中国出口贸易"爆炸式"的增长不仅成为世界各国关注的焦点，也成

为学者们研究的热点问题。较多的研究主要从宏观的贸易总额层面展开，而出口贸易总额分析仅是对总体现象的概括性解释。企业作为出口贸易的微观主体，其出口行为的集合就是一国宏观层面出口贸易的集中表现。所以，从微观企业层面对出口贸易进行深入分析，可以对出口贸易增长有更加深入的理解。本章将从企业的出口贸易总额入手，进一步从出口贸易三维特征角度：企业出口贸易二元边际（数量增长与产品—地区扩张角度）、企业出口贸易持续时间（生存视角）、企业出口贸易产品质量（质量视角）进行拓展，全面分析企业出口贸易增长问题。以下主要对企业出口贸易总额与出口贸易三维特征的关系进行梳理。

①企业出口贸易总额与企业出口贸易二元边际。

古典和新古典贸易理论主要关注的是出口贸易额的增长（集约边际），并且认为出口贸易额的增长就是一国贸易增长的唯一源泉。而新贸易理论中则把产品种类（扩展边际）的增长当作贸易增长的来源。可以看出，较早的贸易理论偏重于从单一方面来解释贸易增长，而以异质性企业为研究对象的新新贸易理论则将一国的贸易增长结构性分解为两个部分，即扩展边际增长和集约边际增长，从而达到对贸易增长源泉更为详细的解读。

以上理论为学者们从微观企业层面分析贸易增长提供了新的思路。虽然企业出口贸易额和出口贸易二元边际都属于对贸易额的分析，但企业出口贸易二元边际是对贸易总额进行了结构性的分解，剥离出贸易额和企业出口数量之间的混合影响，从而探究贸易增长的原因。本章考虑到不同边际的增长变化对出口贸易结构的影响存在较大差别，所以从企业层面将出口贸易增长分为企业—产品—目的地关系对数的增长（扩展边际）和企业—产品—目的地平均出口贸易额的增长（集约边际）。如果出口贸易增长主要来自企业—产品—目的地关系对数的增长，那就说明我国企业和产品的国际竞争力在逐渐增强，受到外部冲击的影响较小。如果出口贸易增长主要来自少数企业和产品，那么受到外部冲击的影响就会较大。因此，通过对出口贸易额进行二元边际分解将有助于人们正确认识中国出口增长的真实路径（陈勇兵等，2012）。

②企业出口贸易总额和企业出口贸易持续时间。

双边贸易零值的大量出现引发了学者们对贸易持续时间的关注，从而开启了运用生存分析方法研究贸易变化的新方式。从企业出口贸易总额的角度看，数量的波动仅能表达一段时间内贸易增长的变化，难以辨认出口增长的来源。在这样的情况下，会忽视企业（产品）层面蕴藏的丰富的动态变化。

本章从企业—产品—目的地的角度对出口贸易持续时间进行分析，即企业的产品出口到一个特定国家或地区，从始至终所保持时间的总和（无中断时间）定义为出口贸易持续时间。如果贸易持续时间较长，则说明贸易双方的合作基础较好、关系较为稳定，这样有助于企业长期稳定的出口。如果持续出口时间较短，则说明企业在花费了较多的交易成本后又很快地退出了出口市场，这就必然会造成资源的浪费（Esteve – Pérez et al.，2013）。

③企业出口贸易总额和企业出口贸易产品质量。

自中国在 2009 年首次成为世界第一大出口贸易国后，出口贸易总量就一直保持着持续高速的增长。然而，出口贸易大国并不等同于世界贸易强国，商务部在《对外贸易发展"十三五"规划》中将"加快提高出口产品质量"作为出口贸易发展的主要任务。从微观企业层面来看，企业出口贸易额的增长是使中国成为贸易大国的重要条件，随着国家发展重心的转移，贸易额增长的背后，是否也呈现出质量快速增长的趋势。从本章样本研究的时间段来看，中国经济贸易发展处于快速的扩张阶段，主要是以增加出口商品的数量来达到贸易总额的增长，并没有很多享誉全球的高质量产品。同时，在出口过程中依然存在着由于商品价格过低导致的倾销问题。所以，我们不仅要重视出口贸易总额的高速增长，而且要在高速增长的外衣下，从质量角度重新审视中国企业出口贸易的真实变化。

（2）企业出口贸易三维特征的构思

在我国出口贸易额不断创造出历史新高的背景下，更需要从出口贸易数量增长与产品—地区扩张视角、生存视角以及质量视角这三个维度综合分析高速增长背后的真实情况。以上内容已经介绍了企业出口贸易额与出口贸易二元边际、持续时间及产品质量这三维特征之间的关系。虽然目前大多数文献对三维特征的研究依然相对独立，但实际上三者之间却是相互联系的，厘清企业出口贸易三维特征之间的关系，有助于理解本章后续的理论模型。

①企业出口贸易二元边际与企业出口贸易持续时间。

企业出口贸易持续时间的研究是集约边际的重要组成部分（陈勇兵等，2012）。本章的集约边际主要关注的是企业平均出口贸易额的变化，而出口贸易额的平均变化仅能反映出整体企业出口额的变化趋势。那么，贸易总量的持续增长究竟是由持续出口企业带来的，还是由进入和退出企业共同作用的结果，人们将无从知晓。所以，通过对企业出口贸易持续时间的研究能够分析出企业出口产品的寿命，判断出贸易增长的来源，也是对集约边际的深入剖析。

②企业出口贸易二元边际与企业出口贸易产品质量。

国内学者施炳展（2010）把集约边际增长分解为数量边际增长和价格边际增长，进而把二元边际分解为三元边际，通过对价格边际的分析，能从一定程度上反映出产品质量的变化趋势。较多文献也提出了可以用产品价格作为产品质量的代理变量，也就是说单位价格越高，产品质量越好，单位价格越低，产品质量水平也就越低。虽然使用此方法对产品质量进行测度会较显笼统，但能够反映出产品质量与出口边际有着一定程度的联系。本章后续会运用需求残差法对企业出口贸易产品质量进行估计。

③企业出口贸易持续时间与企业出口贸易产品质量。

一般认为，企业出口贸易持续时间是企业与海外市场建立长期稳固合作的体现，一方面能表现出企业产品的竞争力，另一方面也能反映出企业抵御外部风险的能力。与此同时，企业出口产品质量是从品质角度体现企业出口贸易的竞争力。质量好的产品能够经得起时间的考验，对延长出口时间有一定的帮助。所以，企业出口贸易持续时间和企业出口贸易产品质量都是从不同角度描述企业竞争力的变化。现有文献对企业出口产品质量的分析多从进入企业和退出企业的生存特征展开，且得到了不尽相同的结论。一部分研究得出出口产品质量对企业生存状态有显著影响（邵军，2011）。而另一部分研究则并未得出较为明显的证据（陈勇兵等，2013）。反之，也有文献研究了出口持续时间对出口产品质量的影响（陈晓华、沈成燕，2015）。在后续分析中，本章将分别分析异质性制度环境对企业出口贸易持续时间和产品质量的影响。

根据上述对企业出口贸易三维特征之间关系的分析可以发现，在企业出口的过程中，出口贸易持续时间和出口贸易产品质量都能在一定程度上体现出企业出口集约边际的变化。要详细分析企业出口贸易增长的源泉，就需要对企业出口贸易三维特征进行深入剖析。

3.2.2　对企业出口贸易二元边际的影响机理

本章定义的企业出口贸易扩展边际是指企业—产品—目的地关系对数的变化；集约边际为企业—产品—目的地平均出口额的变化。以下将分析异质性制度环境中的三个变量对企业出口贸易二元边际的影响机理。

首先，省级制度环境会增加出口企业事前的议价能力，从而达到控制产品数量、利润等方面的目的，进而影响到企业的生产率。对扩展边际而言，如果企业所在省份具有良好的制度环境，将会为企业创造良好的外部环境，提供优惠的政策支持，从而提高企业的生产率，增加单位时间内生产商品的数量，降低产品的相对出口价格。而具有优势的出口价格则非常有利于拓展各种商品的出口市场范围，增加企业出口扩展边际。对集约边际而言，单位时间内生产率的提高，意味着企业能够生产更多的产品，从而增加企业的平均出口额。

其次，目的地的制度环境能够影响企业的出口贸易成本。在出口过程中，企业更愿意把商品出口到制度环境较好的国家（地区）。从扩展边际角度看，目的地良好的制度环境是保证交易有效进行的基础，能够吸引大量企业产品的出口。从集约边际角度看，随着越来越多的企业都选择出口到制度环境较好的地区后，企业—产品—目的地的平均出口额自然就会有一定程度的提高。

最后，制度环境交互摩擦效应会产生"浪费型"交易成本。它不仅会在企业的出口过程中设置障碍，而且也会通过制度环境之间产生的摩擦效应来增加企业出口的难度，使企业无法正常进行出口交易，最终影响企业产品出口范围及出口额的扩大。所以，制度环境交互摩擦效应将不利于企业出口贸易二元边际的增长。

3.2.3　对企业出口贸易持续时间的影响机理

本章定义的企业出口贸易持续时间是以企业—产品—目的地为单元，表示企业出口产品到一个特定国家或地区从始至终所保持时间总和（无中断时间）。异质性制度环境主要通过企业生产率和交易成本两个渠道来影响企业出口贸易持续时间。

从省级制度环境来看，其能够影响企业生产率，增强企业出口能力。从国际制度环境来看，由于企业出口到目的地需要投入较多的交易成本，而这些成本大多都属于沉没成本，所以出口企业都希望目的国（地区）具有良好的制度环境，这样的环境能够有效保护合同的实施，减少不确定性和机会主义行为，有效降低企业交易成本和出口风险，从而延长企业出口贸易持续时间。从制度环境交互摩擦效应看，制度环境相互融合过程中出现的摩擦会影响企业出口的可持续性。例如，目的地出于保护本地区企业的目的，提高进口的标准和要求，从而阻碍企业之间进行长期合作。

3.2.4　对企业出口贸易产品质量的影响机理

本章定义的企业出口贸易产品质量是每个企业 HS - 8 分位编码的出口产品，在每个年度每个出口市场的质量，本章后续不仅可以将每个产品编码下的质量进行加总，从而得到总体层面的质量，而且可以对不同层面的产品质量进行标准化处理。异质性制度环境主要通过企业生产率和交易成本这两个渠道来影响企业出口产品质量。

从省级制度环境来看，较好的省级制度环境能够提高企业生产率。这从一定程度上说明企业在制度较好的省份能够通过增加对员工培训和学习的机会，以及对技术工人制定严格的考核制度来提高其生产技术的熟练度，达到提高劳动生产率的目的。在此基础上，企业如果继续发挥"干中学"的能力，不断对现有生产技术进行改进，则能够更快提高出口产品质量。从国际制度环境来看，制度环境较好国家（地区）的经济发展水平也较高，基于对产品品质的追求，消费者对进口产品质量的要求也较为苛刻，所以在进口产品时就已经对产品的质量进行了筛选。制度环境交互摩擦效应与目的地的制度环境带来的影响相反，它会增加企业的交易成本，这将扭曲制度环境降低交易成本的效果，从而对提升企业出口产品质量产生抑制作用。

3.3　引入异质性制度环境的 Melitz 模型拓展分析

3.3.1　引入异质性制度环境的 Melitz 模型拓展

（1）梅利茨（Melitz）模型的假设条件

从理论上说，异质性企业贸易理论是以克鲁格曼（1980）的垄断竞争和规模报酬递增模型为基础，因此其假设条件也与新贸易理论的基本一致。以下就对异质性企业贸易模型的假设条件进行简要阐述。

①消费者假定：代表性消费者具有常弹性替代（CES）的效用函数。

②生产者假定：企业生产每种产品都有生产固定成本 f；企业进入国内市场的成本为 f_d；每个厂商不需要考虑对生产组织结构进行选择的问题，生产商品时仅专业化生产一种产品；每个行业内的产品都是水平差异化的；每个企业都会面临概率相同的负面冲击。

③要素市场假定：只有劳动力一种生产要素，而且劳动是同质的。

④贸易壁垒假定：企业在出口过程中需要面临可变贸易成本和固定贸易成本。其中，可变贸易成本是 $\tau \geqslant 1$ 的冰山贸易成本；固定贸易成本是企业出口时遇到的大于零的成本，为 f_x。

⑤其他假定：世界上仅有两个对称的国家，且具有相同的工资水平。为了分析的简化性，通常假定两个国家的劳动力工资水平都等于1，即 $W = W^* = 1$；信息完全；企业是风险中立的，且处于无政府状态，每个企业对自己的产品都有不同程度的垄断。

正是由于上述假设条件已经在新贸易理论的研究中得到了广泛的应用，使得异质性企业贸易理论在新贸易理论的基础上，通过加入企业生产率的差异，不仅使两个经典贸易模型之间建立了密切的联系，而且让学者以此为基础进行了大量的扩展研究，使异质性企业贸易理论得以迅速发展。

（2）Melitz 模型的基本思想

本章采用的模型是异质性企业贸易模型，通过在此模型中加入异质性制度环境变量，分析异质性条件下，制度环境对企业出口贸易的影响。随后的企业出口贸易三维特征研究也是在此思路基础上进行的拓展。所以，异质性企业贸易模型是本章理论分析的基础，以下就从消费者需求、企业生产、封闭市场均衡和开放市场均衡这四方面对异质性企业模型进行简要介绍。

①消费者需求。

基于 Dixit – Stiglitz 模型和不变替代弹性的 CES 函数，假设代表性消费者所具有的效用函数为：

$$U = (\int_{x \in \Omega} q(x)^{\rho} dx)^{\frac{1}{\rho}} \qquad (3-1)$$

式（3-1）中的 Ω 代表可获得全部商品的消费集，x 表示国家的商品种类，$q(x)$ 表示第 x 种商品的需求量。各种商品之间是可以替代的，$0 < \rho < 1$，两种商品之间的替代弹性为 σ，且 $\sigma > 1$。其中，$\rho = (\sigma - 1)/\sigma$，当 $\rho = 1$ 时，表明消费者认为产品之间没有差异，且是可以完全替代。在该框架下，消费者的效用水平取决于两部分。一部分是消费者对一种商品的消费数量，另一部分是消费产品种类的多样性。另外，消费者效用和总体产品数量呈正相关关系。

根据代表性消费者的效用函数，可以得出总产品 $Q = U$。

根据消费者支出最小化的条件，可以得出：

$$\min \int_{x \in \Omega} p(x) q(x) dx \qquad (3-2)$$

$$s.t. (\int_{x \in \Omega} q(x)^{\rho} dx)^{\frac{1}{\rho}} = Q \qquad (3-3)$$

求得对应的总价格指数为：

$$P = (\int_{x \in \Omega} p(x)^{1-\sigma} dx)^{\frac{1}{1-\sigma}} \qquad (3-4)$$

其中，式（3-4）中的 $p(x)$ 可以理解为消费者购买任意一种产品的价格。

根据消费者效用最大化原理推导出任意一种产品 x 的需求函数为：

$$q(x) = W \cdot L \cdot \left(\frac{p(x)^{-\sigma}}{P^{1-\sigma}} \right) \qquad (3-5)$$

其中，L 为生产产品所使用的劳动力，W 为劳动力的价格，即工资。

令式（3-5）中的 $W \cdot L = Y$，通过上述推导，可以得出代表性消费者对任意一种产品 x 的消费支出：

$$r(x) = W \cdot L \cdot \left(\frac{p(x)}{P} \right)^{1-\sigma} = Y \cdot \left(\frac{p(x)}{P} \right)^{1-\sigma} \qquad (3-6)$$

②企业生产。

在企业生产方面，每个企业仅生产水平差异产品中的一种，所对应的生产率为 φ，且 $\varphi > 0$。异质性企业贸易理论提出，企业的生产率和生产成本呈反向变动关系，但是企业的生产率和产品质量呈同向变动关系。如果假定唯一的生产要素是劳动，其总量为 L。那么，企业产品的产出数量以及所需搭配的劳动使用量存在一定的函数关系，即 $l = f + q/\varphi$，通过此式可以发现，所有企业在进行产品生产的过程中都需要支付一个固定的生产成本 f，且 $f > 0$，劳动的使用量 l 与 q 成正比，与企业的生产率 φ 成反比。

企业成本主要由四部分构成。第一，企业在进行产品的生产过程中都需要支付一个固定的生产成本 f，这是企业在生产产品时都需要支付的成本。本节假定所有企业都具有相同的生产固定成本；第二，在封闭条件下，企业在国内市场进行销售，需要支付进入国内市场同行业的成本 f_d；第三，在市场开放条件下，如果企业选择出口到海外市场，还需要承担进入海外市场的成本 f_x，这部分成本主要用在对海外市场进行开拓过程中的调研费用、产品推广费用、市场营销的实施费用以及建立分销网络的费用等；第四，企业在出口到海外市场的同时，还需要面临运输中的可变成本，即冰山成本 $\tau(\tau > 1)$。具体可以理解为 1 单位产品在运输过程中会有一定程度的损耗，最后仅有 $1/\tau$ 的产品可以到达最终目的地。所以，冰山运输成本与到达最终目的地的产品数量呈反向变动关系。

本节假定本国与外国工人的工资都等于 1，即 $W = W^* = 1$。企业生产产品的价格函数为：

$$p(\varphi) = \frac{\sigma}{\sigma - 1} \cdot \frac{1}{\varphi} = \frac{1}{\rho \cdot \varphi} \tag{3-7}$$

由式（3-7）可以得出，在生产率为 φ 的条件下，任何一个企业的收入 $r(\varphi)$ 和企业利润 $\pi(\varphi)$ 可以分别表示为式（3-8）和式（3-9）：

$$r(\varphi) = Y \cdot \left(P \cdot \frac{\sigma - 1}{\sigma} \cdot \varphi \right) = Y \cdot (P \cdot \rho \cdot \varphi)^{\sigma - 1} \tag{3-8}$$

$$\pi(\varphi) = \frac{r(\varphi)}{\sigma} - f = \frac{Y}{\sigma} \cdot \left(\frac{\sigma}{\sigma - 1} \cdot \frac{1}{\varphi \cdot P} \right)^{1 - \sigma} - f \tag{3-9}$$

在式（3-9）中，$r(\varphi)/\sigma$ 是企业的可变利润。f 代表上文提到的每个企业生产所需要支付的固定生产成本。当式（3-9）为零时，所对应的企业生产率为 φ^*。当 $\varphi \geq \varphi^*$ 时，即利润为正时，企业才会开始生产。所以式（3-10）就是零利润关门条件（zero cutoff profit condition）。企业进行生产的临界水平为 φ^*。那么，企业在此条件下的利润水平为：

$$\pi(\varphi^*) = \frac{r(\varphi^*)}{\sigma} - f = 0 \qquad (3-10)$$

当企业到达零利润临界条件后，可以对式（3-10）求解得到：

$$r(\varphi^*) = \sigma \cdot f \qquad (3-11)$$

由于平均生产率水平 $\tilde{\varphi}$ 也是由临界的生产率水平 φ^* 决定的，那么可以得出平均收入和平均利润分别为：

$$\bar{r} = r(\tilde{\varphi}) = \left(\frac{\tilde{\varphi}(\varphi^*)}{\varphi^*} \right)^{\sigma-1} \cdot r(\varphi^*) \qquad (3-12)$$

$$\bar{\pi} = \pi(\tilde{\varphi}) = \frac{r(\tilde{\varphi})}{\sigma} - f = \left(\frac{\tilde{\varphi}(\varphi^*)}{\varphi^*} \right)^{\sigma-1} \cdot \frac{r(\varphi^*)}{\sigma} - f \qquad (3-13)$$

将式（3-11）代入式（3-13）后，可以得到化简后的企业平均利润函数：

$$\bar{\pi} = \left(\frac{\tilde{\varphi}(\varphi^*)}{\varphi^*} \right)^{\sigma-1} \cdot f - f = \left[\left(\frac{\tilde{\varphi}(\varphi^*)}{\varphi^*} \right)^{\sigma-1} - 1 \right] \cdot f \qquad (3-14)$$

③封闭市场均衡。

在封闭的国内市场中，当企业获得大于零的利润时才会选择进入此行业进行生产，当利润为负时，则选择不生产。上文提到的进入国内市场的成本 f_d 是企业在市场销售时必须考虑的成本。也就是说企业在进入市场时进行的初始投资，且这部分成本将会变成沉没成本。企业生产率 φ 的分布为 $g(\varphi)$，它的连续累计分布是 $G(\varphi)$。企业不仅要考虑到平均利润水平 $\bar{\pi}$ 为正，同时也要考虑自由进入后的平均利润流的现价 v_d：

$$v_d = \frac{1 - G(\varphi^*)}{\delta} \cdot \bar{\pi} - f_d \qquad (3-15)$$

其中，f_d 为企业进入国内市场的固定成本，δ 为企业所面临的负面冲击概率，$G(\varphi)$ 是企业生产率分布对应的累计分布。只有当 $v_d \geq 0$ 时，企业才会选择进入国内市场，这也可称为企业自由进入条件。所以当式（3-15）为零时，可得：

$$\overline{\pi} = \frac{\delta \cdot f_d}{1 - G(\varphi^*)} \qquad (3-16)$$

通过上述分析，企业的零利润关门条件式（3-10）、式（3-14）和自由进入条件式（3-15）、式（3-16），共同决定了封闭条件下的均衡。

④开放市场均衡。

在开放市场经济中，企业可以有三种选择策略：企业不生产、企业生产但是不进入国际市场、企业进入国际市场。此时，企业将面临进入海外市场的成本 f_x 和运输到目的地的可变运输成本 τ。所以在开放条件下，企业出口价格 $p_x(\varphi)$、出口销售收入 $r_x(\varphi)$ 和企业出口利润 $\pi_x(\varphi)$ 为：

$$p_x(\varphi) = \frac{\tau}{\rho \cdot \varphi} \qquad (3-17)$$

$$r_x(\varphi) = \tau^{1-\sigma} \cdot Y \cdot (P \cdot \rho \cdot \varphi)^{\sigma-1} \qquad (3-18)$$

$$\pi_x(\varphi) = \frac{r_x(\varphi)}{\sigma} - f_x = \frac{\tau^{1-\sigma} \cdot r(\varphi)}{\sigma} - f_x \qquad (3-19)$$

将式（3-11）和式（3-12）代入式（3-19）后，可以得出化简后的企业出口利润 $\pi_x(\varphi)$：

$$\pi_x(\varphi) = \tau^{1-\sigma} \cdot \left(\frac{\varphi}{\varphi^*}\right)^{\sigma-1} \cdot f - f_x \qquad (3-20)$$

从式（3-20）中可以看出，企业出口利润与企业生产率正相关。如果在企业出口利润为零的情况下，可以得出企业进入海外市场的临界生产率 φ_x^*，且 $\varphi^* < \varphi_x^*$。

因此，企业生产率水平可以用来分析企业出口选择的三种模式。当企业的生产率水平为 φ，且 $\varphi < \varphi^*$ 时，企业不会选择生产；当企业生产率水平在 $\varphi^* < \varphi < \varphi_x^*$ 时，企业会选择开始生产，但仅针对国内市场销售，不会出口；当企业的生产率水平在 $\varphi \geqslant \varphi_x^*$ 时，企业将会选择进入海外市场销售。这就是异质性企业贸易模型最为核心和重要的思想。

(3) 引入省级制度环境的模型拓展分析

经典企业异质性模型都假设企业处于完全的制度环境下，企业可以在外生的制度环境下进行贸易。现在放松这一假设，即企业处于不完全的制度环境下，由于母国（地区）和目的国（地区）制度环境的动荡会带来出口风险，影响企业生产率、增加出口成本，所以在很大程度上会影响企业的出口决策。

本节参考阿拉（2013）的思路，认为企业劳动生产率 θ 受到三方面因素的影响：第一，企业特定的与技术相关的因素 φ[①]；第二，行业特定因素 h；第三，省份特征因素 s。成本函数可以被写成：

$$l = \frac{q}{\theta(\varphi \cdot h \cdot s)} + f_d \qquad (3-21)$$

$$l_x = \frac{\tau \cdot q}{\theta(\varphi \cdot h \cdot s)} + f_x \qquad (3-22)$$

其中，l 代表国内销售的成本，l_x 代表国外销售的成本。

本节同时参考列夫琴科（2007）的思路，把企业生产过程分为单要素生产和联合要素生产。假定一个出口企业需要至少和一个生产企业（部门）合作才能够完成产品的生产。当生产企业和出口企业所属的地区拥有不同的制度水平时，就会影响企业之间讨价还价的能力，从而影响到最终的利益分配。本节认为，企业在出口过程中需要由生产企业和出口企业共同配合来完成。在生产之前，生产企业和出口企业会对生产商品的数量、价格、利润等方面进行商议。由于大部分的中国出口企业具有一定的决策优势，可以根据自身利润最大化原则来决定生产商品的数量和价格。当不存在制度环境因素的影响时，用 λ 表示生产企业事前讨价还价的能力，$\lambda \in (0,1)$。用 $1-\lambda$ 表示出口企业事前讨价还价的能力。为了让渡决定权，出口企业会给生产企业 T 的转移支付。因此，在开放市场的环境下，出口企业事前利润 π_F、生产企业利润 π_S、出口企业最后的利润函数 π_x 分别为：

$$\pi_F = (1-\lambda) \cdot p_x \cdot q_x - \left(\frac{\tau \cdot q_x}{\varphi} + f_x\right) - T \qquad (3-23)$$

$$\pi_S = \lambda \cdot p_x \cdot q_x + T \qquad (3-24)$$

[①]　基于梅利茨（2003）和阿拉（2013）的思想，可以将 φ 定义为企业技术生产率，也就是企业生产率。

$$\pi_x = \pi_F + \pi_S = p_x \cdot q_x - \left(\frac{\tau \cdot q_x}{\varphi} + f_x \right) \qquad (3-25)$$

根据利润最大化原则，得出企业出口产品价格为：

$$p_x = \frac{1}{\rho \cdot \varphi \cdot (1-\lambda)} \qquad (3-26)$$

根据前文的机理分析得出，省级和行业的特定因素会影响企业讨价还价的能力，所以令 $s(h) = 1 - \lambda$，同时基于超模博弈模型得出 $\varphi \cdot s(h) = \theta(\varphi \cdot h \cdot s)$，其中 $\theta > 0$，$s(h) > 0$，对式（3-26）化简得出：

$$p_x = \frac{\tau}{\rho \cdot \varphi \cdot (1-\lambda)} = \frac{\tau}{\rho \cdot \varphi \cdot s(h)} = \frac{\tau}{\rho \cdot \theta(\varphi \cdot h \cdot s)} \qquad (3-27)$$

进一步根据列夫琴科（2007）的思路[①]将 $s(h)$ 作为企业所在省份的省级制度环境，它主要影响企业在合作过程中执行以及议价的能力。λ 可以理解为企业在合作过程中对应该遵守合约的扭曲程度。

通过将式（3-27）代入开放市场的价格函数式（3-17）、收益函数式（3-18）、利润函数式（3-19）后，可得到引入省级制度环境的价格、数量、收益、利润的表达式：

$$p_x(\varphi) = \frac{\tau}{\rho \cdot \theta(\varphi \cdot h \cdot s)} = \tau \cdot (\rho \cdot \theta)^{-1} = \tau \cdot [\rho \cdot \varphi \cdot s(h)]^{-1}$$

$$(3-28)$$

$$q_x(\varphi) = Y \cdot P^{\sigma-1} \cdot \tau^{-\sigma} \cdot (\rho \cdot \theta)^{\sigma} = Y \cdot P^{\sigma-1} \cdot \tau^{-\sigma} \cdot [\rho \cdot \varphi \cdot s(h)]^{\sigma}$$

$$(3-29)$$

$$r_x(\varphi) = Y \cdot P^{\sigma-1} \cdot \tau^{1-\sigma} \cdot (\rho \cdot \theta)^{\sigma-1} = Y \cdot P^{\sigma-1} \cdot \tau^{1-\sigma} \cdot [\rho \cdot \varphi \cdot s(h)]^{\sigma-1}$$

$$(3-30)$$

$$\pi_x(\varphi) = Y \cdot P^{\sigma-1} \cdot \tau^{1-\sigma} \cdot \rho^{\sigma-1} \cdot (1-\rho) \cdot \theta^{\sigma-1} - f_x$$

$$= Y \cdot P^{\sigma-1} \cdot \tau^{1-\sigma} \cdot \rho^{\sigma-1} \cdot [\varphi \cdot s(h)]^{\sigma-1} - f_x \qquad (3-31)$$

令式（3-30）和式（3-31）中的 $\omega = s(h)$，$A = Y \cdot P^{\sigma-1} \cdot \tau^{1-\sigma} \cdot$

---

① 列夫琴科（2007）主要研究制度环境对国家间比较优势的影响，由于合同执行效果会受到分配份额 λ 的影响，λ 同时受到技术水平和制度的共同影响。每个国家内部相同，国家间存在差异。因而可以运用此思路解释同一个国家内部具有的差异，并认为 λ 主要受到制度的影响。

$(\rho \cdot \varphi)^{\sigma-1}$，$B = Y \cdot P^{\sigma-1} \cdot \tau^{1-\sigma} \cdot \rho^{\sigma-1}(1-\rho) \cdot \varphi^{\sigma-1}$ 后，企业的收益函数可以改写为 $r_x = A \cdot \omega^{\sigma-1}$，利润函数可以写为 $\pi_x = B \cdot \omega^{\sigma-1} - f_x$。以下分别将企业出口收益 r_x、利润 π_x 对省级制度环境 ω 求导得出：

$$\frac{\partial r_x}{\partial \omega} = A \cdot (\sigma-1) \cdot \omega^{\sigma-2} > 0 \qquad (3-32)$$

$$\frac{\partial \pi_x}{\partial \omega} = B \cdot (\sigma-1) \cdot \omega^{\sigma-2} > 0 \qquad (3-33)$$

因为 $\sigma > 1$，所以式（3-32）和式（3-33）的结果为正，这说明省级制度环境和企业出口收益之间是正相关的关系，即良好的省级制度环境能增加企业的出口收益。

（4）引入国际制度环境、制度环境交互摩擦效应的模型拓展分析

在企业出口过程中，还需要考虑国际制度环境以及制度环境交互摩擦效应对出口贸易的影响。由于这两者都是从交易成本角度影响企业出口成本 f_x，所以本节将其共同纳入模型当中。按照上文中的机理分析，国际制度环境可以降低企业的出口成本 f_x，制度环境交互摩擦效应会增加企业的出口成本 f_x。以下将这两类制度环境变量以系数的形式引入模型，其中，国际制度环境变量的系数形式设置为 $1/\eta$，且 $0 < \eta < 1$；制度环境交互摩擦效应的系数形式设置为 ε，且 $0 < \varepsilon < 1$。可将其关系写为 $(\varepsilon \cdot f_x)/\eta$，代入企业出口利润函数中，可以得出：

$$\pi_x = \frac{r_x}{\sigma} - \frac{\varepsilon \cdot f_x}{\eta}$$

$$= Y \cdot P^{\sigma-1} \cdot \tau^{1-\sigma} \cdot \rho^{\sigma-1} \cdot (1-\rho) \cdot [\varphi \cdot \omega]^{\sigma-1} - \frac{\varepsilon \cdot f_x}{\eta} \qquad (3-34)$$

从式（3-34）中可以看出，企业出口收益与企业出口成本之间并没有直接联系，所以可间接推导出它们之间的关系。将企业出口利润 π_x 分别对 ε 和 η 求导得出：

$$\frac{\partial \pi_x}{\partial \eta} = [-(\varepsilon \cdot f_x)] \cdot (-1) \cdot \eta^{-2} > 0 \qquad (3-35)$$

$$\frac{\partial \pi_x}{\partial \varepsilon} = (-1) \cdot \frac{f_x}{\eta} < 0 \qquad (3-36)$$

通过式（3-35）和式（3-36）可以看出国际制度环境对企业出口利润的影响为正，也就是说良好的国际制度环境能够促进企业出口利润的增加，那么企业自然会增加出口贸易额。制度环境交互摩擦效应对企业出口利润的影响为负，说明交互摩擦效应不利于企业出口利润的增长，那么企业就会凭经济直觉减少出口贸易额。

以上分析是以异质性企业贸易模型为基础，在纳入异质性制度环境后，构成了本节的一般均衡理论模型。为后续进行三维模型拓展奠定了基础。根据以上机理分析，本节提出：

假说1：异质性制度环境中的省级制度环境、国际制度环境对企业出口贸易额的影响为正，制度环境交互摩擦效应对企业出口贸易额的影响为负。

3.3.2 引入异质性制度环境的企业出口贸易二元边际模型拓展

（1）企业出口贸易二元边际的定义

本节借鉴劳莱斯（Lawless，2008）的模型，把企业出口到一国（地区）的总贸易额写为：

$$s_x = p_x \cdot q_x = \left(\frac{\sigma}{\sigma-1} \cdot \frac{\tau}{\varphi \cdot \omega \cdot P} \right)^{1-\sigma} \cdot Y \qquad (3-37)$$

企业的出口利润函数与式（3-34）相同，考虑到本书模型推导的连贯性，下文继续用 φ 代表企业生产率。$G(\varphi)$ 为 φ 的概率密度函数。由于存在出口零利润的生产率临界值，即只有生产率水平高于该临界值的企业才会出口。通过化简，可以得到企业生产率的临界值为：

$$\overline{\varphi} = \left(\frac{\varepsilon \cdot f_x}{\eta} \right)^{\frac{1}{\sigma-1}} \cdot \frac{1}{\omega} \cdot \left[\left(\frac{1}{Y \cdot (1-\rho)} \right)^{\frac{1}{\sigma-1}} \cdot \frac{\tau}{P \cdot \rho} \right] \qquad (3-38)$$

令 $C = \left[\left(\frac{1}{Y \cdot (1-\rho)} \right)^{\frac{1}{\sigma-1}} \cdot \frac{\tau}{P \cdot \rho} \right]$，故将式（3-38）简写为 $\overline{\varphi} =$

$\left(\dfrac{\varepsilon \cdot f_x}{\eta}\right)^{\frac{1}{\sigma-1}} \cdot \dfrac{1}{\omega} \cdot C$。以下通过对式（3－38）求导后，得出 ω、η、ε 和 $\overline{\varphi}$ 之间的关系。

$$\frac{\partial \overline{\varphi}}{\partial \omega} = (-1) \cdot \omega^{-2} \cdot \left(\frac{\varepsilon \cdot f_x}{\eta}\right)^{\frac{1}{\sigma-1}} \cdot C < 0 \qquad (3-39)$$

$$\frac{\partial \overline{\varphi}}{\partial \eta} = \left(-\frac{1}{\sigma-1}\right) \cdot \eta^{-2} \cdot (\varepsilon \cdot f_x) \cdot \frac{C}{\omega} < 0 \qquad (3-40)$$

$$\frac{\partial \overline{\varphi}}{\partial \varepsilon} = \left(\frac{f_x}{\eta}\right)^{\frac{1}{\sigma-1}} \cdot \frac{C}{\omega} > 0 \qquad (3-41)$$

生产率在临界值以上企业的总出口额就是向该国所有出口企业销量的加总，可以得出：

$$S = \int_{\overline{\varphi}}^{\infty} s(\varphi) G(\varphi) d\varphi \qquad (3-42)$$

企业出口扩展边际[①]可以定义为：

$$N = \int_{\overline{\varphi}}^{\infty} G(\varphi) d\varphi \qquad (3-43)$$

企业出口集约边际[②]可以定义为：

$$\frac{S}{N} = \frac{\displaystyle\int_{\overline{\varphi}}^{\infty} s(\varphi) G(\varphi) d\varphi}{\displaystyle\int_{\overline{\varphi}}^{\infty} G(\varphi) d\varphi} \qquad (3-44)$$

（2）异质性制度环境对企业出口扩展边际的影响

在前文中已经得出 $\theta(\varphi \cdot h \cdot s) = \varphi \cdot s(h) = \varphi \cdot \omega$，其中 φ 为企业生产率，ω 代表省级制度环境，η 代表国际制度环境对企业出口成本 f_x 的影响，ε 代表制度环境交互摩擦效应对企业出口成本 f_x 的影响。为了分析异质性制度环境对企业出口扩展边际的影响，以下将 N 分别对 ω、η 和 ε 求导得出：

---

　①　企业在某国数量的增加能够从一定程度上反映企业—产品—目的国层面的增长，所以在模型推导中，用企业—目的地的数量增长代表扩展边际。

　②　在模型推导中，用企业—目的地的平均出口贸易额代表集约边际。

$$\frac{\partial N}{\partial \omega} = -G(\overline{\varphi}) \cdot \frac{\partial \overline{\varphi}}{\partial \omega} > 0 \tag{3-45}$$

$$\frac{\partial N}{\partial \eta} = -G(\overline{\varphi}) \cdot \frac{\partial \overline{\varphi}}{\partial \eta} > 0 \tag{3-46}$$

$$\frac{\partial N}{\partial \varepsilon} = -G(\overline{\varphi}) \cdot \frac{\partial \overline{\varphi}}{\partial \varepsilon} < 0 \tag{3-47}$$

通过式（3-45）、式（3-46）和式（3-47）可以看出，省级制度环境 ω 对扩展边际的影响为正。国际制度环境 η 对扩展边际的影响也为正。而制度环境交互摩擦效应 ε 对扩展边际的影响为负，这说明摩擦效应不利于企业出口扩展边际的增长。

（3）异质性制度环境对企业出口集约边际的影响

以下将式（3-44）分别对 ω、η 和 ε 进行求导，得出其对企业出口集约边际的影响。首先，对省级制度环境 ω 求导可得：

$$\frac{\partial \left(\frac{S}{N} \right)}{\partial \omega} = \frac{\frac{\partial S}{\partial \omega} N - S \frac{\partial N}{\partial \omega}}{N^2} \tag{3-48}$$

在式（3-48）中 $\frac{\partial S}{\partial \omega}$ 和 $\frac{\partial s(\varphi)}{\partial \omega}$ 的具体形式为：

$$\frac{\partial S}{\partial \omega} = \int_{\overline{\varphi}_j}^{\infty} \frac{\partial s(\varphi)}{\partial \omega} G(\varphi) d\varphi - s(\overline{\varphi}) G(\overline{\varphi}) \frac{\partial \overline{\varphi}}{\partial \omega} > 0 \tag{3-49}$$

$$\frac{\partial s(\varphi)}{\partial \omega} = \left(\frac{\tau \cdot \sigma}{(\sigma-1) \cdot \varphi \cdot P} \right)^{1-\sigma} \cdot \omega^{\sigma-2} \cdot Y > 0 \tag{3-50}$$

将式（3-49）和式（3-50）代入到式（3-48）后，可以得到：

$$\frac{\partial \left(\frac{S}{N} \right)}{\partial \omega} = \frac{\left(\int_{\overline{\varphi}}^{\infty} \frac{\partial s(\varphi)}{\partial \omega} G(\varphi) d\varphi - s(\overline{\varphi}) G(\overline{\varphi}) \frac{\partial \overline{\varphi}}{\partial \omega} \right) \cdot N + S \cdot G(\overline{\varphi}) \frac{\partial \overline{\varphi}}{\partial \omega}}{N^2}$$

$$= \frac{\left(\int_{\overline{\varphi}}^{\infty} \frac{\partial s(\varphi)}{\partial \omega} G(\varphi) d\varphi \right) \cdot N + (S - s(\overline{\varphi})N) \cdot G(\overline{\varphi}) \frac{\partial \overline{\varphi}}{\partial \omega}}{N^2} \tag{3-51}$$

由式（3-50）可以看出 $\frac{\partial s(\varphi)}{\partial \omega}$ 为正，概率密度函数 $G(\varphi)$ 为正，从式

（3 - 45）中可以看出 $\dfrac{\partial\overline{\varphi}}{\partial\omega}$ 为负，所以式（3 - 49）为正。在式（3 - 51）分子中的 $(S - s(\overline{\varphi})N) > 0$，如果所有企业的销售情况都和这家企业相同，那么总销售额就会增加。因此，在式（3 - 51）中的分子大小并不是很明确。总体结果主要取决于 $G(\varphi)$ 的类型和大小。根据异质性企业贸易模型中假设不同企业的随机生产率 φ 服从参数为 γ 的帕累托分布，其概率密度函数为 $G(\varphi) = \gamma\varphi^{-\gamma-1}$，$\gamma > \sigma - 1$，将式（3 - 43）和式（3 - 44）合并后改写为：

$$N = \int_{\overline{\varphi}}^{\infty} G(\varphi)\,d\varphi = \varphi^{-\gamma} = \left[\left(\frac{\varepsilon \cdot f_x}{\eta}\right)^{\frac{1}{\sigma-1}} \cdot \frac{1}{\omega} \cdot C\right]^{-\gamma} \qquad (3 - 52)$$

当制度环境发生变化时，可以看出异质性制度环境 ω、η、ε 对改写后扩展边际的影响为：

$$\frac{\partial N}{\partial \omega} = \gamma \cdot \omega^{\gamma-1} \cdot \left(\frac{\varepsilon \cdot f_x}{\eta}\right)^{\frac{\gamma}{1-\sigma}} \cdot C > 0 \qquad (3 - 53)$$

$$\frac{\partial N}{\partial \eta} = \left(\frac{\gamma}{\sigma - 1}\right) \cdot \eta^{\frac{\gamma}{1-\sigma}-1} \cdot \omega^{\gamma} \cdot C > 0 \qquad (3 - 54)$$

$$\frac{\partial N}{\partial \varepsilon} = \left(\frac{\gamma}{1 - \sigma}\right) \cdot \varepsilon^{\frac{\gamma}{1-\sigma}-1} \cdot \left(\frac{f_x}{\eta}\right)^{\frac{\gamma}{1-\sigma}} \cdot \omega^{\gamma} \cdot C < 0 \qquad (3 - 55)$$

通过对改写后的扩展边际进行分析得出，三个异质性制度环境变量对扩展边际的影响与上述一致。同时，运用相同的方法对式（3 - 42）的企业总出口额进行改写：

$$S = \left(\frac{\sigma - 1}{\sigma} \cdot \frac{P \cdot \omega}{\tau}\right)^{\sigma-1} \cdot Y \int_{\overline{\varphi}}^{\infty} \varphi^{\sigma-1} G(\varphi)\,d\varphi$$

$$= \frac{\gamma}{\gamma - \sigma + 1}\left(\frac{\sigma - 1}{\sigma} \cdot \frac{P \cdot \omega}{\tau}\right)^{\sigma-1} \cdot Y \cdot \overline{\varphi}^{\sigma-\gamma-1} \qquad (3 - 56)$$

通过把式（3 - 52）和式（3 - 56）代入到式（3 - 44），得到化简后的集约边际为：

$$\frac{S}{N} = \frac{\gamma}{\gamma - \sigma + 1}\left(\frac{\sigma - 1}{\sigma} \cdot \frac{P \cdot \omega}{\tau}\right)^{\sigma-1} \cdot Y \cdot \overline{\varphi}_j^{\sigma-1}$$

$$= \frac{\gamma}{\gamma - \sigma + 1} \left(\frac{\sigma - 1}{\sigma} \cdot \frac{P \cdot \omega}{\tau} \right)^{\sigma - 1} \cdot Y \cdot \left[\left(\frac{\varepsilon \cdot f_x}{\eta} \right)^{\frac{1}{\sigma - 1}} \cdot \frac{1}{\omega} \cdot C \right]^{-\sigma - 1}$$

$$(3 - 57)$$

当异质性制度环境发生变化时，通过将式（3 – 57）分别对 ω、η、ε 求导后可以看出，异质性制度环境对集约边际的影响为：

$$\frac{\partial \left(\frac{S}{N} \right)}{\partial \omega} = 2\sigma \cdot \omega^{2\sigma - 1} \cdot D > 0 \tag{3 - 58}$$

$$D = \frac{\gamma}{\gamma - \sigma + 1} \left(\frac{\sigma - 1}{\sigma} \cdot \frac{P}{\tau} \right)^{\sigma - 1} \cdot Y \cdot \left[\left(\frac{\varepsilon \cdot f_x}{\eta} \right)^{\frac{1}{\sigma - 1}} \cdot C \right]^{-\sigma - 1} \tag{3 - 59}$$

其中，$\gamma / (\gamma - \sigma + 1) > 0$，可以看出 D 为大于零的数，所以式（3 – 58）为正。

$$\frac{\partial \left(\frac{S}{N} \right)}{\partial \eta} = \left(\frac{\sigma + 1}{\sigma - 1} \right) \cdot \eta^{\frac{2}{\sigma - 1}} \cdot (\varepsilon \cdot f_x)^{\frac{\sigma + 1}{1 - \sigma}} \cdot F > 0 \tag{3 - 60}$$

$$F = \frac{\gamma}{\gamma - \sigma + 1} \left(\frac{\sigma - 1}{\sigma} \cdot \frac{P}{\tau} \right)^{\sigma - 1} \cdot Y \cdot C^{-\sigma - 1} \tag{3 - 61}$$

可以看出式（3 – 60）中的结果大于零，说明国际制度环境对集约边际的影响为正。

$$\frac{\partial \left(\frac{S}{N} \right)}{\partial \varepsilon} = \left(-\frac{\sigma + 1}{\sigma - 1} \right) \cdot \varepsilon^{\frac{2\sigma}{1 - \sigma}} \cdot \left(\frac{f_x}{\eta} \right)^{\frac{\sigma + 1}{1 - \sigma}} \cdot F < 0 \tag{3 - 62}$$

通过式（3 – 62）可以看出，制度环境交互摩擦效应对企业出口集约边际影响为负，说明其不利于企业出口集约边际的增长。

根据以上机理分析，本节提出：

假说 2：异质性制度环境中的省级制度环境、国际制度环境对企业出口贸易二元边际的影响为正，制度环境交互摩擦效应对企业出口贸易二元边际的影响为负。

3.3.3　引入异质性制度环境的企业出口贸易持续时间模型拓展

企业出口持续时间分析是从动态视角分析企业的出口寿命。因此，较长的出口持续时间是实现贸易稳定增长的重要因素（Fugazza & Molina，2009）。

本章前几节的分析借鉴了既有研究设定的基本理论模型分析框架，对异质性制度环境与企业出口行为决策及一般均衡条件进行了刻画，这为本节重点揭示与阐述异质性制度环境对企业出口贸易持续时间的影响奠定了基础。本节借鉴法昆多（Facundo et al.，2016）和戴美虹（2016）的思路，在经典微观经济理论的基础上，强调企业生产经营目标就是追求利润的最大化。由于前文中的一般均衡模型已经表明了异质性制度环境是通过企业生产率、交易成本这两个渠道进而影响到企业利润，而盈利是企业存活于出口市场的前提条件，企业生产率又是决定企业利润的重要因素。同时，异质性制度环境对企业生产率与企业出口贸易成本的影响也非常明显。所以，本节的企业出口贸易持续时间模型将以企业生产率为桥梁，刻画异质性制度环境影响企业在出口市场存活的情况。

若以 π_1 表示不考虑异质性制度环境下的企业利润，π_2 表示仅考虑省级制度环境下的企业利润函数，π_3 表示仅考虑国际制度环境下的企业出口利润函数，π_4 表示仅考虑制度环境交互摩擦效应下的企业出口利润函数。对于企业而言，当企业的出口利润为正时，才会选择出口。以下继续沿用式（3－19）和式（3－34）中，企业出口利润的函数关系式来表达，可以看出企业要出口就需要满足：

$$\pi_1 = \frac{\tau^{1-\sigma} \cdot Y \cdot (P \cdot \rho \cdot \varphi_1)^{\sigma-1}}{\sigma} - f_x > 0 \qquad (3-63)$$

$$\pi_2 = \left(\frac{P \cdot \rho \cdot \varphi_2 \cdot \omega}{\tau}\right)^{\sigma-1} \cdot Y \cdot (1-\rho) - f_x \qquad (3-64)$$

$$\pi_3 = \left(\frac{P \cdot \rho \cdot \varphi_3}{\tau}\right)^{\sigma-1} \cdot Y \cdot (1-\rho) - \frac{f_x}{\eta} \quad\quad (3-65)$$

$$\pi_4 = \left(\frac{P \cdot \rho \cdot \varphi_4}{\tau}\right)^{\sigma-1} \cdot Y \cdot (1-\rho) - \varepsilon \cdot f_x \quad\quad (3-66)$$

通过式（3-63）到式（3-66）求导可以得出，当企业出口利润为零时，企业的出口生产率门槛为：

$$\overline{\varphi}_1 = \left(\frac{f_x \cdot \sigma}{Y}\right)^{\frac{1}{\sigma-1}} \cdot \frac{\tau}{P \cdot \rho} \quad\quad (3-67)$$

$$\overline{\varphi}_2 = \left(\frac{f_x \cdot \sigma}{Y}\right)^{\frac{1}{\sigma-1}} \cdot \frac{1}{\omega_2} \cdot \left(\frac{\tau}{P \cdot \rho}\right) \quad\quad (3-68)$$

$$\overline{\varphi}_3 = \left(\frac{f_x \cdot \sigma}{\eta_2 \cdot Y}\right)^{\frac{1}{\sigma-1}} \cdot \left(\frac{\tau}{P \cdot \rho}\right) \quad\quad (3-69)$$

$$\overline{\varphi}_4 = \left(\frac{\varepsilon_2 \cdot f_x \cdot \sigma}{Y}\right)^{\frac{1}{\sigma-1}} \cdot \left(\frac{\tau}{P \cdot \rho}\right) \quad\quad (3-70)$$

（1）省级制度环境对企业出口贸易持续时间的影响

假定 $\omega > 1$，通过对比式（3-67）和式（3-68）可以得出 $\overline{\varphi}_1 > \overline{\varphi}_2$，良好的省级制度环境会降低出口企业的生产率门槛。当省级制度环境发生变化时，其对出口企业生产率门槛的影响为：

$$\frac{\partial \overline{\varphi}_2}{\partial \omega_2} = (-1) \cdot \omega_2^{-2} \cdot \left(\frac{f_x \cdot \sigma}{Y}\right)^{\frac{1}{\sigma-1}} \cdot \left(\frac{\tau}{P \cdot \rho}\right) < 0 \quad\quad (3-71)$$

通过式（3-71）可以看出，省级制度环境对出口企业生产率门槛的影响为负。这说明在提升省级制度环境水平的同时可以降低企业进入海外市场的生产率门槛值，让更多的企业达到出口标准，这不仅能鼓励大量企业的出口，而且能继续稳定已经出口企业的出口持续时间。

当提高省级制度环境水平到 ω_{22} 时，即 $\omega_{22} > \omega_2 > 1$，可以求得出口企业所面临的出口生产率门槛 $\overline{\varphi}_{22}$ 为：

$$\overline{\varphi}_{22} = \left(\frac{f_x \cdot \sigma}{Y}\right)^{\frac{1}{\sigma-1}} \cdot \frac{1}{\omega_{22}} \cdot \left(\frac{\tau}{P \cdot \rho}\right) \qu\quad (3-72)$$

通过对比式（3－67）、式（3－68）和式（3－72），得出 $\overline{\varphi}_1 > \overline{\varphi}_2 > \overline{\varphi}_{22}$。可见，较好的省级制度环境能够降低企业出口生产率门槛。

（2）国际制度环境对企业出口贸易持续时间的影响

假定 $\eta > 1$，通过对比式（3－67）和式（3－69）得出 $\overline{\varphi}_1 > \overline{\varphi}_3$。所以，良好的国际制度环境会降低出口企业的生产率。当国际制度环境发生变化时，国际制度环境对出口企业生产率门槛的影响为：

$$\frac{\partial \overline{\varphi}_3}{\partial \eta_2} = \left(-\frac{1}{\sigma - 1} \right) \cdot \eta_2^{\frac{\sigma}{1-\sigma}} \cdot \left(\frac{f_x \cdot \sigma}{Y} \right)^{\frac{1}{\sigma-1}} \cdot \left(\frac{\tau}{P \cdot \rho} \right) < 0 \qquad (3-73)$$

通过式（3－73）可以看出，国际制度环境对出口企业生产率门槛的影响为负，说明良好的国际制度环境可以让更多的企业达到出口标准，同时让已经出口的企业保持持续出口。

当国际制度水平提高到 η_{22} 时，即 $\eta_{22} > \eta_2 > 1$，可以求得出口企业所面临的出口生产率门槛 $\overline{\varphi}_{23}$ 为：

$$\overline{\varphi}_{23} = \left(\frac{f_x \cdot \sigma}{\eta_{22} \cdot Y} \right)^{\frac{1}{\sigma-1}} \left(\frac{\tau}{P \cdot \rho} \right) \qquad (3-74)$$

通过对比式（3－67）、式（3－69）和式（3－74），得出 $\overline{\varphi}_1 > \overline{\varphi}_3 > \overline{\varphi}_{23}$。这表明较好的国际制度环境能够降低企业出口生产率门槛。

（3）制度环境交互摩擦效应对企业出口持续时间的影响

假定 $\varepsilon > 1$，通过对比式（3－67）和式（3－70）得出 $\overline{\varphi}_1 > \overline{\varphi}_4$。可以看出，制度环境的交互摩擦效应越大，说明在企业出口过程中会出现更多的障碍，从而提高出口企业生产率门槛，这会让一部分企业失去持续出口的机会。当制度环境交互摩擦效应发生变化时，其对出口企业生产率门槛的影响为：

$$\frac{\partial \overline{\varphi}_4}{\partial \varepsilon_2} = \left(\frac{1}{\sigma - 1} \right) \cdot \varepsilon_2^{\frac{2-\sigma}{\sigma-1}} \cdot \left(\frac{f_x \cdot \sigma}{Y} \right)^{\frac{1}{\sigma-1}} \cdot \left(\frac{\tau}{P \cdot \rho} \right) > 0 \qquad (3-75)$$

当制度环境交互摩擦效应提高到 ε_{22} 时，即 $\varepsilon_{22} > \varepsilon_2 > 1$，可以求得出口企业所面临的出口生产率门槛 $\overline{\varphi}_{24}$ 为：

$$\overline{\varphi}_{24} = \left(\frac{\varepsilon_{22} \cdot f_x \cdot \sigma}{Y} \right)^{\frac{1}{\sigma-1}} \left(\frac{\tau}{P \cdot \rho} \right) \tag{3-76}$$

通过对比式（3-67）、式（3-70）和式（3-76）可以得出 $\overline{\varphi}_1 > \overline{\varphi}_4 > \overline{\varphi}_{24}$。因此，制度环境交互摩擦效应能够提高企业出口生产率门槛。

通过分析异质性制度环境对企业出口贸易持续时间的影响，可以看出随机抽取的生产率水平是企业能否进入出口市场的关键因素。很多企业在降低生产率门槛水平之后，不仅拥有了出口的机会，而且降低了企业退出市场的风险率，保持持续稳定的出口。其背后的机制关键在于，企业的生产率水平差异较大，良好的省级制度环境和国际制度环境可以弥补一些企业在生产率方面的缺陷，在更多制度扶持下，能够得到一些生产和出口的便利。同时，省级制度环境和国际制度环境的提升能够降低出口生产率的门槛，保证一些先天生产率较低的企业达到出口标准，从而增加企业出口数量、降低出口失败概率、延长出口持续时间。此外，制度环境摩擦效应会通过设置较多的出口障碍，减少出口企业的数量，进而提高企业生产率门槛，从而阻碍企业出口持续稳定地发展。

根据以上机理分析，本节提出：

假说3：异质性制度环境中的省级制度环境、国际制度环境对企业出口贸易持续时间的影响为正，制度环境交互摩擦效应对企业出口贸易持续时间的影响为负。

3.3.4 引入异质性制度环境的企业出口贸易产品质量模型拓展

异质性企业出口贸易模型忽略了产品出口质量的异质性。本节将参照哈拉克和斯瓦达森（Hallak & Sivadasan，2009）建立的企业生产率、产品质量两维异质性框架。在此基础上，加入异质性制度环境因素对模型进行拓展，分析异质性制度环境对企业出口贸易产品质量的影响机制。

（1）消费者效用函数

以下推倒需要在一般均衡模型的基础上进行，在加入产品质量因素 $z(x)$ 后，对消费者效用函数式（3-1）进行改写，而消费者的效用函数依然是具有常数替代弹性（CES）性质的。具体如式（3-77）所示：

$$U = \left(\int_{x \in \Omega} [z(x)q(x)]^{\rho} dx \right)^{\frac{1}{\rho}} \tag{3-77}$$

其中，Ω 代表可获得的全部商品种类集合，x 表示产品，$q(x)$ 表示第 x 种产品的需求量，$z(x)$ 表示 x 产品的质量，σ 表示产品的替代弹性，且 $\sigma > 1$。$0 < \rho < 1$，$\rho = (\sigma - 1)/\sigma$。通过求解消费者最优化问题，可知消费者对 x 的需求满足：

$$q(x) = [z(x)]^{\sigma-1} \left(\frac{p(x)^{-\sigma}}{P^{1-\sigma}} \right) \cdot Y \tag{3-78}$$

$$P = \left(\int_{x \in \Omega} \left[\frac{p(x)}{z(x)} \right]^{1-\sigma} dx \right)^{\frac{1}{1-\sigma}} \tag{3-79}$$

其中，$p(x)$ 为产品 x 的价格，P 是价格指数，Y 为消费者对产品的总支出。根据以上公式，可知产品价格越低或质量越高，消费者对其的需求量就越多。

（2）企业生产函数

本节假设市场是垄断竞争的，由于企业的生产率具有差异，所以企业生产产品的质量和价格也存在区别。假设企业在进行生产时，耗费的边际生产成本越高，那么产品的质量也越好。也就是说，如果企业要提高产品的质量，就需要投入更多的边际生产成本。生产率为 φ 企业的边际生产成本为：

$$MC = z^{\alpha} \cdot \frac{\tau \cdot W}{\varphi} \tag{3-80}$$

其中，$\alpha \in (0, 1)$ 表示边际生产成本对产品质量的弹性，φ 为企业生产率，W 代表出口国的工资水平，后续将其标准化为 1，τ 代表冰山运输成本。

出口固定生产成本 $f_x \cdot z^\beta$ 是企业在生产和出口时必须面临的成本。其中 f_x 是未经品质量调整的固定生产成本；$\beta > 0$ 度量了出口成本对产品质量的弹性。据此，企业的成本为：

$$F = z^\alpha \cdot q \cdot \frac{\tau}{\varphi} + f_x \cdot z^\beta \qquad (3-81)$$

（3）异质性制度环境对企业出口贸易产品质量的影响

在引入异质性制度环境因素后，对式（3-81）进行改写，得到：

$$F = z^\alpha \cdot q \cdot \frac{\tau}{\varphi \cdot \omega} + \frac{\varepsilon \cdot f_x}{\eta} \cdot z^\beta \qquad (3-82)$$

因此，企业出口的最优决策为：

$$\max \pi = p \cdot q - F$$

$$= \left(p - z^\alpha \cdot \frac{\tau}{\varphi \cdot \omega} \right) \cdot z^{\sigma-1} \cdot \left(\frac{p^{-\sigma}}{P^{1-\sigma}} \right) \cdot Y - \frac{\varepsilon \cdot f_x}{\eta} \cdot z^\beta \qquad (3-83)$$

通过将式（3-83）对 p 和 z 求导得出：

$$p = \frac{\sigma}{\sigma-1} \cdot \frac{\tau}{\varphi \cdot \omega} \cdot z^\alpha \qquad (3-84)$$

$$\frac{\sigma-1}{\sigma} \cdot z^{\sigma-2} \cdot \frac{p^{1-\sigma}}{P^{1-\sigma}} \cdot Y = \beta \cdot \frac{\varepsilon \cdot f_x}{\eta} \cdot z^{\beta-1} \qquad (3-85)$$

式（3-84）是对价格 p 求一阶导之后的最优价格表达式。其中包括两部分：第一部分是 $(\sigma/\sigma-1) \cdot (\tau/\varphi \cdot \lambda)$，代表除去质量因素后，受到企业生产率和省级制度环境影响的企业出口产品价格，具体可以理解为企业生产率得到的省级制度环境扶持越多，这部分边际生产成本越低；第二部分是 z^α，表示企业产品出口质量对企业出口产品价格的影响，可以理解为质量越高，企业的边际成本越高。由此看出，出口产品价格和制度环境间的关系受到两个起相反作用因素的共同影响。根据式（3-84）和式（3-85）可以得到：

$$z = \left[\frac{\sigma-1}{\beta \cdot \sigma} \cdot \frac{\eta}{\varepsilon \cdot f_x} \cdot \left(\frac{\sigma}{\sigma-1} \cdot \frac{\tau}{\varphi \cdot \omega} \right)^{1-\sigma} \cdot \frac{Y}{P^{1-\sigma}} \right]^{\frac{1}{\beta-(1-\alpha)(\sigma-1)}} \qquad (3-86)$$

为了保证产品质量存在最优解，本节参考樊海潮、郭光远（2015）

的假设条件：$\beta > (1-\alpha)(\sigma-1)$，这样保证产品质量不会出现无穷大的情况。以下令 $\xi = \beta - (1-\alpha)(\sigma-1)$，且 $\xi > 0$，在式（3-86）的基础上分别对三个异质性制度环境因素求导，首先对省级制度环境因素 ω 求导得出：

$$\frac{\partial z}{\partial \omega} = \frac{\sigma-1}{\xi} \cdot \omega^{\frac{\sigma-1-\xi}{\xi}} \cdot H > 0 \qquad (3-87)$$

$$H = \left(\frac{\sigma}{\sigma-1} \cdot \frac{\tau}{\varphi} \right)^{\frac{1-\sigma}{\xi}} \cdot \left(\frac{\sigma-1}{\beta \cdot \sigma} \cdot \frac{\eta}{\varepsilon \cdot f_x} \cdot \frac{Y}{P^{1-\sigma}} \right)^{\frac{1}{\xi}} > 0 \qquad (3-88)$$

通过式（3-87）和式（3-88）得出，省级制度环境对企业产品出口质量的影响为正。其次，对国际制度环境因素 η 求导得出：

$$\frac{\partial z}{\partial \eta} = \left(\frac{1}{\xi} \right) \cdot \eta^{\frac{1-\xi}{\xi}} \cdot K > 0 \qquad (3-89)$$

$$K = \left(\frac{\sigma}{\sigma-1} \cdot \frac{\tau}{\varphi \cdot \omega} \right)^{\frac{1-\sigma}{\xi}} \cdot \frac{1}{\varepsilon \cdot f_x} \cdot \left(\frac{\sigma-1}{\beta \cdot \sigma} \cdot \frac{Y}{P^{1-\sigma}} \right)^{\frac{1}{\xi}} > 0 \qquad (3-90)$$

通过式（3-89）和式（3-90）得出，国际制度环境对企业出口产品质量的影响为正。再次，对制度环境交互摩擦效应 ε 求导得出：

$$\frac{\partial z}{\partial \varepsilon} = \left(-\frac{1}{\xi} \right) \cdot \varepsilon^{\frac{-1-\xi}{\xi}} \cdot M < 0 \qquad (3-91)$$

$$M = \left(\frac{\sigma}{\sigma-1} \cdot \frac{\tau}{\varphi \cdot \omega} \right)^{\frac{1-\sigma}{\xi}} \cdot \frac{\eta}{f_x} \cdot \left(\frac{\sigma-1}{\beta \cdot \sigma} \cdot \frac{Y}{P^{1-\sigma}} \right)^{\frac{1}{\xi}} > 0 \qquad (3-92)$$

通过式（3-91）和式（3-92）得出，制度环境交互摩擦效应对企业出口贸易产品质量的影响为负。

在企业生产效率给定的条件下，良好的省级制度环境和国际制环境都能够帮助企业提高出口产品质量，降低企业出口难度。同时，制度环境交互摩擦效应将抑制企业出口产品质量的提升。

根据以上机理分析，本节提出：

假说 4：异质性制度环境中的省级制度环境、国际制度环境对企业出口贸易产品质量的影响为正，制度环境交互摩擦效应对企业出口贸易产品质量的影响为负。

3.4　本章小结

本章在异质性视角下分析了制度环境对企业出口贸易的影响机理和作用渠道。首先，将异质性制度环境因素纳入到异质性企业贸易模型中，构成了本章的一般均衡理论模型，进一步分析其对企业出口贸易额的影响。其中，省级制度环境因素的引入是借鉴阿拉（2013）的研究，国际制度环境因素和制度环境交互摩擦效应的引入是借鉴杨小凯（2003）对交易成本的分类；其次，借鉴一般均衡理论模型中引入异质性制度环境的思路，将异质性制度环境因素纳入到企业出口贸易二元边际、企业出口贸易持续时间、企业出口贸易产品质量这三个模型中，进一步揭示异质性视角下制度环境对企业出口三维特征的影响机理。本章通过对一般均衡理论模型和三个特征模型的刻画，从以下几个方面进行了总结：

①从企业出口贸易额层面分析得出，省级制度环境、国际制度环境能够促进企业出口额的增加，而制度环境交互摩擦效应会抑制企业出口贸易额的增长。具体来看，省级制度环境通过影响企业的生产率，进而影响到企业的出口额。较好的省级制度环境能为企业提供良好的出口环境，提高企业的生产率，使企业在出口过程中获得更多的利润，带动企业出口额的增长。国际制度环境和制度环境交互摩擦效应通过企业出口贸易成本的渠道，进一步影响到企业出口额的变化。其中，良好的国际制度环境能够降低企业的出口风险，从而降低企业的出口贸易成本，促进企业出口贸易额的增长。而制度环境交互摩擦效应会增加企业出口贸易成本中的"浪费型"成本，阻碍企业出口额的增长。

②从企业出口贸易二元边际层面分析得出，异质性制度环境中的省级制度环境、国际制度环境能够促进企业出口扩展边际和集约边际的增长，而制度环境交互摩擦效应会抑制企业出口贸易二元边际的增长。具体看

来，当存在较好的省级制度环境时，企业的出口意愿得到支持，可以通过更多的扶持政策来提高企业的生产率，鼓励更多的企业从事出口，起到增加扩展边际的作用。较好的国际制度环境能降低企业出口的信息搜寻成本等，从而鼓励企业增加出口量。与此同时，当企业面临较高的制度环境交互摩擦效应时，将会增加企业的出口难度，进而抑制企业出口贸易二元边际的增长。

③从企业出口贸易持续时间层面分析得出，异质性制度环境中的省级制度环境、国际制度环境能够降低企业生产率门槛，而制度环境交互摩擦效应则会起到相反的效果，这样反而会增加企业出口过程中的风险率，不利于延长企业出口的时间。具体看来，良好的省级制度环境不仅可以使企业拥有出口产品的机会，而且可以降低出口企业退出市场的概率，保持其持续稳定的出口。良好的国际制度环境有助于弥补企业先天生产率较低的缺陷，在更多制度环境的扶持下，降低出口成本，从而减小出口失败的概率、延长出口持续时间。与此同时，当企业面临制度环境交互摩擦效应影响时，将会提高企业的出口成本以及出口生产率门槛，进而缩短企业出口贸易持续时间。

④从企业出口贸易产品质量层面分析得出，异质性制度环境中的省级制度环境、国际制度环境能够促进企业出口产品质量的提升，而制度环境交互摩擦效应将起到抑制的作用。具体看来，省级制度环境将提高企业生产率，国际制度环境将降低企业出口成本，企业在省级和国际制度环境共同的影响下，将会有更高的出口产品质量。同时，制度环境交互摩擦效应将会增加企业的出口难度，例如，在出口过程中可能涉及提高标准和要求的情况，那么企业就会面临质量不合格而不能被进口的问题，这样将会阻碍企业出口产品质量的提升。

综上所述，本章从理论层面分析了异质性制度环境对企业出口贸易额及三维特征的影响。以异质性企业贸易模型为基础，构建了纳入异质性制度环境变量的一般均衡模型，并从三维特征角度进行了拓展，论证了异质性制度环境对企业出口贸易发生作用的方向和机理，得出了省级制度环境、国际制度环境对企业出口贸易特征具有积极影响，制度环境交互摩擦效应对企业出口贸易特征具有消极影响的结论。因此，本章的分析为我国企业出口贸易提供了一个新的分析视角，也为后文的实证分析提供了强有力的理论依据。

第4章

异质性制度环境、企业出口贸易
特征的指标选取与测度

4.1 数据来源与合并

4.1.1 中国工业企业数据库

本章使用的企业数据来自中国国家统计局建立和维护的中国工业企业数据库，其统计单位为企业法人，统计对象为中国（不含港澳台地区）规模以上的工业法人企业，不仅包括全部国有企业，而且包含部分非国有企业。这里"规模以上"企业的标准在 2011 年之前主要指每年主营业务收入（即销售额）在 500 万元及以上、销售额达到 2 000 万元及以上的企业。此数据库中的"工业"主要包含了"采掘业""制造业""电器、燃气及水的生产和供应业"这三大类。目前，共收录了中国 43 万多家企业，其中的"制造业"囊括了 40 多个大产业，90 多个中类，600 多个子行业，占到了样本容量的 90% 以上。工业统计指标包括了上百个变量，不仅含有主要技术经济指标，而且包括财务成本指标等，可以说是目前国内最为全面的企业层面数据。

异质性企业模型的快速发展和微观数据可得性的增强，共同推动着国际贸易理论和实践从宏观层面延伸到微观领域。正是由于中国工业企业数据库的出现，才打开了研究中国微观企业的大门。但是，此数据库并非十全十美，在很多方面依然存在着缺陷，尤其是在 2007 年、2008 年出现了重要指标大量缺失的现象。此外，还有样本匹配混乱、变量大小异常、定义模糊等诸多问题（聂辉华等，2012）。对此，有学者重新整理了数据库的匹配过程，并提供了比较详细的说明和操作程序，以便能够有效利用该数据库的资料信息。

4.1.2　中国海关进出口数据库

中国海关进出口数据库是本章商品出口贸易数据的主要来源。它是按月份统计产生的各项进出口统计数据。此数据库中的样本涵盖了 200 多个国家和地区，近 12 000 种实际进出中华人民共和国关境的货物，其变量统计范围包括每个进出口企业的基本信息，包括地址、邮编、电话等，以及企业进行具体交易的产品种类、金额、数量、出口目的地等。此数据库是以国际协调编码为基础，即一个 HS – 8 位编码对应一个具体产品。同时，把产品分为大类、章、目和子目这几个类别。

4.1.3　样本的筛选与合并

在进行数据筛选与合并之前有三点需要说明。第一，中国在 2000 年前并未加入 WTO，且出口规模较小，所以国际制度环境对我国出口贸易的影响程度较弱。第二，2008 年，突发性的全球金融危机导致国际制度环境对我国出口贸易造成了极大的干扰，经济随之出现较大波动。第三，2007 年和 2008 年的工业企业数据出现了重要指标大量缺失的问题，无法满足研究需要。在考虑到数据库的平稳性、完整性以及可匹配性的情况下，本章仅对 2000～2006 年的企业数据进行整理和实证分析。

考虑到中国海关总署与国家统计局的编码系统完全不同，所以两套数据在匹配过程中不能根据企业编码进行合并，加之其中一些样本是芜杂和有误的，所以本章在匹配之前需要对工业企业数据库的信息进行筛选和整理。首先，根据谢千里等（2008）对样本筛选的原则，对重要缺失变量以及违反会计准则的样本进行删除，包括企业总资产、固定资产净值、销售额和工业总产值有遗漏或小于0、雇员人数在10人以下的样本数据。其次，根据会计准则（GAPP）还需剔除以下统计有误的样本：总资产小于总固定资产的企业、总资产小于流动资产的企业、企业编码缺失、成立时间不真实（例如，开业月份比12月晚，或者比1月早）的企业。最后，本章使用《中国统计年鉴》中提供的平减数据，以2000年为基期，对固定资产投资价格指数和所有名义变量进行平减。另外，考虑到我国的行业分类代码在本章研究的时间段内并不是完全统一的，主要是因为在2003年进行了更新。所以，本章进一步按照布兰德等（2012）的方法，统一了所有行业的代码，并将出口月度数据加总成为年度数据。

由于本章仅研究企业的出口贸易行为，所以在数据处理时仅保留了企业的出口数据。在匹配数据的过程中，根据余淼杰（2013）提供的方法，按照以下步骤进行：第一，按照企业的名称和时间将两套数据中的企业进行匹配。如果在两套数据中，一个企业在某一年中的企业名称完全一样，则被认定为同一家企业。第二，使用邮政编码和企业电话号码的后七位来识别企业，因为同一个企业应该具有独一无二的电话号码。但是，海关数据库中的电话号码有连号和区号，而企业数据库中却没有，因此使用整个号码的后七位能够很好地解决这个问题。

表4-1是对上述两个微观数据库进行匹配的结果，考虑到数据的完整性和可用性，本章匹配的样本年份为2000～2006年。其中，第（1）列报告了工业企业数据库中未经处理的原始企业样本数量，从2000年的162 883家，快速增长到了2006年的301 961家，增长了近50%。此样本集中了中国工业企业生产总量达到95%左右的企业，所以属于大样本数据，具有一定的代表性；第（2）列报告了按照上述方法删减处理后的工业企业样本量；第（3）列报告了海关进出口数据库中出口的原始月度数据；第（4）列是将海关出口数据中的月度数据合并成以企业—产品—目的

国为单元的年度数据（HS－8位编码）；第（5）列是把第（2）列和第（4）列中的数据经过企业名称、邮编和电话号码匹配后的样本量；第（6）列是经过匹配后，具体的企业数目。虽然在匹配后依然存在较大的样本损失，但此方法已经是目前认可度最高、运用最为广泛的匹配方法。

表4－1 数据匹配的统计描述

年份	工业企业原始数据		海关出口数据		匹配数据	
	原始数据	处理后	原始数据	处理后	匹配样本	企业数量
	（1）	（2）	（3）	（4）	（5）	（6）
2000	162 883	85 948	5 568 357	1 880 087	192 816	12 393
2001	169 031	93 698	6 829 019	2 119 197	238 890	14 058
2002	181 557	106 805	7 876 079	2 579 507	317 390	16 757
2003	196 222	124 526	9 903 114	3 217 198	410 069	20 288
2004	279 092	177 528	11 847 186	3 905 567	59 957	29 720
2005	271 835	189 333	13 416 023	4 481 163	723 504	33 317
2006	301 961	215 361	17 164 480	6 009 620	834 363	38 531
小计	2 598 109	994 065	72 314 749	24 192 339	3 316 657	165 077

注：海关出口原始数据为月度数据，将此数据合并成年度数据。
资料来源：中国海关数据库和中国工业企业数据库。

4.2 异质性制度环境选取

4.2.1 省级制度环境的选取

本节借鉴孙楚仁等（2018）的选取方法，将各省的市场化指数作为省级制度环境的代理变量。樊纲等（2007）从1997年开始构建了"中国市场化指数"，该指数在基本相同的指标体系下，对中国各省份及地区的市场化进程进行了持续的测度，为研究中国市场发展提供了较为全面、稳定的数据支撑。为了避免主观评价在测算过程中出现误差，该指标主要采用可衡量的客观指标进行测度。与此同时，"中国市场化指数"主要从政府与市场的关系、非国有经济的发展、产品市场的发育、要素市场的发育、市场中介组织发育和法律制度环境这五个方面测算我国各省的市场化改革的程度。该指数不仅贴近市场经济发展规律，而且充分体现了制度内涵中的经济因素，是一个合理反映制度环境的数据库。中国各省和地区（除港澳台地区）市场化总指数见附表 1-1，其中"市场化指数"的数值越大，表明该省份的经济制度环境水平越高。

由附表 1-1 可以看出，各省份的发展状况和经济基础并不相同，且每年的制度水平都会发生变化，这些变化将会对本省企业出口贸易产生不同程度的影响。通过对比市场化总指数的平均数值可以看出，在中国 31 个省份和地区（除港澳台地区）中，市场化程度较高的省份为广东省（9.02）、浙江省（8.92）、上海市（8.84）、江苏省（8.01）、北京市（7.41）；市场化程度较低的省份为西藏（1.26）、青海省（3.02）、甘肃省（3.75）、贵州省（3.88）。

4.2.2 国际制度环境的选取

制度环境对一国经济的发展会产生极大影响，但是制度本身却难以准确度量，而且目前也没有统一的衡量标准。由于制度环境涉及范围较广，对其测度指标的选取也根据学者研究目的不同而有所差异。正式的国家制度涵盖了包括社会、经济、法律等多个方面的因素。目前，学者们在运用制度环境指标分析国家层面贸易增长时，主要采用下列指标：

(1) 制度环境的主要衡量指标

①经济自由度。

经济自由度（index of economic freedom，IEF）[①] 是由《华尔街日报》

[①] Foundation Index of Economic Freedom Online. https：//www. heritage. org/index/.

(The Wall Street Journal, WSJ) 和美国传统基金会 (The Heritage Foundation) 公布世界各主要经济体系的指数,是全球权威的经济自由度评价指标之一。该数据库涵盖了 1995～2018 年 186 个国家和地区的数据资料。2007 年的世界经济自由度指数采用百分制 (0～100) 的评分办法,将有关经济自由度测评的 10 个大类指标①逐一评定,摒弃了过去的评分办法,使评分和评价呈同向关系。在计算出各个大类指标得分后,进行简单平均,即得出某一经济体的具体指数。得分越高,说明经济自由度越高;反之,经济自由度越低。依据得分情况,各个经济体被列入五个不同的自由度区间,即"自由经济体"(得分在 80～100 分)、"较自由经济体"(70～80 分)、"中等自由经济体"(60～70 分)、"较不自由经济体"(50～60 分) 和"受压制经济体"(0～50 分)。由于此数据是由权威机构发布,不仅涉及的经济周期较长,而且完整全面,故被很多学者作为制度环境指标的替代变量。例如,祁春凌、邹超 (2013),郭苏文、黄汉民 (2014) 等。

②全球治理指标。

全球治理指标 (The Worldwide Governance Indicators, WGI)② 是由世界银行 (World Bank, WB) 发布的。主要按照话语权和问责制、政治稳定性、政府管制效率、监管质量、法治环境、腐败控制这六个指标进行衡量,涵盖了 1996～2016 年 214 个国家和地区的数据,每个指标的分值范围为 [−2.5～2.5]。有些学者 (Borrmann et al., 2006; Cheptea, 2007) 通过选取其中某个单一指标来代表制度环境或者用所有指标加总后的均值来表示一国的制度环境。在研究的过程中,由于此数据库中一部分指标构成较为任意,缺乏清晰的概念界定,且仍有部分数据尚未公开,所以此数据库中的指标也较少被使用。

③营商环境指数。

营商环境指数 (doing business) 是由世界银行发布的。为评估各国

---

① 经济自由度指数从贸易政策、政府财政开支、政府对经济的干预、货币政策、资本流动和外国投资、银行业和金融业、工资和物价、产权、规制、非正规市场活动这十个方面描述了经济发展的程度。

② World Bank WGI Online. http: //info. worldbank. org.

企业营商环境，世界银行通过对 155 个国家和地区的调查研究，对构成各国的企业营商环境的十组指标进行了逐项评级，得出综合排名。营商环境指数排名越高或越靠前，表明在该国从事企业经营活动条件越宽松。相反，指数排名越低或越靠后，则表明在该国从事企业经营活动越困难。该指数于 2004 年首次发布，其中包括 10 项指标和 190 个经济体，记录了 264 项商业改革。涵盖的 10 个指标为：开办企业、办理施工许可证、获得电力、登记财产、获得信贷、保护中小投资者、纳税、跨境贸易、执行合同和办理破产。每个指标下又有 3 ~ 6 个子指标进行支撑，共有 36 个子指标。例如，"开办企业"指标反映了开办企业的难度，主要测评企业从注册到正式运营所需完成的步骤，花费的时间和费用。包含"程序"（企业登记所需办理的程序总数）、"时间"（企业登记所需的总天数）、"成本"（成本占该经济体人均收入的百分比）、"实缴资本下限"（企业主在登记之前必须存入银行或经公证的数额）共 4 个维度。营商环境指数的分指标也被学者们广泛采用（Levchenko，2007；董志强等，2012）。努恩（2007）就采用了营商环境指数分指标中的合同执行力，反映合同执行的效率。

④国家风险指南。

国家风险指南（International Country Risk Guide Annual，ICRG）是由 PRS 集团（PRS Group, Inc.）发布的。该指数包括了从 1975 ~ 2016 年 146 个国家和地区在政治、金融和经济风险方面的指标。其中，包括 12 个子指标：政府的稳定、社会经济条件、投资情况、内部冲突、外部冲突、腐败、军事政治、宗教政治、法律秩序、民族矛盾、民主问责、官僚机构的质量，每个指标分值范围为 0 ~ 10。由于该指标主要是从官员和居民对国家制度环境的主观感知得来的，所以降低了指标统计的客观性。戴翔、金碚（2014）就使用了其中的三个指标作为制度环境的替代指标。

（2）本节选取的国际制度环境指标

为了配合本节的研究目的，同时基于数据的可采集度和时间匹配度，本节选用《华尔街日报》和美国传统基金会发布的经济自由度总指数（IEF）作为国际制度环境指标的代理变量。报告中所有指标累加后的平均值就是一国（地区）的总体经济自由度指数，一国制度环境的好坏是根据总体指数分值来决定的，即制度环境越好的国家，相应的总得分也就越高。

在 2006 年，中国与十大贸易伙伴国（地区）的贸易额达到了 14 027 亿美元，其中与欧盟的双边贸易额为 2 723 亿美元，占当年我国外贸进出口总值的 15.5%，依然保持了我国第一大贸易伙伴的地位。美国以 2 626.8 亿美元的双边贸易额成为我国第二大贸易伙伴。日本为我国第三大贸易伙伴，双边贸易总值为 2 073.6 亿美元。附表 1－2、附表 1－3 中列出了 2000～2006 年中国与十大贸易伙伴国（地区）[①] 的经济自由度得分。可以看出，中国在 2000～2006 年一直处于"较不自由经济体"的范围内。

在 2000～2006 年，中国十大贸易伙伴国家和地区中包括了 25 个欧盟国家，10 个东盟国家，以及美国、日本、中国香港、中国台湾、韩国、俄罗斯、澳大利亚和印度，共计 42 个国家（地区）。通过对比均值后可以看出，其中有 37 个国家（地区）的平均经济自由度都高于中国。通过对比自由度区间可以看出，大部分国家和地区都属于"较自由经济体"和"中等自由经济体"的范围内，具体分布见图 4－1。在图 4－1 中，有 20 个国家（地区）属于中等自由经济体，10 个国家（地区）属于较自由经济国家，6 个国家（地区）属于较不自由经济体国家，经济自由度最高和最低的国家（地区）各占 3 个。中国属于较不自由经济体国家。可以看出，中国主要贸易伙伴的经济自由度都高于本国，说明中国企业更倾向与经济自由度高的国家（地区）进行贸易往来。

---

① 2006 年中国的十大贸易伙伴为：欧盟（法国、德国、意大利、荷兰、比利时、卢森堡、英国、丹麦、爱尔兰、希腊、葡萄牙、西班牙、奥地利、瑞典、芬兰、马耳他、塞浦路斯、波兰、匈牙利、捷克、斯洛伐克、斯洛文尼亚、爱沙尼亚、拉脱维亚、立陶宛）、美国、日本、中国香港、东盟（文莱、柬埔寨、印度尼西亚、老挝、马来西亚、缅甸、菲律宾、新加坡、泰国、越南）、韩国、中国台湾、俄罗斯、澳大利亚、印度。

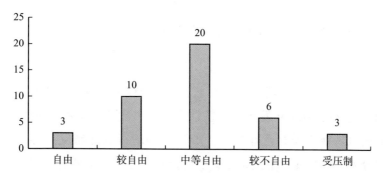

图 4 – 1 2000～2006 年，中国的十大贸易伙伴国家和地区经济自由度区间

资料来源：中国海关数据库和中国工业企业数据库。

4.3 异质性企业出口贸易特征的指标测度

4.3.1 异质性企业出口贸易额的指标测度

考虑到出口贸易额在不同类型企业间具有一定的差异，为了能够直观地观测到我国企业出口贸易产品总体和分样本的特征，本节用企业出口贸易额的年平均值以及年增长率来呈现企业出口贸易的变化，并在附表 2 – 1、附表 2 – 2 中具体列示。但在后文的实证分析中将采用企业出口贸易额进行实证检验。

（1）异质性企业出口贸易额：总体测算

从附表 2 – 1 中的总体企业看，中国企业平均出口贸易额呈上升趋势，增长率为 158.97%。值得注意的是在 2005～2006 年，整体企业平均出口贸易额出现了大幅下降，可能是因为在 2005 年中国进行了汇率改革，解除了人民币与美元的联系汇率。由于大部分企业不敢贸然调整价格，所以人民币升值的压力将严重影响企业出口利润，这样就会对企业出口贸易产生影响。

（2）异质性企业出口贸易额：分规模测算

在考察了中国出口企业整体趋势后，继续从不同企业规模，对其出口贸易额进行考察。企业规模是与企业效率紧密相关的重要分类标准，本节根据国家统计局 2011 年发布的《统计上大中小微型企业划分办法》，将我国企业按照从业人员、营业收入、资产额等现行统计制度指标或替代指标，划分为大型企业、中型企业、小型企业、微型企业四种类型。本办法适用范围包括：农业、林业、牧业、渔业、采矿业、制造业等 15 个行业门类以及社会工作行业大类。其中，从业人员是指期末从业人员数，没有期末从业人员数的将采用全年平均人员数代替。营业收入，采用主营业务收入代替。具体划分标准见表 4 - 2。

表 4 - 2　　　　　　　　　统计上大中小微型企业划分标准

行业名称	指标名称	计量单位	大型	中型	小型	微型
工业	从业人员（X）	人	$X \geq 1\,000$	$300 \leq X < 1\,000$	$20 \leq X < 300$	$X < 20$
	营业收入（Y）	万元	$Y \geq 40\,000$	$2\,000 \leq Y < 40\,000$	$300 \leq Y < 2\,000$	$Y < 300$

资料来源：根据国家统计局企业规模划分标准所得，由于办法颁布时间晚于样本年份，所以四种类型企业只需满足所列指标中的一项即可。

通过以上标准对企业进行不同规模的划分后，得出企业平均出口贸易额的变化特征见附表 2 - 1。可以看出，微型企业和大型企业的平均出口贸易额提高幅度较大，特别是大型企业的平均出口贸易额提高了 290.46%。这可能是由于大型企业不仅具有良好的国际市场声誉，而且有足够开拓市场的费用，所以大型企业可以借此优势来提高企业出口贸易额。同时，小型企业平均出口贸易额提升幅度相对较小，仅为 13.11%；而中型企业为 66.10%。总体来看，大型企业平均出口贸易额最高，中型企业次之，小型企业最低。

（3）异质性企业出口贸易额：分年龄测算

本节借鉴曹驰（2017）的方法，将企业按照年龄划分为年轻企业，中年企业和老年企业。其中，年轻企业为企业年龄小于等于 15 年的企业，中年企业为企业年龄大于 15 年小于 30 年的企业，老年企业为企业年龄大于或等于 30 年的企业。

通过以上标准对企业进行不同年龄的划分后，得出平均出口贸易额的变化特征见附表 2 - 1。可见，年轻企业、中年企业和老年企业的平均出口贸易额都有一定程度的提高，特别是中年企业平均出口贸易额增长的幅度最大，达到了 2 043.81%。这可能是由于中年企业一方面具有较为稳定的市场份额，另一方面更愿意增加对技术的投入，加大力度研发新产品。在此基础上，就有足够拓展市场的能力，正是因为此优势促进了中年企业平均出口贸易额的大幅提升。同时，从均值上看，中年企业的平均出口贸易额最高，2006 年为 1.61 亿美元；其次为年轻企业，为 0.424 亿美元；最后是老年企业，为 0.31 亿美元。总体来看，中年企业平均出口贸易额和增长率都提高的最快。

（4）异质性企业出口贸易额：分所有制测算

本节对企业所有制类型的定义是以数据库中企业登记注册类型为准，通过借鉴国家统计局《关于划分企业登记注册类型的规定》，将企业的所有制分为五种：国有企业、集体企业、私营企业、港澳台投资企业、外商投资企业。

通过以上标准对企业进行不同所有制的划分后，得出平均出口贸易额的变化特征见附表 2 - 1。可以看出，国有企业和集体企业平均出口贸易额提高幅度最大，特别是集体企业的平均出口贸易额提高了 5 891.74%，国有企业提升了 267.05%。但是，港澳台企业、外商投资企业的平均出口贸易额提升幅度相对较小，仅为 169.47% 和 168.30%。而私营企业却呈现出负向增长的趋势，为 - 37.76%。从均值上看，集体企业的平均出口贸易额最高，为 5.8 亿美元。从增长率上看，集体企业和国有企业都较高。总体上看，集体企业呈现出较快的增长。

（5）异质性企业出口贸易额：分贸易方式测算

本节将所有样本企业划分为加工贸易企业和一般贸易企业。其中，加工贸易企业包括出料加工贸易、进料加工贸易、来料加工装配进口的设备、来料加工装配贸易型的企业。非加工贸易企业包括其他贸易企业和一般贸易企业。其中，一般贸易包括数据库中的一般贸易、边境小额贸易样本。

通过以上标准对企业进行不同贸易方式的划分后，得出平均出口贸易额的变化特征见附表2-1。可见，加工贸易企业平均出口贸易额提高幅度较大，提高了242.22.％，一般贸易企业平均出口贸易额增长了167.74%，这说明我国企业加工贸易发展较为迅速。从均值上看，加工贸易企业平均出口贸易额最高，2006年为0.924亿美元，一般贸易为0.377亿美元。总体来看，加工贸易企业平均出口贸易额和增长率都高于一般贸易企业。

(6) 异质性企业出口贸易额：分区域测算

由于地域的资源禀赋以及开放条件差异较大，导致中国各区域经济发展呈现出不均衡的情况。根据国家统计局网站①发布的划分标准，本节将中国划分成东部、中部、西部三大经济区域②。

通过以上标准对企业进行不同区域的划分后，得出平均出口贸易额的变化特征见附表2-1。可以看出，东部、中部、西部企业的出口贸易额都有所提升，东部企业平均出口贸易额提升幅度最大，为162.50%，西部企业提升了89.86%，中部企业提升了19.79%。从均值上看，在2006年，东部企业的平均出口贸易额最高，为0.525亿美元。总体来看，东部企业平均出口贸易额和增长率都高于中部和西部企业。

(7) 异质性企业出口贸易额：分行业测算

本节重点关注我国制造业企业，在进行分析之前，有必要对现有数据进行清理。首先，根据行业代码，删除了采矿部门和电力、燃气及水的生产和供应部门；此外，删除了烟草制品行业、废弃资源和废旧原料回收加

---

① 国家统计局网站：http://www.stats.gov.cn。

② 东部地区包括北京、天津、河北、辽宁、上海、江苏、浙江、福建、山东、广东、海南；中部地区包括山西、吉林、黑龙江、安徽、江西、河南、湖北、湖南；西部地区包括重庆、四川、贵州、云南、陕西、西藏、甘肃、宁夏、青海、新疆、广西、内蒙古。

工业。其次，考虑到本研究的样本时间段为 2000 年到 2006 年，而新的 4 位数推荐性的国家标准代码从 2003 年起使用。因此，需要使用布兰德特等（2012）根据我国新旧行业代码建立的对照表来对行业代码进行统一。在调整过程中，进一步排除了在 2003 年被重新分类为服务业的行业：1711、1712、1713、1714、2220、3648、3783、4183 和 4280。最终结果为 475 个行业的样本。

从附表 2-2 中不同行业企业平均出口贸易额的增长率来看，在 28 个行业中有 21 个行业呈现出增长的趋势。其中，造纸及纸制品业（22）、通信设备、计算机及其他电子设备制造业（40）、饮料制造业（15）这 3 个行业企业的平均出口贸易额提高幅度较大，分别提高了 440.26%、399.39%、349.13%。但有 7 个行业企业的平均出口贸易额呈现出不同程度的下降。其中，石油加工、炼焦及核燃料加工业（25）、纺织服装、鞋、帽制造业（18）、纺织业（17）这 3 个行业企业出口贸易额降低幅度较大，分别降低了 87.62%、29.65%、23.67%。从均值上看，通信设备、计算机及其他电子设备制造业（40）、仪器仪表及文化、办公用机械制造业（41）、橡胶制品业（29）这 3 个行业企业的平均值最高，分别为 4.07 亿美元、0.516 亿美元、0.5 亿美元。

4.3.2 异质性企业出口贸易三维特征的指标测度

（1）异质性企业出口贸易二元边际的测度

①异质性企业出口贸易二元边际：总体测算。

异质性企业贸易理论提出将企业的出口活动划分为集约边际和扩展边际，集约边际指现有企业出口产品在单一方向上的数量扩张，而扩展边际则指企业出口产品种类的增加以及企业进入新出口市场的变化。本节遵循贝赛德斯和普鲁萨（2011）的研究思路，同时借鉴张杰、郑文平（2015）和陈雯、孙照吉（2016）的研究方法，将企业—产品—目的地作为观测单元来定义和测算企业出口贸易二元边际。具体地，企业出口集约边际定义为企业—产品—目的地关系对的平均出口额（下面简称平均出口额）。扩展边际定义为企业—产品—目的地关系对的数目。以下也会对测算出口的企业出口产品种类和出口目的地数量进行分析。

根据上述分解思路并结合匹配后的企业数据就可以测算出中国企业出口贸易的集约边际和扩展边际。由表4－3可以看出，企业在2000年的出口集约边际（平均出口额）为374 155.30美元，加入WTO后（2001年末开始），出现不同幅度的下降。随后，集约边际在2005年达到最高，为383 801.10美元。同时，扩展边际中的企业—产品—目的地的关系对数量在2000年仅有88.69个，样本期间虽有波动，但最终增长到了2006年的115.63个，增加了26.94对。目的地数量从2000年的18.43个逐步增长到2006年的24.70个，增加了6.27个。可以看出，在2000~2006年，企业出口集约边际的变化较为平稳，而扩展边际中的产品—目的地关系对数和目的地的数量增加明显。

表4－3　　　　　　　　　　总体企业的出口贸易二元边际

统计年度	集约边际	扩展边际		
	企业—产品—目的地关系对的平均出口额	企业—产品—目的地关系对数	产品种类	目的地数
2000	374 155.30	88.69	25.80	18.43
2001	359 084.30	86.67	23.13	20.15
2002	322 268.40	103.76	28.38	21.85
2003	336 585.30	116.23	29.35	23.14
2004	360 065.30	96.08	20.15	22.99
2005	383 801.10	109.47	23.15	24.14
2006	367 979.60	115.63	22.93	24.70

资料来源：中国海关数据库和中国工业企业数据库，平均出口额单位为美元。

②异质性企业出口贸易二元边际：分规模测算。

通过上述划分标准对企业进行不同规模的划分后，得出二元边际的变化特征见表 4 - 4。可以看出，不同规模企业出口贸易二元边际表现出了不同程度的变化，但二元边际总体上升趋势较为明显。这表明随着中国市场的逐步开放，各种规模企业的出口深度和出口广度都有了不同程度的改善。

表 4 - 4　　　　　　　　　不同规模企业出口贸易二元边际

		2000 年	2001 年	2002 年	2003 年	2004 年	2005 年	2006 年	变化（%）
大型企业	集约	788 188.9	787 367.4	749 687	811 702.2	1 034 928	1 020 292	1 067 805	35.48
	扩展	137.60	146.43	220.03	192.29	196.69	250.06	232.48	68.95
		37.44	37.31	56.79	42.04	32.95	45.56	38.10	1.76
		28.22	30.49	35.25	36.62	37.81	40.28	40.61	43.91
中型企业	集约	357 399	320 480.2	272 004.1	266 835.3	269 301.1	337 160.3	305 197.5	- 14.61
	扩展	74.26	75.94	78.87	135.86	108.23	102.98	99.29	33.71
		20.67	16.91	17.93	32.30	21.50	20.59	20.59	- 0.39
		18.15	20.43	21.12	24.21	24.97	24.81	25.31	39.45
小型企业	集约	173 640.7	174 200.5	146 715.1	144 835.9	150 258	147 719.5	150 193.2	- 13.50
	扩展	76.18	65.83	65.59	58.83	45.95	54.70	83.55	9.67
		24.28	21.33	22.74	20.09	13.91	15.52	18.94	- 21.99
		13.67	14.71	15.68	15.07	15.49	16.83	18.44	34.89
微型企业	集约	171 501.7	181 636.9	223 479.5	169 543.9	164 243.9	142 634.5	136 340.7	- 20.50
	扩展	16.37	23.04	57.14	25.72	37.34	39.08	47.77	191.81
		8.66	8.81	14.92	10.32	12.66	13.01	12.77	47.46
		6.20	9.78	15.30	10.81	12.63	13.09	15.47	149.52

注：集约边际的出口额为企业—产品—目的地关系对的平均出口额，单位为美元；扩展边际的第一行为企业—产品—目的地关系对数的变化，扩展边际的第二行为产品种类的变化，扩展边际的第三行为目的地数的变化。

资料来源：中国海关数据库和中国工业企业数据库。

具体看来，大型企业的集约边际不仅数量大，而且呈现出逐年增长的趋势，从 2000 年的 788 188. 9 美元增长到 2006 年的 1 067 805 美元，增长了 35.48%。但中型企业和小型企业都呈现出下降趋势，微型企业在中国入世后呈现出较大幅度增长后，又逐渐降低。扩展边际中的企业—产品—目的地关系对数都呈现出增长的趋势，大型企业数量最多，从 2000 年的 137.60 对增长到 2006 年的 232.48 对，增长了 68.95%；微型企业增长速度最快，从 2000 年的 16.37 对增长到 2006 年的 47.77 对，增长了 191.8%；中型企业和小型企业分别增长了 33.71% 和 9.67%。从扩展边际的产品种类上看，大型、中型和小型企业都出现了不同程度的下降，微型企业的出口产品种类从 2000 年的 8.66 种增长到 2006 年的 12.77 种，虽然数量较小，但增速较快，增长了 47.46%。从扩展边际中出口目的地的数量上看，四种类型企业的增幅都较为明显。其中，大型企业数量最多，从 2000 年的 28.22 个增长到 2006 年的 40.61 个；微型企业的增速最快，从 2000 年的 6.20 个增长到 2006 年的 15.47 个，增幅为 149.52%。通过将扩展边际进一步划分为产品种类和目的地后发现，产品种类的增长并没有随着扩展边际的增长而增加，而出口目的地在各类型企业中都呈现出增长的趋势。

③异质性企业出口贸易二元边际：分年龄测算。

通过上述划分标准对企业进行不同年龄层次的划分，得出其出口贸易二元边际的变化特征见表 4 - 5。

通过表 4 - 5 可以看出，不同年龄企业出口贸易二元边际表现出不同程度的变化，集约边际和扩展边际都有了不同程度的改善。具体来看，中年企业和老年企业的集约边际呈现出逐年增长的趋势，从 2000 年的 200 418 美元和 243 744. 4 美元逐渐增长到 2006 年的 437 542. 5 美元和 334 876. 3 美元。其中，中年企业增长了 118.31%，老年企业增长了 37.39%。年轻企业和中年企业在扩展边际中的企业—产品—目的地关系对数中都呈现出增长的趋势，分别增长了 23.42% 和 198.33%。从扩展边际的产品种类上看，虽然年轻企业和老年企业的种类数量较多，但都出现了不同程度的增长萎缩，仅中年企业呈现出增长态势，从 2000 年的 18.37 种增长到 2006 年的

35.50 种，增长了 93.25%。从扩展边际的出口目的地数量上看，三种类型企业的增幅都较为明显。其中，中年企业数量最多且增幅最大，从 2000 年的 19.20 个增长到 2006 年的 32.12 个，增幅为 67.29%。通过将扩展边际进一步划分为产品种类和目的地后发现，各类型企业在出口目的地数量上都呈现出增长趋势。总体看来，中年企业在集约和扩展边际上的增速都显著高于其他企业。

表 4 - 5　　　　　　　　　不同年龄企业出口贸易二元边际

		2000 年	2001 年	2002 年	2003 年	2004 年	2005 年	2006 年	变化（%）
年轻企业	集约	7 392 699.1	368 235.7	331 265.9	342 788.1	361 339.7	385 942.4	363 375	-7.47
	扩展	188.02	87.47	93.69	102.69	95.00	101.64	108.63	23.42
		25.54	23.25	24.19	24.63	19.97	21.57	21.98	-13.94
		18.12	20.06	21.46	22.42	22.57	23.39	24.01	32.51
中年企业	集约	200 418	338 100.1	282 225.2	309 763.1	363 477.1	376 342.7	437 542.5	118.31
	扩展	70.19	50.60	267.67	307.89	115.38	217.44	209.40	198.33
		18.37	15.86	93.55	92.43	23.84	46.08	35.50	93.25
		19.20	17.62	26.82	32.23	27.84	32.52	32.12	67.29
老年企业	集约	243 744.4	206 554.6	168 867.9	217 941.9	293 765.5	315 047.9	334 876.3	37.39
	扩展	115.33	106.77	115.19	118.28	94.89	104.79	108.43	-5.98
		36.28	27.99	37.37	37.21	18.69	18.37	22.67	-37.51
		22.56	24.47	24.09	25.54	29.25	29.68	30.81	36.57

注：集约边际的出口额为企业—产品—目的地关系对的平均出口额，单位为美元；扩展边际的第一行为企业—产品—目的地关系对数的变化，扩展边际的第二行为产品种类的变化，扩展边际的第三行为目的地数的变化。

资料来源：中国海关数据库和中国工业企业数据库。

④异质性企业出口贸易二元边际：分所有制测算。

通过上述划分标准对不同所有制企业出口贸易二元边际特征进行测算，具体见表 4 - 6。

表4-6　　　　　　　　　　　不同所有制企业出口贸易二元边际

		2000 年	2001 年	2002 年	2003 年	2004 年	2005 年	2006 年	变化（%）
国有企业	集约	260 667.3	242 067.8	234 628.8	253 661.6	393 551.4	434 240.2	513 565.3	94.02
	扩展	109.28	77.12	183.74	200.88	108.00	435.47	304.12	178.29
		43.17	26.08	65.35	72.58	21.24	114.44	92.17	113.50
		23.54	23.64	31.11	35.59	29.06	46.15	43.48	84.71
集体企业	集约	152 293.3	149 783	162 724.6	172 894.9	176 689.8	187 658.2	478 275.1	214.05
	扩展	104.64	178.85	184.74	215.35	195.40	220.60	443.20	323.55
		31.75	46.80	72.69	93.59	44.71	60.57	39.28	23.72
		20.12	24.78	25.49	29.54	31.79	33.21	47.17	134.44
私营企业	集约	171 713.8	152 508.1	138 891.9	151 599.5	168 544.3	172 056.3	176 530.5	2.81
	扩展	204.95	131.00	157.20	171.51	102.68	107.61	86.10	-57.99
		63.86	42.39	45.00	42.06	20.55	20.24	17.64	-72.38
		25.99	24.56	26.30	26.69	25.11	26.05	24.78	-4.66
外商企业	集约	643 810.4	631 903.4	566 767.9	560 187.3	599 362.8	579 100	595 691.9	-7.47
	扩展	56.01	64.63	71.39	77.06	94.72	101.99	149.82	167.49
		16.48	16.30	18.09	20.03	21.11	23.01	29.39	78.34
		14.70	17.57	18.46	19.54	21.47	22.02	24.47	66.46

注：集约边际的出口额为企业—产品—目的地关系对的平均出口额，单位为美元；扩展边际的第一行为企业—产品—目的地关系对数的变化，扩展边际的第二行为产品种类的变化，扩展边际的第三行为目的地数的变化。

资料来源：中国海关数据库和中国工业企业数据库。

通过表4-6可以看出，不同所有制企业的出口贸易二元边际表现出不同程度的变化。在2000～2006年，出口集约边际和扩展边际都有了不同程度的改善。具体看来，除外商投资企业外，国有企业、集体企业、私营企业和港澳台企业的集约边际都呈现出逐年增长的趋势。其中，集体企业和国有企业的增幅较大，分别增长了214.05%和94.02%。从三种扩展边际上看，除私营企业外，国有企业、集体企业、港澳台投资企业和外商投资企业都呈现出增长的趋势。在扩展边际的企业—产品—目的地关系对数中，集体企业不仅数量最多，而且增幅最大，从 2000 年的 104.64 对增长到 2006 年的 443.20 对，增长了 323.55%。在扩展边际的产品种类方面，国有企业不仅出口的产品品种最多，而且增幅最大，从 2000 年的 43.17 种增长到 2006 年的 92.17 种，增长了 113.50%。在扩展边际的目的地的数量方面，集体企业的增幅最大，从 2000 年的 20.12 个增长到 2006 年的 47.17 个，增长了 134.44%。

⑤异质性企业出口贸易二元边际：分贸易方式测算。

在加入世贸初期，我国依然是以低廉的劳动力成本占据出口贸易的优势。所以，加工贸易企业在此时期对中国贸易发展起到了至关重要的作用，也正是由于加工贸易企业的存在，研究中发现了出口企业生产率低于内销企业的事实，这与前沿理论的核心论断正好相反，因此被称为"出口—生产率悖论"（李春顶，2015）。汤二子、刘海洋（2011）；许明、李逸飞（2018）都通过不同层面的研究得出了类似的结论。通过上述划分标准得出不同贸易方式企业的二元边际变化特征见表 4－7。

表 4－7　　　　　　　　不同贸易方式企业出口贸易二元边际

		2000 年	2001 年	2002 年	2003 年	2004 年	2005 年	2006 年	变化（%）
加工贸易企业	集约	705 177.5	752 433.2	728 565.3	803 971.2	939 987.6	1 049 241	1 000 492	41.88
	扩展	47.05	56.21	63.52	80.36	83.51	86.62	75.31	60.06
		10.99	11.23	11.19	12.85	13.59	14.71	12.85	16.92
		15.43	17.69	19.01	21.07	20.88	21.54	21.82	41.41
一般贸易企业	集约	137 748.7	142 065.6	141 145	152 331.8	167 183.7	168 312	185 304.1	34.52
	扩展	93.09	81.07	101.93	110.45	84.68	99.35	109.98	18.14
		30.54	24.50	31.72	31.71	19.42	22.53	22.97	-24.79
		17.56	18.58	20.52	21.48	21.65	22.88	23.53	34.00

注：集约边际的出口额为企业—产品—目的地关系对的平均出口额，单位为美元；扩展边际的第一行为企业—产品—目的地关系对数的变化，扩展边际的第二行为产品种类的变化，扩展边际的第三行为目的地数的变化。

资料来源：中国海关数据库和中国工业企业数据库。

通过表4-7可以看出，不同贸易方式企业出口贸易二元边际表现出不同程度的变化，在2000~2006年，加工贸易企业的增速最快，而一般贸易企业的金额最大。加工贸易企业从2000年的705 177.5美元增长到2006年的1 000 492美元，增长了41.88%；一般贸易企业从2000年的137 748.7美元增长到2006年的185 304.1美元，增长了34.52%。从三种扩展边际上看，扩展边际中的企业—产品—目的地关系对数增长了60.06%；产品种类增长了16.92%；目的地的数量增长了41.41%。一般贸易企业在扩展边际中的企业—产品—目的地关系对数增长了18.14%；在扩展边际中的产品种类中减少了24.79%；在扩展边际中目的地的数量中增长34.00%。总体来看，一般贸易企业和加工贸易企业在集约边际、企业—产品—目的地关系对数和目的地的数量方面都呈现出了增长的趋势。

⑥异质性企业出口贸易二元边际：分区域测算。

按照上述划分标准得出不同区域出口贸易二元边际的变化特征见表4-8。

从表4-8可以看出，不同贸易方式企业出口贸易二元边际表现出了不同程度的变化。其中，西部地区企业增速最快，从2000年的221 665.1美元增长到2006年的315 452美元，增长了42.31%，中部地区企业从2000年的291 686.7美元增长到2006年的346 031.3美元，增长了18.63%。从三种扩展边际上看，除产品种类在三个地区企业中都呈现出下降的趋势外，企业—产品—目的地关系对和目的地的数量都呈现出增长的趋势。其中，东部地区企业的企业—产品—目的地关系对数不仅数量多，而且增速快，从2000年的91.06对增长到2006年的119.18对，增长了30.88%，中部地区企业和西部地区企业的企业—产品—目的地关系对分别增长了5.80%和23.36%。在扩展边际中的目的地的数量增长方面，西部地区企业增速最快，从2000年的13.91个增长到2006年的20.43个，增长了46.87%。总体上看，西部地区企业在集约边际和目的国的数量方面、东部地区企业在企业—产品—目的地关系对数方面呈现出较快的增长趋势。

表 4 - 8　　　　　　　　　　不同区域企业出口贸易二元边际

		2000 年	2001 年	2002 年	2003 年	2004 年	2005 年	2006 年	变化（%）
东部企业	集约	379 885.5	7 365 634.7	326 894.7	340 369.6	363 701.9	388 577.5	369 755.2	- 2.67
	扩展	91.06	87.82	107.36	120.37	99.23	112.58	119.18	30.88
		26.34	22.65	29.22	30.23	20.58	23.66	23.55	- 10.59
		18.61	20.31	22.25	23.57	23.36	24.40	25.00	34.34
中部企业	集约	291 686.7	214 535.1	236 020.1	263 163.8	302 539.7	296 926.9	346 031.3	18.63
	扩展	37.26	72.26	32.08	30.83	36.42	45.94	39.42	5.80
		12.07	40.39	11.63	9.64	11.06	12.71	10.34	- 14.33
		15.84	16.94	14.28	14.99	16.48	19.04	17.92	13.13
西部企业	集约	221 665.1	267 573.3	215 091	255 900.4	281 548.1	294 497.9	315 452	42.31
	扩展	48.89	53.35	28.12	35.19	42.82	62.13	60.31	23.36
		19.24	19.75	10.63	14.04	14.17	15.45	12.23	- 36.43
		13.91	17.72	12.97	13.68	16.12	19.57	20.43	46.87

注：集约边际的出口额为企业—产品—目的地关系对的平均出口额，单位为美元；扩展边际的第一行为企业—产品—目的地关系对数的变化，扩展边际的第二行为产品种类的变化，扩展边际的第三行为目的地数的变化。

资料来源：中国海关数据库和中国工业企业数据库。

　　⑦异质性企业出口贸易二元边际：分行业测算。

　　以下从不同行业角度，对企业出口贸易二元边际进行考察。附表 3 - 1 为不同行业企业出口集约边际和扩展边际中的企业—产品—目的地关系对数量，产品种类和目的地数量。

　　可以看出，在 2000 ~ 2006 年，不同行业企业出口的集约边际和扩展边际都表现出不同程度的变化。具体看来，在附表 3 - 1 中，有 14 个行业在集约边际方面呈现增长趋势，有 14 个行业呈现下降趋势。增长最快的 3 个行业是：饮料制造业（15）、橡胶制品业（29）、化学纤维制造业（28），分别增长了 215.68%、57.10% 和 54.79%。在扩展边际中，有 20 个行业在企业—产品—目的地关系对方面呈现增长趋势，有 8 个行业呈现下降趋势。增长最快的 3 个行业分别是：通信设备、计算机及其他电子设备制造业（40），化学原料及化学制品制造业（26），石油加工、炼焦及核燃料加工业（25），分别增长了 548.43%、249.14% 和 183.94%。

在附表 3 - 1 中，有 15 个行业在扩展边际的产品种类方面呈现增加趋势，有 13 个行业呈现下降趋势。增长最快的 3 个行业分别是：通信设备、计算机及其他电子设备制造业（40），化学原料及化学制品制造业（26），石油加工、炼焦及核燃料加工业（25），分别增长了 337.17%、197.14% 和 111.32%。有 25 个行业在扩展边际中的目的地的数量方面都呈现出增长的趋势，增长最快的 3 个行业是：石油加工、炼焦及核燃料加工业（25），通信设备、计算机及其他电子设备制造业（40），家具制造业（21），分别增长了 170.90%、114.51% 和 112.86%。总体上看，大部分行业的集约边际都呈现出下降的趋势，但扩展边际却出现了不同程度的改善。其中，目的国的数量方面增长的行业最多。具体来看，通信设备、计算机及其他电子设备制造业（40），石油加工、炼焦及核燃料加工业（25），化学原料及化学制品制造业（26）这三个行业在扩展边际方面的增长速度最快。

（2）异质性企业出口贸易持续时间的测度

①异质性企业出口贸易持续时间的估计方法。

企业出口持续时间也可称为企业出口生存时间①。其中，提到的生存分析法（survival analysis）来源于医学研究，主要用于分析不同影响因素对患者存活时间的影响程度，进而研究如何延长患者的寿命，生存分析法也由此而得名。在使用生存分析法进行研究时，主要是通过对影响事件的持续时间，也就是生存寿命的一系列因素进行调查观测，然后按照相应的方法统计出事件发生的规律，最后找到影响寿命的重要因素。正是由于此方法能分析事件存续的状况，所以有大量的研究都运用生存分析的理念对事件进行观测和统计分析。

---

① 从企业层面来分析我国出口贸易持续时间和生存分析方法的内涵是一样的，两者在概念上是相似的。因此，使用生存分析方法来研究我国出口贸易持续时间是科学的。

如今，包括经济、贸易在内的研究都在大量运用"生存"的概念，对社会生产中的现象进行分析，企业作为经济生活中的运行单位，在贸易关系中同样可以运用生存的概念，并且可以理解成为企业或者企业的某件产品从开始出口到一个目标市场，直到退出该目标市场的时间，这段出口贸易时间应该是不间断的完整时间。本书主要采用生存函数中非参数方法的 Kaplan – Meier 乘积限估计量，对总体样本和不同类型企业样本的出口贸易持续时间进行研究。

依据 Kaplan – Meier 的乘积限估计量，本节把 T 时期定义为企业出口商品 x 到 j 国的生存时间，也可以叫作产品的出口寿命。其中，T 的取值为 t_i，$i = 1，2，3，\cdots，n$，显然 T 为离散随机变量。生存函数 $S(t)$ 为出口商品生存时间超过 t 的概率。

$$S(t) = pr(T_i > t) \qquad (4-1)$$

一般生存函数的非参数估计由 K – M "连乘估计量"给出：

$$\hat{S}(t) = \prod_{j \mid t_i \leqslant t} \left(\frac{n_j - m_j}{n_j} \right) \qquad (4-2)$$

在式（4 - 2）中 n_j 表示到了时间 t_j 依然保持商品贸易联系的关系数量，m_j 表示到了 t_j 时期失败的产品贸易联系的关系数量。

风险函数也可称作危险函数，表示商品在 $t-1$ 时期保持出口，而在 t 时期停止出口的概率。

$$h(t_i) = Pr(T = t_i \mid T \geqslant t_i) = \frac{p(t_i)}{S(t_i - 1)}，\ i = 1，2，3，\cdots，n \quad (4-3)$$

风险函数的 K – M 估计量为：

$$\hat{h}(t) = \frac{m_j}{n_j} \qquad (4-4)$$

累计风险函数表示局部风险率的加总：

$$h(t)_{j \mid t_i \leqslant t} = \left(\frac{m_j}{n_j} \right) \qquad (4-5)$$

本节定义的出口贸易持续时间为，企业将产品出口到一个国家或地区持续（不间断）的时间总和。考虑到出口贸易持续时间通常会以年份来衡量，所以本节利用 2000～2006 年匹配的数据，以企业—产品—目的地为统计单元，进而分析企业持续出口到特定国家或地区的年数总和，即企业 i 从开始出口产品至停止出口所经历的年数，并将企业产品停止出口到一个特定目的地的事件称为"失败"。如果企业—产品—目的地从国外市场退出，则定义该企业—产品—目的地的失败变量为 1，否则为 0。

本节在数据处理过程中有两点需要说明：一是数据"归并"问题，所谓"归并"就是在研究的时间范围内，不能确切统计出产品生存时间。为了保证分析的有效性，本节参考魏昀妍、樊秀峰（2017）的思路，假设数据满足"独立归并"的情况，即"归并"时间的分布不包含任何有关个体寿命分析的信息，这样不仅与企业出口特征所用样本相同，而且能够损失较少的样本量。二是在产品出口中存在多个持续时间段的问题。根据贝赛德斯和普鲁萨（2006b）的分析，无论是把多个持续时间段当作单独时间段对待，还是把多个持续时间段中的第一段作为唯一时间段进行处理，均得到产品持续时间分布基本相同的结论。本节采用将多个持续时间段分别当作单独时间段的处理方法来进行后续的分析。

通过对 2000～2006 年的企业出口数据进行处理后，本节得到了 69 917 个持续出口企业以及 235 个目的国或地区共计 2 136 591 个企业—产品—目的地的组合（贸易关系），2 200 138 个出口片段。在企业—产品—目的地的出口单元中，企业出口贸易持续时间的中位数仅为 1 年，均值为 1.45 年。具体看来，仅出口 1 年的片段数占到了总数的 72.53%；持续出口 2 年的片段数仅占到了总样本的 16.82%，大部分持续出口行为存活时间较短。总样本的统计结果如表 4 - 9 所示。

表 4 - 9　　　　　　　企业出口持续时间的特征事实：总样本

片段持续时间	片段数	百分比（%）	累计百分比（%）
1	1 595 722	72.53	72.53
2	370 143	16.82	89.35
3	143 082	6.5	95.86

续表

片段持续时间	片段数	百分比（%）	累计百分比（%）
4	49 110	2.23	98.09
5	22 444	1.02	99.11
6	11 133	0.51	99.61
7	8 504	0.39	100
总计	2 200 138	100	—

注：片段持续时间是以企业—产品—目的地为统计单元的持续时间。
资料来源：中国海关数据库和中国工业企业数据库。

②异质性企业出口贸易持续时间：总体测算。

本节利用 Kaplan – Meier 乘积限估计量，以企业—产品—目的地为统计单元，对出口生存函数进行分类估计，并从三个方面计算了出口持续时间的表现，争取全面地分析出我国企业出口贸易持续时间的状态。

表 4 – 10 是运用 K – M 分析方法，从总体企业角度对 2000 ~ 2006 年出口贸易持续时间生存概率估计的汇总表。由于样本的研究长度为 7 年，所以将观测期划分为 7 个区间。可以看出，在所有观测时区内，总体实证结果的标准误均不到 0.001，充分证实了结果所具有的稳健性。

表 4 – 10　　　　总体企业出口贸易持续时间的 K – M 估计

时间区间	起始值	失败数	生存率（%）	标准误	95% 生存率置信区间	
1	2 200 138	1 595 100	0.2750	0.0003	0.2740	0.2750
2	604 416	370 000	0.1070	0.0002	0.1060	0.1070
3	234 273	140 000	0.0414	0.0001	0.0412	0.0417
4	91 191	49 000	0.0191	0.0001	0.0189	0.0193
5	42 081	22 000	0.0089	0.0001	0.0088	0.0091
6	19 637	11 000	0.0039	0.0000	0.0038	0.0039
7	8 504	0	0.0039	0.0000	0.0038	0.0039

注：以上数据是由笔者测算得出。
资料来源：中国海关数据库和中国工业企业数据库。

从表 4-10 中的生存率来看，我国企业出口贸易关系的生存率较低，存活 1 年和 2 年的贸易关系仅占到了总数的 27.5% 和 10.7%，这意味着大部分企业在出口的前两年都退出了海外市场，而 3～5 年内生存率下降的幅度都为 0.00001。这表明我国企业在出口的第 1 年和第 2 年将会遇到较大的压力和风险，从而导致生存率出现大幅下降的情况，但是从第 3 年开始，存活企业生存率的降幅就会趋于平缓，这将在一定程度上有利于出口贸易持续时间的延长。但是，从总体时间段上看，仅有 0.39% 的出口贸易关系存活了 7 年，也就是说，有 99% 的贸易关系都在出口过程中失败了。

③异质性企业出口贸易持续时间：分规模测算。

附表 4-1 中包含了对不同规模企业生存概率估计的汇总结果。附表 4-1 中反映了大型企业、中型企业、小型企业和微型企业在 2000～2006 年期间出口贸易关系持续时间的分布状况。

从生存率上看，各规模企业在出口前期都存在较大的不稳定性，大型企业和中型企业中各有 27.9% 和 25.1% 的企业持续出口时间超过 1 年，高于小型企业的 23.3% 和微型企业的 11.4%。这意味着我国大型企业和中型企业的出口生存能力更强。但从总体上看，大部分出口企业在两年内都退出了出口市场。

④异质性企业出口贸易持续时间：分年龄测算。

按照前文的划分标准，将企业分为年轻企业、中年企业和老年企业。附表 4-1 包含了对不同年龄企业生存概率估计的汇总结果。

从总体上看，年轻企业在各个生存阶段不仅起始贸易额最大，而且生存率也最高；中年企业的生存率下降较快；老年企业的起始贸易额普遍较低。具体来看，在生存率方面，持续出口超过 1 年的年轻企业占到了 27.2%，高于中年企业和老年企业的 23.5% 和 24.6%。从第 3 年开始，各个年龄阶段企业的生存率都趋于稳定，在第 6 年和第 7 年的生存率都趋于一致。在起始贸易额方面，年轻企业在各个生存时间段的起始贸易额都远远高于中年企业和老年企业。这意味着在我国加入世贸组织，大力鼓励对外贸易发展的背景下，年轻企业能较快转变思维和经营模式，发挥其出口活力。老年企业和中年企业的管理模式较为僵化，且面临的问题和困难较多，出口持续性也相对较差。

　　⑤异质性企业出口贸易持续时间：分所有制测算。

　　按照前文的划分标准，将企业分为国有企业、集体企业、私营企业、外商投资企业、港澳台投资企业。附表 4－1 包含了对不同所有制企业生存概率估计的汇总结果。

　　从总体上看，外商投资企业不仅在各生存时间段的起始贸易额普遍较大，而且生存率也较高；集体企业不仅起始贸易额较低，而且生存率也较低。具体来看，在生存率方面，持续出口超过 1 年的企业中，外商投资企业的生存率最高，为 28%；集体企业的生存率最低，为 16.8%。从第 4 年开始，各个所有制企业的生存率都趋于稳定，第 6 年和第 7 年的生存率都趋于一致。在起始贸易额方面，私营企业、港澳台投资企业、外商投资企业的初始值普遍高于其他企业。这意味着私营企业、港澳台投资以及外商投资企业的持续出口能力较强，而国有企业和集体企业不仅总体数量较少，而且会出现转型困难，难以适应海外竞争市场的问题，所以出口持续性也相对较差。

　　⑥异质性企业出口贸易持续时间：分贸易方式测算。

　　按照前文的划分标准，将企业分为加工贸易企业和一般贸易企业①。附表 4－1 包含了对不同贸易方式企业生存概率估计的汇总结果。

　　从总体上看，加工贸易企业的生存率最高。一般贸易企业在各生存时间段起始贸易额都较高。具体来看，在生存率方面，持续出口超过 1 年的企业中，加工贸易企业的生存率较高，为 28.9%；一般贸易企业的生存率较低，为 24.4%。从第 4 年开始，各个贸易方式企业的生存率都趋于稳定，第 6 年和第 7 年的生存率都趋于一致。在起始贸易额方面，一般贸易企业在各个阶段都普遍高于加工贸易企业。这意味着我国大部分企业依然从事着以一般贸易为主的出口模式，但是通过数据分析得出，加工贸易企

_____

①　由于同一个企业出口不同产品到不同目的国（地区）所采用的贸易方式不同，所以本节在划分加工贸易企业时是按照企业—产品—目的地的标准进行划分。

业的生存能力较强。

⑦异质性企业出口贸易持续时间：分区域测算。

按照前文的划分标准，将企业所处的区域划分为东部、中部和西部（不包括港澳台地区）。附表4-1包含了对不同区域企业生存概率估计的汇总结果。

从总体上看，东部地区企业各阶段的起始贸易额和生存率都最高；中部地区企业在各生存时间段的生存率最低；西部地区企业各阶段的起始贸易额最低。具体来看，在生存率方面，持续出口超过一年的企业中，东部地区企业的生存率最高，为27.6%；中部地区企业的生存率最低，为23.9%。从第4年开始，各个地区企业的生存率都趋于稳定，第6年和第7年的生存率都趋于一致。在起始贸易额方面，东部地区企业最多，中部地区企业在各个阶段都高于西部地区企业。这意味着由于东部地区具有较好的贸易基础和良好的地理优势，其企业出口数量和持续时间方面都优于其他地区。西部地区出口企业虽然数量较少，但是持续生存能力较强。

⑧异质性企业出口贸易持续时间：分行业测算。

按照前文的划分标准，将企业所处的行业划分为28类。附表4-2是对不同行业企业生存概率估计的汇总结果。

从总体上看，文教体育用品制造业（24）的生存率最高；纺织服装、鞋、帽制造业（18）的起始贸易额最高。具体来看，在生存率方面，持续出口超过1年的行业中，文教体育用品制造业（24），仪器仪表及文化、办公用机械制造业（41），化学原料及化学制品制造业（26），电气机械及器材制造业（39）的生存率较高，分别为30.8%、29.7%、29.7%、29.5%，从第4年开始，各个行业企业的生存率都趋于稳定。第6年和第7年的生存率都趋于一致。在起始贸易额方面，纺织服装、鞋、帽制造业（18），纺织业（17），通信设备、计算机及其他电子设备制造业（40），通用设备制造业（35）的起始贸易额较高。通过各行业企业的生存数据可以看出，持续时间最长、生存率最高的行业都属于轻纺工业。另外，通信设备、计算机及其他电子设备制造业和电气机械及器材制造业等行业的出口生存能力也在逐渐增强。

（3）异质性企业出口贸易产品质量测度

企业产品质量研究是伴随新新贸易理论发展而兴起的一个前沿领域。大多数模型将企业产品质量写成企业固定成本以及可变成本的函数，认为产品质量和固定成本以及可变成本之间呈现同向变化的关系。也就是说，所耗费的成本越高，产品质量就越好，那么价格也会越高。从需求角度来看，"性价比"是大部分消费者在购买产品时首先需要考虑的问题，质量好的产品普遍价格较高，但是高质量产品经久耐用，给消费者带来的效用要高于低质量产品，更能取得消费者的信赖。因此，从出口企业角度来看，虽然价格低廉的产品对消费者具有极大的吸引力，但是高质量的产品才是拓展海外市场的主要力量，所以企业产品质量的异质性不仅成为影响企业出口的重要因素，而且也成为异质性企业出口过程中的重要特征。以下首先介绍本节选取的产品质量测度方法，其以运用该方法从不同角度测算出中国企业出口贸易的产品质量，最后根据测算结果进行简要汇总分析。

①企业出口贸易产品质量的测度方法。

目前，学术界还没有建立起一种得到公认的权威方法来测度产品质量。较多文献采用了需求残差法来构建质量内生决定的理论模型，从而在此基础上实证分析产品质量异质性对企业贸易行为的影响。需求残差法的主要思想是"性价比"。具体来看，"性"主要指产品的质量、"价"主要指产品的价格，当产品的质量和价格之比达到最优时，消费者从中获得的效用就最大。

由于缺少关于产品质量的直接数据，本节根据哈拉克和斯瓦达森（2009）；坎德维尔（2013）；施炳展（2014）等的方法，运用产品价格和产品销售量来估计产品质量。本节数据具有年份—企业—目的地—产品四个维度，针对海关 HS - 8 位编码下的某产品 h，企业 f 在 t 年对 m 国（地区）出口数量可表示为式（4 - 6）：

$$x_{hftm} = p_{hftm} - \sigma q_{hftm} - \sigma \frac{E_{mt}}{P_{mt}} \tag{4-6}$$

其中 x_{hftm}、$(p_{hftm})^{-\sigma}$、$(q_{hftm})^{-\sigma}$ 表示在 t 年，企业 f 在 HS - 8 位编码上

的产品 h，出口到 c 国（地区）的产品数量、产品价格和产品质量。

对式（4-6）两边取自然对数，并进行简单整理后得到计量回归方程：

$$\ln x_{hftm} + \sigma \ln p_{hftm} = \varphi_h - \varphi_{mt} + \varepsilon_{hftm} \tag{4-7}$$

其中，固定效应 φ_h 主要反映了产品价格和销售量的区别。固定效应 φ_{mt} 反映的 E_{mt} 和 P_{mt} 是进口国—年份二维虚拟变量，ε_{hftm} 为包含产品质量信息的残差项。那么，被估计的产品出口质量可表示为式（4-8）：

$$q_{hftm} = \frac{\hat{\varepsilon}_{hftm}}{\sigma - 1} \tag{4-8}$$

式（4-8）可以测度出年份—企业—目的地—产品为单元的产品质量。但是，通过年份—企业—目的地—产品为单位测度的是 HS-8 位编码下产品质量变化的情况，难以进行整体层面的对比和分析。考虑到不同产品质量加总到整体层面的经济学意义并不明显，为此，本节对式（4-8）的质量进行标准化处理，从而获得每个企业在每种产品、每个年度、每个市场上的标准化质量 rq_{hftm}：

$$rq_{hftm} = \frac{q_{hftm} - \min q_{hftm}}{\max q_{hftm} - \min q_{hftm}} \tag{4-9}$$

max 代表某个 HS-8 位产品质量的最大值、min 代表某个 HS-8 位产品质量的最小值。根据式（4-9）的计算方法得出，标准化后的质量指标取值范围在 $[0, 1]$，且没有单位。这样便于根据不同研究目的，对数据进行加总和比较。整体指标定义如式（4-10）：

$$sumq = \frac{\upsilon_{hftm}}{\sum\limits_{hftm \in \Omega} \upsilon_{hftm}} \cdot rq_{hftm} \tag{4-10}$$

式（4-10）中 $sumq$ 代表对应样本集合 Ω 的整体质量，Ω 代表某一层面的样本集合，υ_{hftm} 代表样本的价值量。

考虑到不同行业间的 σ 不同，本节利用布罗达和韦恩斯坦（Broda & Weinstein，2006）关于替代弹性的数据以及樊海潮、郭光远（2015）的处理方式，计算每个 HS2 上的 σ[①]，进而运用此估计值测算出口产品质量，

---

① 资料来源：http://www.columbia.edu/dew35/TradeElasticities/TradeElasticities.html.

以及不包含产品质量的出口价格。为了达到较为全面的分析，本节从不同角度对产品质量进行了测算。具体结果见附表 5-1 和附表 5-2。

②异质性企业出口贸易产品质量：总体测算。

从附表 5-1 中的总体企业来看，中国企业出口贸易产品质量呈现出上升的趋势，增长率为 1.92%。值得注意的是，由于中国在 2001 年加入了WTO，此举措极大降低了企业的出口贸易成本，增加了企业的出口机会。但是，企业出口产品质量的提升幅度较小，可能是由于出口企业增加较快，且参差不齐，导致在出口中有一些低素质的出口企业，降低了出口产品市场的整体水平。

③异质性企业出口贸易产品质量：分规模测算。

从附表 5-1 中的不同规模企业来看，出口产品质量增长率最快的是微型企业，其次是大型企业。其中，微型企业出口产品质量提高的幅度为5.38%，大型企业提升了 3.65%。这可能是由于微型企业能够较快适应科技和资源的快速发展，"船小好调头"的优势促进了微型企业出口产品质量的提升。与此同时，中型企业出口产品质量提升幅度相对较小，仅为0.64%；而小型企业出口产品质量呈现出负向增长的趋势，为 -1.19%。从均值来看，微型企业在样本研究时间内的平均质量为 0.6047，而小型企业最低，为 0.5630，大型企业和中型企业质量的均值分别为 0.5994 和0.5779。可见，大型企业和微型企业的增速最快，微型企业的均值最大。

④异质性企业出口贸易产品质量：分年龄测算。

从附表 5-1 中不同年龄企业产品质量来看，增幅最大的是中年企业和老年企业。其中，中年企业的出口产品质量提高了 21.39%，老年企业提高了 10.64%，这可能是由于中年企业的市场和技术发展较稳定，在此基础上能够把重心转移到产品质量的研发上，正是由于此优势促进了中年企业出口产品质量的提升。年轻企业虽然对产品质量的要求整体较高，但由于企业正处于发展的初期，需要有大量的资金投入到市场开发和广告宣传上，所以才导致产品质量增速出现了下降的趋势，降低了 0.03%。从均值上看，年轻企业的平均质量最高，为 0.5848；其次为中年企业，为 0.5761；

最后是老年企业，为0.5584。总体来看，出口产品平均质量最高的是年轻企业，出口产品质量增长率最高的是中年企业。

⑤异质性企业出口贸易产品质量：分所有制测算。

从附表5-1中不同所有制企业来看，出口产品质量增幅最大的是国有企业和集体企业。其中，集体企业出口产品质量提升的幅度最大，为27.93%，国有企业提升了13.17%，这可能是由于国有企业和集体企业的所有制性质，使其具有雄厚的资金支持，再加之此类企业的发展较为稳定，能够吸引大量的科技创新人才，所以促进了出口产品质量的提升。同时，港澳台企业出口产品质量提升幅度相对较小，仅为2.69%。而私营企业和外商投资企业的产品质量呈现出负向增长的趋势，分别为-0.69%和-0.49%。从均值上看，外商投资企业和集体企业的平均质量最高，分别为0.5998和0.5955。总之，出口产品质量增长率最高的是集体企业，出口产品质量平均值最高的是外商投资企业。

⑥异质性企业出口贸易产品质量：分贸易方式测算。

从附表5-1中不同贸易方式企业出口产品质量的增长率来看，加工贸易企业的出口产品质量提高幅度较大，提高了6.30%，这说明我国企业的加工技术正在逐渐提高，达到了从量变到质变的效果。但是，一般贸易企业出口产品质量增长的趋势并不乐观，甚至出现了负向增长的情况，为-0.53%。从均值上看，加工贸易企业出口产品的平均质量最高，为0.6024。总体来看，加工贸易企业出口产品质量的增长率和平均值都高于一般贸易企业。

⑦异质性企业出口贸易产品质量：分区域测算。

从附表5-1中不同区域企业产品质量的增长率来看，东部、中部、西部（不包括港澳台地区）企业的出口产品质量都有所提升。其中，中部地区企业出口产品质量提高幅度最大，提高11.14%，西部和东部地区企业分别提高了7.88%和1.52%。从均值上看，东部地区企业的平均质量最高，为0.5852。总体来看，中部地区企业的出口产品质量增长率最高，东部地区企业出口产品质量的平均值最高。

⑧异质性企业出口贸易产品质量：分行业测算。

从附表5-2中不同行业企业产品质量的增长率来看，在28个行业中仅有8个行业呈现出增长趋势。其中，黑色金属冶炼及压延加工业（32），有色金属冶炼及压延加工业（33），石油加工、炼焦及核燃料加工业（25）这3个行业企业产品质量提升幅度较大，分别提高了86.20%、23.96%、9.00%；有20个行业的出口产品质量呈现出不同程度下降，其中饮料制造业（15）、化学纤维制造业（28）、金属制品业（34）这3个行业企业出口产品质量的降幅较大，分别降低了35.27%、16.05%、11.84%。这表现出我国重工业企业逐渐得到重视，产品质量在不断提升。通过出口贸易，重工业企业也逐渐和国际市场接轨，所以更有必要加大对产品创新研发的投入。从均值上看，交通运输设备制造业（37），专用设备制造业（36），皮革、毛皮、羽毛（绒）及其制品业（19）这3个行业企业出口产品质量的均值最高，分别为0.6567、0.6531、0.6489。

4.4　本章小结

本章利用中国工业企业数据库和中国海关进出口数据库，对文中涉及的基本变量进行了测度，并从不同层面对各变量进行了初步分析，为后文的实证检验提供必要的统计基础。

①介绍了中国工业企业数据库和中国海关进出口数据库的基本情况，以及两套数据在进行合并和筛选时的方法，即按照企业的名称和时间、邮政编码和企业电话号码的后七位来进行识别。经过匹配后，样本量从2000年的192 816个逐渐增多到2006年的834 363个。企业数量也从2000年的12 393个增长到2006年的38 531个。虽然在匹配后存在大量的样本损失，但此方法已经是目前认可度最高，运用最为广泛的匹配方法。

②针对异质性制度环境中的两个主要指标：省级制度环境、国际制度环境进行了选取。首先，本章选取了樊纲的市场化指数作为省级制度环境

的代理变量。其次，选取《华尔街日报》和美国传统基金会发布的经济自由度指数（IEF）作为国际制度环境的代理变量。以便为后续进行制度环境交互摩擦效应分析提供基础。

③分别测算了企业出口贸易额和企业出口贸易的三维特征。首先，用企业平均出口贸易额及增长率对企业出口额进行分析；其次，对企业出口贸易二元边际、企业出口贸易持续时间、企业出口贸易产品质量分别进行测算。同时，从六个方面，即不同规模、不同年龄、不同所有制、不同贸易方式、不同地区、不同行业，对企业出口贸易特征进行详细的计算。结果表明，在2001～2006年，中国企业出口特征都呈现出稳步增长的趋势，但不同分类企业的出口贸易特征变化差异较大。

第5章

异质性视角下制度环境对企业
出口贸易额影响的实证

5.1 异质性制度环境对企业
出口贸易额影响的实证

5.1.1 计量模型设定

本章主要考察异质性制度环境对中国企业出口贸易额的影响。其中，异质性制度环境包括出口企业所在省份的省级制度环境、企业出口目的地的国际制度环境以及二者的交互摩擦效应。借鉴相关研究经验，在加入三个异质性制度环境变量的基础上，构建计量模型，考察异质性制度环境对企业出口贸易额的影响，计量模型设定如下。

$$Y_{it} = \beta_0 + \beta_1 SI_{it} + \beta_2 GI_{kt} + \beta_3 SI_{it} \times GI_{kt} + \beta_4 Z + \varepsilon_{it} \qquad (5-1)$$

其中，Y 表示企业出口贸易额，i 表示企业，t 为年份，k 为进口国（地区）；SI 为企业所在省份的省级制度环境水平；GI 为出口目的地的国际制度环境水平；$SI \times GI$ 代表的是省级、国际制度环境的交互摩擦效应；Z 代表一系列控制变量，包括企业层面的控制变量和国家（地区）层面的控制变量。

5.1.2　变量说明及统计描述

本章主要确定了三种变量：被解释变量、核心解释变量和控制变量。被解释变量为企业出口贸易额；核心解释变量是异质性制度环境，包括省级制度环境、国际的制度环境、制度环境交互摩擦效应；控制变量主要包括两类，一类是与企业相关的变量：企业全要素生产率、企业规模、企业年龄、企业工资水平、企业资本密集度、企业融资约束、企业收入补贴；另一类是与国家相关的变量：出口目的地规模、国家和地区之间距离、国家和地区之间是否相邻、国家和地区是否都属于 WTO 成员、目的国关税水平。上述章节总结了被解释变量和核心解释变量的选取及测度方法，以下就针对变量的选取依据进行详细说明。

(1)　变量说明

①被解释变量：企业出口贸易额（Y）。

企业出口贸易额（Y）。本章是在企业层面研究异质性制度环境对出口贸易的影响。所以，首先通过中国海关进出口数据库，按照企业名称把出口的月度数据合并成年度数据，然后进行后续的实证分析。

②核心解释变量：异质性制度环境。

制度环境是影响一国贸易流量的重要因素，为了使分析更加全面，本章从异质性视角把制度环境分为省级制度环境、国际制度环境以及制度环境交互摩擦效应。

a. 省级制度环境（SI）。企业在生产高品质产品的过程中，相对应的生产流程也会较为复杂，如果要保证生产顺利进行，就需要较高的制度水平进行支持（Costinot，2009；Nunn & Trefler，2014）。在理论分析中，本章将省级制度环境视作影响企业生产率的重要因素。考虑到各省的发展状况和制度基础并不相同，即使出口同样的商品，其所生产的省份、年份也会不同。本章采用樊纲等（2007）构建的"中国市场化指数"作为省级制度环境的代理变量。该指标不仅运用较为广泛，而且在学术界具有较高的认可度。

b. 国际制度环境（*GI*）。国际制度环境对企业的影响不亚于省级制度环境，企业在进行跨境交易时，需要面对更多的风险与不确定因素。同时，目的地制度环境的好坏将直接影响交易成本的变化。如果目的地的制度环境较差，将增加交易成本，削弱企业出口的意向。理性的企业只有当贸易利润足以弥补由于制度环境变化带来的贸易成本增加时，才会进行贸易。格鲁特等（Groot et al.，2004）利用引力模型检验了相同的制度框架、制度质量对贸易增长的影响。结果发现，如果进出口双方具有相似的制度框架，则能够促进双边贸易平均增长 13%。同时，如果制度质量越高，出口贸易增长速度越快。对于国际制度环境指标的选取，国内外众多学者提供了大量的研究。结合本研究的需要，本章主要选用《华尔街日报》和美国传统基金会发布的经济自由度指数（*IEF*）来近似表述。

c. 制度环境交互摩擦效应（*SI* × *GI*）。由于各国都会优先考虑本国利益的最大化，这就会导致国家之间的制度环境出现不相容的情况，以至于对制度环境降低交易成本的目的产生一定程度的扭曲。从而导致交易成本增长，影响企业出口。如果企业在开放程度较高的省份，通过得到省份制度环境的支持，就会有较强抵御"浪费型"交易成本的能力；如果企业在开放程度较低的省份，由于自身制度环境的限制，无法给予出口企业有效的帮助，最终会导致"浪费型"交易成本阻碍了企业的出口。所以能够看出，虽然表面上我国省份和地区的发展程度（市场化程度）与世界其他国家（地区）没有直接联系，但实际上，省份和地区的市场化程度是国家开放程度的具体体现，国家开放程度是其融入世界贸易的具体体现。本章将企业所在省份的制度环境和企业出口产品所到目的地的制度环境进行交乘，从而得到制度环境的交互摩擦效应。

③控制变量。

根据相关实证经验和企业出口特性，本章选取的控制变量主要包括两类，一类是与企业相关的控制变量，另一类是与国家（地区）相关的控制变量。此外，还包括省份、行业、时间虚拟控制变量，具体说明如下：

a. 企业相关控制变量。企业生产率（*TFP*）。异质性企业贸易模型的研究表明，企业在生产时要面临生产成本，在决定是否进入国外市场时要面临开拓海外市场的成本。企业是否出口是根据生产率水平的高低来决定的。即按照生产率的差异，企业所面临的选择也不尽相同，拥有最高生产率的企业将选择出口，而生产率最低的企业将退出市场，生产率处于中档的企业将选择国内市场进行销售。彭国华和夏帆（2013）研究得出，TFP对中国企业的出口额、广度和深度都存在显著影响。由第 3 章内容可知，省级制度环境通过影响 TFP 进而影响到企业出口贸易特征，这对理论和实证结果将产生较大的影响。所以，准确测算 TFP 就显得非常重要。目前，劳动生产率被很多学者当作企业生产率的替代变量，虽然这种方法便于计算，但是由于变量之间在含义和构成上存在一定区别，因此估计结果出现偏误的可能性较大。较严谨的方法是运用 OP 法和 LP 法测算企业的生产率。这两种测算方法选取了不同的生产率冲击作为代理变量，OP 法选用的是投资，但是在估算的过程中会因为有较多的零值变量而损失大量的样本；LP 法选用的是中间投入品，而中间投入品变量中的零值较少。在考虑到样本完整性的基础上，本章首先运用 LP 法计算的生产率来进行基准回归，然后运用 OP 法计算的生产率进行稳健性检验。

企业规模（*Size*）。新贸易理论将产业间贸易发展的一部分归因于规模经济，而大量基于微观企业层面的研究表明，企业的出口表现与规模有正向影响的关系。主要是由于企业的规模与资金是匹配的，在资金充足的情况下，企业有能力引进先进的生产和管理技术。同时，在抵御出口风险能力方面，规模较大的企业不仅拥有充足的资金，而且经验丰富，抗风险能力较强，从而能够得到进入国外市场的优势（Bonaccorsi，1992）。具体看来，企业总资产、企业销售收入、企业员工人数都是测度企业规模时常用的指标。本章选用的是企业总资产来度量企业的规模。

企业年龄（*Age*）。企业在市场上存续年限的长短能够体现出企业的竞争能力、生产技术的创新能力以及市场营销的能力，存续的时间越长，代表企业的产品越能够被消费者认可和接受，形成良好的企业声誉。因此，通过长时间积攒的生产、管理等经验后，有能力扩大市场范围进行出口贸易。本章使用企业成立年份到样本当年的年份数作为企业年龄。

企业工资水平（$Wage$）。在大多数企业中，员工的工资水平与员工的学历、受教育水平是相关的。博纳德等（1995）对美国出口企业和非出口企业研究得出，出口企业员工的工资水平明显高于非出口企业。于洪霞、陈玉宇（2010）使用中国微观数据来分析出口企业和非出口企业的工资差异，结果表明，出口企业平均工资普遍高于非出口企业。企业工资水平对出口存在两方面的影响：第一，工资构成了劳动力成本，高工资代表企业的生产成本较高，出口价格也相应较高，产品在出口市场上不占据价格优势；第二，如果企业的技术型人才越多，那么工资水平也会越高，这样的企业往往会在技术研发上具有较大的潜力，可以通过提升产品的性能和质量达到增强出口竞争力的目的。本章以企业应付工资与企业员工数的比值来测算企业的工资水平。

企业资本密集度（Cap）。博纳德等（2007）利用美国企业的数据发现，出口企业与非出口企业的资本密集度存在差异，出口企业具有较高的资本密集度。也就是说，企业的出口行为可能会受到资本密集度的影响。中国作为发展中国家，由于人口众多，劳动力丰富，我国企业的优势主要集中在劳动密集型的行业中。所以，资本密集度高的企业可能具有较低的出口倾向和出口量。本章使用企业固定资产净额与企业员工数的比值来度量企业的资本劳动比例。

企业融资约束（FC）。当企业出口产品到新的海外市场时，需要面临较多的市场拓展费用，包括根据当地消费者的文化和传统习惯调整产品包装的费用、建立分销网络的费用、招聘当地人员的费用等，这些都需要大量资金的支持。在此情况下，企业就需要进行融资，因此就会面临融资约束的障碍。如果降低企业的外部融资约束，就会缓解企业在拓展市场时资金短缺的现象，这样企业就有更多的时间和精力了解国外市场，从而降低出口失败的风险。从以往文献看，衡量融资约束的方法主要有两种：第一种是单一性财务指标，即用单个财务指标来衡量企业的融资约束，主要包括杠杆率、利息支出、现金流等；第二种是综合指标，这一方法采用一系列反映企业特征的变量，构建了对企业融资约束进行度量的综合指标，代表性的有 KZ 指数、WW 指数和 SA 指数。考虑到测度的简化性，本章主要借鉴费斯特拉等（2013）的研究方法，用企业的利息支出作为企业融资约束的代理变量进行回归。利息支出越多，一方面说明企业需要偿还更多外部融资，另一方面说明企业有更多的融资渠道，所面临的融资约束就越小。

企业补贴收入（*Sub*）在我国鼓励出口贸易的背景下，政府补贴是向某些企业提供的财政捐助以及对价格或收入的支持，以直接或间接增加从其领土输出某种产品或减少向其领土内输入某种产品，或者对其他成员方利益形成损害的政府性措施，是鼓励企业出口、提升企业出口贸易竞争力的重要措施之一。为了在国际市场中获得市场份额和竞争力，获得补贴收入的出口企业数量正在逐年增加。因此，探究补贴收入对出口贸易的影响具有一定的现实意义。本章采用企业政府补贴变量与企业固定资产净值的比值，对企业补贴收入进行去规模化的处理。

b. 国家（地区）相关控制变量。国家或地区之间文化距离（*WI*）。国家或地区之间不仅存在经济发展的差异，而且存在文化背景的不同，正是由于这种差异才会导致企业在拓展海外市场时增加了贸易成本（綦建红等，2012）。例如，阿尔萨斯和维加（Elsass & Veiga，1994）就指出国家（或地区）间进行交易的难度大小，受到文化距离增大的影响，国家和地区之间的文化距离越大，越不利于国际贸易的市场活动。不过也有学者持反对意见，曲如晓、盛琴雯（2010）认为国家和地区之间的文化距离并没有影响国际贸易的发展，而是促进了贸易的增长，原因在于文化差距越大的两个国家或地区，消费者的消费习惯差距也越大，距离从一定程度上提供了更多可供选择的产品，激发了消费者对新商品的好奇心和购买欲，从而增加了国家或地区之间的贸易往来。目前，霍夫斯特德（Hofstede）提出的文化维度论是学术界研究文化距离的重要依据。本节将文化距离量化为两国或地区之间非正式制度的替代变量，同时借鉴文化六维度及考古特和辛格（Kogut & Singh，1988）构建的跨国文化距离测度模型，运用公式（5-2）来测算中国与出口目的国或地区之间的文化距离：

$$WI_k = \sum_{i=1}^{n} \frac{\left[(C_{ij} - C_{ik})^2/CV_i \right]}{n} \tag{5-2}$$

其中，j 代表我国，k 代表出口目的国或地区，i 代表具体的文化维度，n 代表文化维度数量，WI_k 代表我国与进口国家或地区 k 之间的文化距离，C_{ij} 代表我国在第 i 个文化维度上的指数，C_{ik} 代表被考查国家或地区 k 在第 i 个文化维度上的指数，CV_i 代表第 i 个文化维度指数的方差，各维度指标来自 Hofstede 中心公布的当年数据。

国家（地区）之间距离（Dis）。双边距离一般用来代替出口中的可变贸易成本（Kancs，2007；Helpman et al.，2008）。本章采用中国与进口国（地区）之间通过人口分布状况作为权重计算得出的距离（Dis）作为可变贸易成本，数据主要来源于 CEPII BACI 国际贸易数据库。

目的国（地区）规模（GDP）。企业在选择出口目的地时，不仅要考虑目的地的制度环境，而且要考虑目的地的规模和消费者的消费能力。一般情况下，目的地市场规模越大，消费者的购买能力就越强，出口失败的风险就越小。因此，目的地市场规模越大越能够促进集约边际的增长。从扩展边际来看，目的地规模大小对我国企业开拓海外市场的影响并不确定。在出口的过程中，目的地的市场规模是与出口国相比的一个相对指标，所以本章用相对 GDP 来衡量出口目的地规模，即采用出口目的国或地区的 GDP 与中国 GDP 的比值。数据来源于 CEPII BACI 国际贸易数据库。

国家（地区）之间是否相邻（Border）。传统意义上，如果国家之间拥有共同边界说明两国人民的沟通和交流会更加容易，且生活和消费习惯也会较为类似，这样能够促进商品在相邻国家（地区）之间的贸易发展。但是，我国与接壤国家在经贸合作方面开展的时间较晚。例如，中国与印度、蒙古国在 2005 年才签署《亚太贸易协定》。中国与俄罗斯、哈萨克斯坦、吉尔吉斯斯坦以及塔吉克斯坦等在 2016 年签订了《上合组织成立十五周年塔什干宣言》，这些合作目前更多停留在宏观层面，较少触及通关及大范围的关税减让等具体问题。中国与巴基斯坦在 2007 年实施《中国－巴基斯坦自由贸易协定》。目前为止，中国与阿富汗没有签署自由贸易区的意向。可以看出，中国与相邻国家之间的贸易关系还在逐步的建立，而中国与相邻国家的发展情况，可能会影响到企业出口贸易的增长。所以，本章加入了国家（地区）相邻变量，数据来源于 CEPII BACI 数据库，如果相邻，设为"1"，反之为"0"。

WTO 成员（WTO）。在关贸总协定的基础上，WTO 力求建立一个包含更多国家、更具持久性的多边贸易体制。其管辖的范围不仅包括货物贸易，而且包括非货物贸易（服务贸易）等领域。如果两国同属于 WTO 的成员国，那么不仅拥有相同的权利和义务，而且能为成员国提供良好的贸易发展环境以及解决贸易争端的机制，从而维护双边贸易发展。两国或地区是否属于 WTO 成员的数据来源于 CEPII BACI 国际贸易数据库，如果在相应的年份都属于 WTO 成员，设为"1"，反之为"0"。

目的地进口关税水平（Tariff）。关税水平是进口国（地区）从中国进口商品时所征收平均关税。考虑到关税是区域贸易协定谈判中传统且重要的内容，各成员国在贸易谈判中不仅会对协议中涉及的商品种类和降税幅度达成一致，而且会对执行时间做出明确规定。所以，关税政策能体现双边贸易合作的效果，是不可忽视的控制变量。数据来源于世界贸易整合数据库（WITS）①。本章通过对 2000～2006 年目的地的加权平均进口关税再求平均的方法，得到目的地进口关税水平变量。

④虚拟变量。

省份虚拟变量：考虑到各省的经济发展水平具有较大差异。为了有效控制未观测到的省份因素对企业出口贸易的影响，本章在实证分析中控制了省份虚拟变量。

行业虚拟变量：用二分位的行业代码来控制企业所属行业固有的特征。

---

① 数据下载地址：https：//wits. worldbank. org/Default. aspx？lang = en.

时间虚拟变量：对每个时期定义一个虚拟变量，然后把 $T-1$ 个虚拟变量包括在回归方程中，可以控制随时间变化而产生遗漏变量的问题，也可理解为"第 t 期"对被解释变量 Y 的效应。在本章研究的时间范围内，虽然我国基本保持着持续稳健的经济增长趋势，但是依然受到经济周期的影响。通过引入时间虚拟变量，可以有效控制在经济周期内，各个解释变量的波动对被解释变量的影响。综上所述，本章涉及具体变量名称、含义及说明见表 5-1。

表 5-1　　　　　　　　　　变量名称、含义及说明

变量性质	变量名称	英文名称	含义及说明	数据来源
被解释变量	企业出口贸易额	Y	企业每年出口产品的总贸易额	中国海关数据库
核心解释变量	省级制度环境	SI	各省份对经济的干涉水平越高，市场化指数越低	中国市场化指数
	国际制度环境	GI	国家对经济的干涉水平越高，经济自由度越低	美国传统基金会
	制度环境交互摩擦效应	$SI \times GI$	制度环境之间的摩擦越大，其值越高	测算指标
控制变量	企业生产率	TFP	LP 法计算	中国工业企业数据库
	企业规模	$Size$	总资产	
	企业年龄	Age	企业成立年份到样本年份	
	企业工资水平	$Wage$	企业应付工资额/企业员工数	
	企业资本密集度	Cap	企业固定资产净额/企业员工数	
	企业融资约束	FC	企业的利息支出	
	企业补贴收入	Sub	企业政府补贴变量/企业固定资产净值	

变量性质	变量名称	英文名称	含义及说明	数据来源
控制变量	国家（地区）之间文化距离	*WI*	衡量不同国家（地区）文化差异、价值取向的指标	Hofstede 的文化维度
	目的地规模	*GDP*	出口目的国或地区的 GDP 与中国 GDP 之比	
	国家（地区）之间距离	*Dis*	人口分布状况作为权重计算的距离	CEPII BACI 数据库
	国家（地区）之间是否相邻	*Border*	相邻设为"1"，反之为"0"	
	WTO 成员	*WTO*	在相应的年份都属于 WTO 成员，设为"1"，反之为"0"	
	目的地进口关税水平	*Tariff*	进口国 2000～2006 年的加权平均进口关税再求平均	世界贸易整合数据库（WITS）

（2）数据来源及描述性统计

本章研究的企业样本数据来源于 2000～2006 年中国工业企业数据库，该数据库涵盖规模以上企业的详细信息及本章所需的各项企业层面指标。企业出口贸易额的数据来自中国海关数据库，通过对两个数据库进行匹配，共得到了 3 216 007 个观测值。本章所用变量的描述与统计特征见表 5－2。

表 5－2　　　　　　　　　变量的描述与统计特征

变量类型	变量名称	变量描述	观测值	平均值	标准差	最小值	最大值
被解释变量	*Y*	企业出口贸易额	3 216 007	15.443	1.797	0	23.577
核心解释变量	*SI*	省级制度环境	3 216 003	2.158	0.1954	0.862	2.379
	GI	国际制度环境	3 216 007	4.229	0.160	3.377	4.499
	SI × GI	制度环境交互摩擦效应	3 216 003	9.129	0.895	3.358	10.670

续表

变量类型	变量名称	变量描述	观测值	平均值	标准差	最小值	最大值
企业控制变量	Size	企业规模	3 216 007	10.954	1.656	4.848	17.871
	FC	企业融资约束	2 042 198	6.395	2.034	−0.140	14.169
	Age	企业年龄	3 188 603	1.916	0.731	0	4.025
	Cap	企业资本密集度	3 211 657	3.485	1.304	−6.408	9.896
	Wage	企业工资水平	3 215 978	2.678	0.619	−7.318	7.061
	Sub	企业补贴收入	9 82 196	−4.632	1.936	−16.65	6.074
	TFP	企业生产率	3 183 913	1.917	0.172	−3.559	2.670
国家控制变量	WI	国家（地区）之间文化距离	3 100 946	3.891	0.786	1.980	5.178
	Border	国家（地区）之间是否相邻	3 216 007	0.124	0.329	0	1
	Dis	国家（地区）之间距离	3 216 007	8.645	0.757	7.063	9.857
	GDP	目的地规模	3 165 387	−1.523	2.045	−9.078	2.097
	WTO	WTO 成员	3 216 007	0.948	0.221	0	1
	Tariff	目的地进口关税水平	3 216 007	12.402	1.371	−0.168	13.830

注：以上数据是经过取对数处理后的变量统计描述。

5.1.3　实证结果及分析

本节将企业出口贸易额作为被解释变量，运用选取与测算的核心解释变量：省级制度环境（SI）、国际制度环境（GI）和制度环境交互摩擦效应（$SI \times GI$），对前述的计量模型（5-1）进行回归分析。在对总样本分析之前，首先要确定面板数据采用的回归方法，考虑到有不随时间变化的变量，所以在基准回归时最终选用与双向固定效应有相同效果的"最小二乘虚拟变量模型（LSDV）"进行估计。在回归之前，首先对核心解释变量进行多重共线性检验，且得到的各变量的方差膨胀因子明显小于 2，不存在多重共线性问题。然后对全样本进行检验，具体实证结果分析如下：

（1）全样本回归

表5-3的第（1）~（4）列是在加入核心解释变量后逐步加入企业和国家（地区）控制变量的回归结果。具体看来：

表 5-3 企业出口贸易额的全样本检验结果

变量	（1）	（2）	（3）	（4）
SI	1.094 *** (0.12)	1.512 *** (0.22)	1.563 *** (0.22)	1.575 *** (0.22)
GI	0.297 *** (0.06)	0.454 *** (0.11)	0.553 *** (0.12)	0.543 *** (0.12)
$SI \times GI$	-0.171 *** (0.03)	-0.209 *** (0.05)	-0.227 *** (0.05)	-0.229 *** (0.05)
$Size$	0.843 *** (0.00)	0.697 *** (0.00)	0.698 *** (0.00)	0.698 *** (0.00)
Age	-0.112 *** (0.00)	-0.106 *** (0.00)	-0.104 *** (0.00)	-0.104 *** (0.00)
Cap	-0.267 *** (0.00)	-0.236 *** (0.00)	-0.230 *** (0.00)	-0.230 *** (0.00)
$Wage$		0.060 *** (0.00)	0.063 *** (0.00)	0.063 *** (0.00)
TFP		1.723 *** (0.02)	1.732 *** (0.02)	1.730 *** (0.02)
Sub		0.016 *** (0.00)	0.013 *** (0.00)	0.013 *** (0.00)
FC		-0.057 *** (0.00)	-0.060 *** (0.00)	-0.060 *** (0.00)
WI			0.133 *** (0.00)	0.127 *** (0.00)

续表

变量	(1)	(2)	(3)	(4)
Dis			0.023 *** (0.00)	0.016 *** (0.00)
GDP			−0.007 *** (0.00)	−0.008 *** (0.00)
Tariff				−0.024 *** (0.00)
Border				−0.056 *** (0.01)
WTO				−0.000 (0.01)
cons	5.507 *** (0.26)	2.831 *** (0.48)	1.707 *** (0.50)	2.138 *** (0.50)
N	3 184 401	726 985	688 021	688 021
R^2	0.499	0.508	0.512	0.512

注：括号内数值是估计结果的标准差，*** 、** 和 * 分别表示 1%、5% 和 10% 的显著性水平。以上结果均控制了省份、行业、年份固定效应。

从表 5 - 3 中的第（1）~（4）列可以发现，核心解释变量：省级制度环境（*SI*）、国际制度环境（*GI*）、制度环境交互摩擦效应（*SI* × *GI*）对企业出口贸易额（*Y*）影响都很显著。从第（2）列中的结果可以看出，省级制度环境（*SI*）、国际制度环境（*GI*）与企业出口贸易额（*Y*）的关系显著为正，说明省级制度环境（*SI*）每增加 10%，企业出口贸易额（*Y*）将提高 15.12%；国际制度环境（*GI*）每增加 10%，企业出口贸易额（*Y*）将提高 4.54%。同时，制度环境交互摩擦效应（*SI* × *GI*）对企业出口贸易额（*Y*）影响显著为负，其每增加 10%，企业出口贸易额（*Y*）将减少 2.09%。从第（4）列中的结果可以看出，省级制度环境（*SI*）、国际制度环境（*GI*）与企业出口贸易额（*Y*）的关系显著为正，说明如果省级制度环境（*SI*）每增加 10%，那么企业出口贸易额（*Y*）将提高 15.75%；国际制度环境（GI）每增加10%，企业出口贸易额（Y）将提高5.43%。同时，制度环境交互摩擦效应（$SI \times GI$）对企业出口贸易额（Y）影响显著为负，其每增加10%，那么企业出口贸易额（Y）将减少2.29%。

从核心解释变量的回归结果来看，省级制度环境对企业出口贸易额的促进作用最大。这意味着企业所在省份给予的制度支持越高，越能为企业提供更多的优惠政策。例如，各种生产过程中的税费减免等。这样企业就会享受到出口福利，从而增加出口贸易额；良好的目的地制度环境能够保证合同有效的执行，减少政治风险，对出口企业具有极大的吸引力；制度环境交互摩擦效应是制度环境相互摩擦而产生的，属于"浪费型"贸易成本，这将通过各种渠道阻碍企业的正常出口，减少企业出口贸易额的增长。以上结论与第3章理论模型中得出的假说1是一致的。

此外，在控制变量方面，表5-3中的第（2）列为仅加入企业控制变量的结果，第（4）列为加入了企业控制变量和国家（地区）控制变量的检验结果。以下主要针对第（4）列的结果进行分析。

从企业控制变量的角度看，企业规模（$Size$）、企业工资水平（$Wage$）、企业生产率（TFP）、企业补贴收入（Sub）对企业出口贸易额（Y）的影响显著为正。同时，企业融资约束（FC）、企业年龄（Age）、企业资本密集度（Cap）对企业出口贸易额（Y）的影响显著为负。具体看来，企业规模（$Size$）越大，说明企业具有较强的综合实力和抵御风险能力，同时也会成为各省出口企业中的重要代表，更易于获得较好的省级制度支持。企业工资水平（$Wage$）的高低意味着企业劳动力素质的高低，具有高素质的劳动者，能够认真生产，保证产品和服务质量，有利于创造良好的企业声誉，从而增加出口贸易额。企业生产率（TFP）的高低说明企业出口的实力水平，生产率越高则说明越有能力克服出口中所需的固定成本，从而促进出口，这符合异质性企业贸易理论提出的生产率异质性决定企业出口行为的观点。规模（$Size$）较大且补贴收入（Sub）较高的企业会将重心转移到技术开发和人才培养方面，在先进技术和优秀管理人才的共同作用下，拓展思路，扩大出口，进而增强出口能力。

但是，本节发现企业融资约束（*FC*）对企业出口贸易额的影响显著为负。也就是说融资约束越宽松的企业，出口增长并不明显，这就出现了"融资约束悖论"的情况，这与蒋为、顾凌骏（2014）和范金亚（2017）的研究结论一致。其原因可能是由于出口企业中大部分属于私营和外商投资企业，国有企业的占比较低，但是国有企业的融资能力远远高于其他类型的企业，国有企业的市场占有份额和对外贸易也较为稳定，所以在把产品出口到不同海外市场的意愿低于其他类型的企业。另外，企业年龄（*Age*）越大说明企业在长久经营的时间中已经具有较为稳定的国内市场份额和销售渠道，不愿意花费巨大的成本来开拓新市场。企业资本密集度（*Cap*）的影响为负在一定程度说明了，在本节研究的时间段内，我国在资本密集型产品上不具有出口比较优势。

从国家（地区）控制变量的角度看，国家（地区）之间文化距离（*WI*）和国家（地区）之间距离（*Dis*）对企业出口贸易额（*Y*）的影响显著为正；目的地规模（*GDP*）、目的地进口关税水平（*Tariff*）、国家（地区）之间是否相邻（*Border*）对企业出口贸易额（*Y*）的影响显著为负。具体看来，国家（地区）之间文化距离（*WI*）每增加10%，企业出口贸易额（*Y*）将提高1.27%。这意味着与出口目的地文化距离越大，出口贸易额越高。其原因可能是由于距离越远，目的地的消费者对产品的尝试和好奇心越强，更愿意尝试新鲜事物，从而企业出口贸易额就越大。根据一般理论，国家（地区）之间距离（*Dis*）越远代表运输成本越高，我国企业习惯与距离较近的国家开展贸易。但从出口贸易额的角度可以理解为，国家（地区）之间距离越远，就有更多机会开发新的海外市场，进企业出口贸易额的增长。

此外，目的地市场规模（*GDP*）越大，对企业出口贸易额的抑制作用越显著。目的地经济规模越大说明其消费者的收入水平较高，同时也会对进口产品的要求越高，这就在无形之中设置了更高的障碍，增加了企业进入海外市场的成本。目的地进口关税水平（*Tariff*）越高，企业出口的成本越高，从而抑制了企业出口贸易额的增长。国家（地区）之间是否相邻

（*Border*）对企业出口贸易额的影响为负，主要是因为我国与相邻国家（地区）在经贸合作方面开展的时间较晚。例如，中国与印度、蒙古国在 2005 年才签署《亚太贸易协定》，随后逐步加入减税过程。中国与俄罗斯、哈萨克斯坦、吉尔吉斯斯坦以及塔吉克斯坦等在 2016 年签订了《上合组织成立十五周年塔什干宣言》，这些合作目前更多停留在宏观层面，较少涉及通关及大范围关税减让等具体问题。中国与巴基斯坦在 2007 年实施《中国－巴基斯坦自由贸易协定》，开始削减关税和非关税壁垒。越南、老挝和缅甸作为后续加入东盟的国家在关税减让等方面还有部分的区别待遇，直到 2005 年才开始降税进程。目前为止，中国与阿富汗没有签署自由贸易区的意向。

（2）稳健性检验

考虑到解释变量中有不随时间变化的变量，在进行基准回归时仍选用与双向固定效应有相同效果的"最小二乘虚拟变量模型（LSDV）"对模型进行估计。为了确保研究结论的可靠性，以下主要从改变估计方法、缩尾、截尾回归、分位数回归、改变企业生产率测度方法这几方面进行稳健性检验。

①改变估计方法。

首先，采用混合回归（OLS）和随机效应模型（FGLS）分别对全样本进行回归。在回归时控制了省份、年份以及二分位的行业虚拟变量，同时使用聚类稳健标准差进行估计。最后回归结果见表 5-4 的第（1）列和第（2）列。

从第（1）列和第（2）列的估计结果可见，核心解释变量省级制度环境（*SI*）、国际制度环境（*GI*）、制度环境交互摩擦效应（*SI* × *GI*）对企业出口贸易额（*Y*）影响基本显著。其中，省级制度环境（*SI*）对企业出口贸易额的影响显著为正；国际制度环境（*GI*）对企业出口贸易额的影响虽然不显著，但系数符号为正；制度环境交互摩擦效应（*SI* × *GI*）的系数虽不显著，但符号为负，这与基准回归基本一致，其他解释变量的符号和显著性也未发生较大改变，说明在控制其他因素不变的情况下，不仅核心观测变量的分析结果与基准回归一致，而且控制变量的回归结果也具有稳健性。

②缩尾、截尾回归。

为了处理可能出现的极端值，本节对被解释变量：企业出口贸易额 (Y)、在 1% 水平上进行双边缩尾和双边截尾的处理。回归结果见表 5 - 4 的第（3）列和第（4）列。

表 5 - 4　　　　　企业出口贸易额的稳健性检验（1）

变量	混合回归（1）	随机效应（2）	缩尾回归（3）	截尾回归（4）
SI	1.592 **	1.246 *	1.634 ***	1.755 ***
	(0.48)	(0.72)	(0.21)	(0.20)
GI	0.556 *	0.429	0.594 ***	0.680 ***
	(0.29)	(0.37)	(0.11)	(0.11)
$SI \times GI$	- 0.231	- 0.152	- 0.252 ***	- 0.290 ***
	(0.13)	(0.17)	(0.05)	(0.05)
$Size$	0.702 ***	0.695 ***	0.693 ***	0.676 ***
	(0.01)	(0.01)	(0.00)	(0.00)
Age	- 0.102 ***	- 0.102 ***	- 0.101 ***	- 0.094 ***
	(0.02)	(0.01)	(0.00)	(0.00)
Cap	- 0.231 ***	- 0.226 ***	- 0.223 ***	- 0.210 ***
	(0.02)	(0.00)	(0.00)	(0.00)
$Wage$	0.070 *	0.066 ***	0.067 ***	0.078 ***
	(0.03)	(0.02)	(0.00)	(0.00)
TFP	1.669 ***	1.743 ***	1.698 ***	1.671 ***
	(0.16)	(0.05)	(0.02)	(0.02)
Sub	0.013	0.014 ***	0.017 ***	0.021 ***
	(0.02)	(0.00)	(0.00)	(0.00)
FC	- 0.058 ***	- 0.060 ***	- 0.059 ***	- 0.057 ***
	(0.01)	(0.00)	(0.00)	(0.00)
WI	0.127 ***	0.070 ***	0.126 ***	0.120 ***
	(0.01)	(0.02)	(0.00)	(0.00)

续表

变量	混合回归（1）	随机效应（2）	缩尾回归（3）	截尾回归（4）
Dis	0.017 **	0.090 ***	0.015 ***	0.012 ***
	(0.01)	(0.02)	(0.00)	(0.00)
GDP	− 0.009 *	− 0.007	− 0.008 ***	− 0.007 ***
	(0.00)	(0.01)	(0.00)	(0.00)
Tariff	− 0.024 ***	0.001	− 0.024 ***	− 0.022 ***
	(0.00)	(0.01)	(0.00)	(0.00)
Border	− 0.056 ***	− 0.108 *	− 0.059 ***	− 0.062 ***
	(0.01)	(0.06)	(0.01)	(0.01)
WTO	− 0.003	0.033	0.001	0.004
	(0.01)	(0.03)	(0.01)	(0.01)
cons	2.092 *	1.858	2.109 ***	2.024 ***
	(1.06)	(1.68)	(0.47)	(0.45)
N	688 021	671 613	688 021	680 989
R^2	2.092 *	1.858	2.109 ***	2.024 ***

注：括号内数值是估计结果的标准差，***、** 和 * 分别表示 1%、5% 和 10% 的显著性水平。以上结果均控制了省份、行业、年份固定效应。

从缩尾和截尾估计的结果可见，核心解释变量的省级制度环境（*SI*）、国际制度环境（*GI*）、制度环境交互摩擦效应（*SI* × *GI*）对企业出口贸易额（*Y*）的影响都非常显著。在第（3）列的缩尾回归结果中，省级制度环境（*SI*）、国际制度环境（*GI*）的系数为正且显著；制度环境交互摩擦效应（*SI* × *GI*）的符号为负且显著，这与基准回归完全一致，说明控制其他因素不变的情况下，虽然回归系数有所差异，但在 1% 的显著性水平下，核心解释变量全部显著，因此结果具有一定的稳健性。

③分位数回归。

考恩科尔和巴塞特（Koenker & Bassett, 1978）提出的"分位数回归"方法，不仅能够精确地描述解释变量对被解释变量变化范围以及条件分布形状的影响，而且能够更加全面地描述被解释变量条件分布的全貌。因此，本节在 25 分位点、50 分位点、75 分位点上对模型进行稳健性检验，回归结果见表 5-5 的第（1）~（3）列。

表 5-5　　　　　　　企业出口贸易额的稳健性检验（2）

变量	Q25（1）	Q50（2）	Q75（3）	TFP（4）
SI	3. 615 ***	3. 227 ***	2. 631 ***	1. 575 ***
	(0. 28)	(0. 18)	(0. 15)	(0. 22)
GI	1. 485 ***	1. 536 ***	1. 322 ***	0. 543 ***
	(0. 15)	(0. 09)	(0. 08)	(0. 12)
SI × GI	− 0. 584 ***	− 0. 598 ***	− 0. 526 ***	− 0. 229 ***
	(0. 07)	(0. 04)	(0. 04)	(0. 05)
Size	0. 627 ***	0. 703 ***	0. 755 ***	0. 699 ***
	(0. 00)	(0. 00)	(0. 00)	(0. 00)
Age	− 0. 111 ***	− 0. 147 ***	− 0. 091 ***	− 0. 104 ***
	(0. 00)	(0. 00)	(0. 00)	(0. 00)
Cap	− 0. 290 ***	− 0. 272 ***	− 0. 233 ***	− 0. 230 ***
	(0. 00)	(0. 00)	(0. 00)	(0. 00)
Wage	0. 066 ***	0. 090 ***	0. 114 ***	0. 063 ***
	(0. 00)	(0. 00)	(0. 00)	(0. 00)
TFP	1. 768 ***	1. 893 ***	2. 094 ***	1. 720 ***
	(0. 02)	(0. 01)	(0. 01)	(0. 02)
Sub	0. 024 ***	0. 020 ***	0. 012 ***	0. 013 ***
	(0. 00)	(0. 00)	(0. 00)	(0. 00)
FC	− 0. 029 ***	− 0. 050 ***	− 0. 069 ***	− 0. 060 ***
	(0. 00)	(0. 00)	(0. 00)	(0. 00)
WI	0. 202 ***	0. 127 ***	0. 082 ***	0. 127 ***
	(0. 00)	(0. 00)	(0. 00)	(0. 00)
Dis	− 0. 021 ***	− 0. 044 ***	− 0. 051 ***	0. 016 ***
	(0. 00)	(0. 00)	(0. 00)	(0. 00)

变量	Q25（1）	Q50（2）	Q75（3）	TFP（4）
GDP	− 0.002 (0.00)	− 0.000 (0.00)	0.002 *** (0.00)	− 0.008 *** (0.00)
Tariff	− 0.038 *** (0.00)	− 0.022 *** (0.00)	− 0.013 *** (0.00)	− 0.024 *** (0.00)
Border	− 0.094 *** (0.01)	− 0.079 *** (0.01)	− 0.064 *** (0.01)	− 0.056 *** (0.01)
WTO	− 0.006 (0.01)	− 0.004 (0.01)	0.004 (0.01)	− 0.000 (0.01)
cons	− 2.894 *** (0.62)	− 2.177 *** (0.39)	− 1.210 *** (0.34)	2.154 *** (0.50)
N	688 021	688 021	688 021	688 021
R^2	—	—	—	0.512

注：括号内数值是估计结果的标准差，***、**和*分别表示1%、5%和10%的显著性水平。以上结果均控制了省份、行业、年份固定效应。

表 5-5 的第（1）~（3）列分别是核心解释变量对企业出口贸易额在 25 分位点、50 分位点、75 分位点上的参数估计。从分位数的回归结果可见，核心解释变量对企业出口贸易额的影响并没有受到被解释变量分布的影响。具体看来，核心解释变量都通过了 t 检验，且在 1% 的水平上显著。其中，省级制度环境（SI）、国际制度环境（GI）的系数都为正且非常显著，其系数随着分位数的增加（25% ~ 50% ~ 75%），呈下降趋势。这说明省级制度环境、国际制度环境对企业出口贸易额较小的企业影响较大。制度环境交互摩擦效应（SI × GI）的系数为负且显著，这与基准回归一致，其系数随着分位数的增加（25% ~ 50% ~ 75%），呈上升趋势。这说明在制度环境相互作用下，其对企业出口贸易额的影响逐渐增加。通过稳健性检验可以看出，核心解释变量的系数符号与基准回归保持一致，所以此结果具有稳健性。

④改变企业生产率测度方法。

虽然企业生产率并不是本书研究的核心解释变量，但是通过本书第 3 章的理论模型可知，企业生产率是异质性制度环境影响被解释变量的重要路径，所以企业生产率的变化将对被解释变量产生一定程度的影响。虽然本节并未对企业生产率及其测算方法进行过多的探讨。但考虑到使用 OLS 方法可能导致的同步性和选择性偏差等问题，有必要在稳健性检验中采用不同的方法来估算企业层面的生产率。所以本节采用奥雷和波克斯（Olley & Pokes，1996）提出的半参数法（OP 法）再次对企业生产率进行估算。回归结果见表 5 - 5 的第（4）列。

从企业生产率重新测度的结果可见，核心解释变量中的省级制度环境（SI）、国际制度环境（GI）的系数都为正且非常显著，制度环境交互摩擦效应（$SI \times GI$）的系数为负且显著，这与基准回归一致。虽然系数有所差异，但重要解释变量都通过了 t 检验，且符号与 LP 法计算生产率的回归结果一致，因此结果具有稳健性。

（3）内生性问题的处理

由于制度环境交互摩擦效应对企业出口的作用较为直接，可能会产生企业出口额与制度环境交互摩擦效应相互影响的情况。也就是说，企业出口贸易量越大，摩擦效应对其的抑制效应就越大，从而"浪费型"交易成本就越高；而摩擦效应产生的抑制作用越大，企业所在省份就会提供越好的制度支持来帮助企业渡过难关。由于制度环境交互摩擦效应是由省级制度环境构成的，且通过上述分析可以看出，省级制度环境带来的促进作用远高于摩擦效应带来的抑制作用，所以企业出口贸易额可能还会出现一定程度的变化。从而本节认为制度环境交互摩擦效应可能是内生的，不满足经典线性回归中严格外生性的要求，会导致估计出现偏差。对于该类内生性问题，通常的改进方法是寻找一个与制度环境交互摩擦效应紧密相关但独立或者弱相关于企业出口贸易额的变量作为工具变量，然后运用两阶段最小二乘法或面板工具变量法进行估计。为此，本章使用制度环境交互摩擦效应的滞后一期作为工具变量。

具体看来，表5-6中分别对企业出口贸易额进行了两阶段最小二乘法（2SLS）和面板工具变量法（Ⅳ）的估计，其中第（1）列和第（2）列为2SLS的回归结果，第（3）列和第（4）列为Ⅳ回归的结果。结果发现，在处理了内生性问题之后，企业出口贸易额模型中的制度环境交互摩擦效应（$SI \times GI$）系数与处理内生性前有了一定程度的变化，但各变量的符号并未发生改变，制度环境交互摩擦效应仍显著地抑制了企业出口贸易额的增长。此外，其他主要解释变量的系数也并未发生实质性的变化。这表明，内生性问题的处理能够在一定程度上调整制度环境对我国企业出口贸易额的作用程度，但并未改变其作用方向。因此，经过内生性处理，得到了比较稳健的估计结果。

表5-6   **企业出口贸易额的内生性处理结果（1）**

变量	2SLS（1）	2SLS（2）	Ⅳ（3）	Ⅳ（4）
SI	21.674 *** (1.86)	18.038 *** (1.81)	14.650 *** (2.26)	11.667 *** (2.20)
GI	10.929 *** (0.97)	9.070 *** (0.95)	7.325 *** (1.18)	5.819 *** (1.15)
$SI \times GI$	-4.970 *** (0.44)	-4.110 *** (0.43)	-3.325 *** (0.54)	-2.624 *** (0.52)
$Size$	0.721 *** (0.00)	0.723 *** (0.00)	0.674 *** (0.00)	0.678 *** (0.00)
Age	-0.163 *** (0.00)	-0.160 *** (0.00)	-0.103 *** (0.00)	-0.102 *** (0.00)
Cap	-0.238 *** (0.00)	-0.230 *** (0.00)	-0.180 *** (0.00)	-0.175 *** (0.00)
$Wage$	0.097 *** (0.01)	0.100 *** (0.01)	0.096 *** (0.00)	0.096 *** (0.00)

变量	2SLS（1）	2SLS（2）	IV（3）	IV（4）
TFP	1.542 ***	1.553 ***	1.153 ***	1.155 ***
	(0.03)	(0.03)	(0.02)	(0.02)
Sub	0.017 ***	0.015 ***	0.005 ***	0.004 ***
	(0.00)	(0.00)	(0.00)	(0.00)
FC	-0.051 ***	-0.055 ***	-0.019 ***	-0.022 ***
	(0.00)	(0.00)	(0.00)	(0.00)
WI		0.139 ***		0.137 ***
		(0.01)		(0.01)
Dis		0.008 **		0.008 *
		(0.00)		(0.00)
GDP		-0.004 ***		-0.005 ***
		(0.00)		(0.00)
Tariff		-0.029 ***		-0.028 ***
		(0.00)		(0.00)
Border		-0.086 ***		-0.083 ***
		(0.01)		(0.01)
WTO		-0.014		-0.016
		(0.01)		(0.01)
cons	-41.316 ***	-33.746 ***	-25.465 ***	-19.337 ***
	(4.11)	(4.01)	(4.99)	(4.86)
N	240 375	228 472	240 375	228 472
R^2	0.533	0.543	—	—

注：括号内数值是估计结果的标准差，***、** 和 * 分别表示 1%、5% 和 10% 的显著性水平。以上结果均控制了省份、行业、年份固定效应。

此外，在进行 2SLS 回归时，需要进行 DWH 内生性检验，结果表明 p 值小于 0.05 拒绝原假设，存在内生解释变量，所以对制度环境交互摩擦效应（$SI \times GI$）使用工具变量法是合适的。关于未被包括的工具变量是否与内生变量相关这一问题，本节采用克莱伯根和帕普（Kleibergen & Paap，

2006）的 LM 统计量来进行检验，结果 p 值为 0.00，强烈拒绝了"工具变量识别不足"的原假设，即未被包括的工具变量与内生变量不相关。其次，使用 Wald rk F 统计量和 Cragg – Donald Wald F 统计量来检验工具变量的有效性，回归结果显示 Wald rk F 和 Cragg – Donald Wald F 的统计量均大于 Stock – Yogo 检验 10% 水平上的临界值，这表明本章使用的工具变量不是弱识别的。据此，可以认为本章选取的工具变量是合理的。具体检验结果见表 5 – 7。

表 5 – 7　　　　　　企业出口贸易额的内生性处理结果（2）

	2SLS（1）	2SLS（2）	IV（3）	IV（4）
DWH 检验	534.044 （0.00）	446.246 （0.00）	— —	— —
K – P Wald rk F 统计量	1 297.117 （16.38）	1 295.423 （16.38）	— —	— —
Cragg – Donald Wald F 统计量	9 537.339 （16.38）	9 917.424 （16.38）	— —	— —
K – P rk LM 统计量	1 104.208 （0.00）	1 085.143 （0.00）	— —	— —

注：Cragg – Donald Wald F、K – P Wald rk F 统计量括号内为 10% 水平上的临界值，DWH 检验、K – P rk LM 统计量栏括号内为 p 值。

5.2　异质性制度环境对异质性企业出口贸易额影响的实证

5.2.1　规模异质性企业出口贸易额的实证

企业规模是与企业出口紧密相关的指标，将直接影响到企业出口贸易额的变化。按照前文的划分标准，同时把微型企业纳入小型企业中，本章最终将企业划分为三类：大型企业、中型企业、小型企业。规模异质性企业的回归结果见表 5 - 8。

表 5 - 8　　　　　　　不同异质性企业出口贸易额的检验结果

企业类型		核心解释变量			常数项	样本量	调整
		SI	*GI*	*SI* × *GI*	*cons*	*N*	*R*²
企业规模	大型	0.357	0.024	0.077	4.224 ***	188 077	0.402
	中型	0.504	-0.046	0.046	5.610 ***	266 930	0.284
	小型	1.630 ***	0.568 ***	-0.309 ***	3.853 ***	233 014	0.269
企业年龄	年轻	1.752 ***	0.748 ***	-0.323 ***	1.517 ***	590 238	0.521
	中年	-0.49	-0.573 *	0.277 *	8.162 ***	58 640	0.596
	老年	-0.8	-0.850 ***	0.412 ***	9.090 ***	39 143	0.444
企业所有制	国有	0.93	-0.135	0.02	5.743 ***	38 400	0.594
	集体	1.567 *	0.27	-0.042	2.569	24 755	0.532
	私营	1.031 ***	-0.111	0.03	3.361 ***	292 122	0.482
	外商	2.300 ***	1.257 ***	-0.561 ***	1.329	172 410	0.564
	港澳台	0.837	0.644 **	-0.256 *	2.121 *	160 334	0.642
企业贸易方式	加工	1.277 **	0.268	-0.187	3.274 **	95 342	0.648
	非加工	1.743 ***	0.581 ***	-0.249 ***	2.225 ***	592 679	0.478
企业所在区域	东部	2.544 ***	1.087 ***	-0.467 ***	-0.25	646 028	0.534
	西部	4.471 ***	1.470 ***	-1.011 ***	0.473	21 825	0.324
	中部	3.543 ***	1.001 **	-0.589 **	2.604	20 168	0.39

注：***、** 和 * 分别表示 1%、5% 和 10% 的显著性水平。回归结果只截取了异质性制度环境的解释变量的回归系数，且都控制了时间、地区行业固定效应。

　　结果表明，在控制其他因素不变的情况下，省级制度环境（*SI*）对规模异质性企业的影响大多为正，其中对小型企业的影响最为显著。可能是由于小型企业在出口过程中对所在省份的制度更加依赖，同时也更容易受到省级制度环境的影响。国际制度环境（*GI*）对大型企业和小型企业的影响都为正，其中小型企业提高的幅度最大。制度环境交互摩擦效应（$SI \times GI$）对小型企业的影响显著为负。可能是由于小型企业正处于发展时期，需要更多的制度支持，帮助其降低出口风险，所以对制度环境的依赖程度较大，但是这样也更容易受到制度环境摩擦带来的负面影响。

5.2.2　年龄异质性企业出口贸易额的实证

由于企业年龄在一定程度上影响着其发展活力。例如，年轻企业正处于起步阶段，其人员匹配和发展模式较为灵活，且充满活力，在此行业具有一定的相对优势。而中年企业和老年企业可能存在发展模式较为固定、思路老化、经营模式僵化等问题，所以导致出口结果存在较大差异。以下根据企业年龄从低到高排列后，将所有样本划分为年轻企业、中年企业和老年企业。年龄异质性企业的回归结果见表 5 - 8。

结果表明，省级制度环境（SI）对年轻企业影响为正且显著，可能是由于在样本研究的时间范围内，国家市场化进程加速，这为年轻企业提供了良好的省级制度环境。同时，国家成立的经济特区也在逐步发展成熟，这为年轻企业提供了良好的发展平台。国际制度环境（GI）对年轻企业的影响显著为正，但是对中年企业和老年企业的影响都显著为负，这可能是由于中年企业和老年企业容易出现设备老化、产品质量难以提高的情况，这容易受到目的地以产品质量差、生产不达标等理由进行抵制。制度环境交互摩擦效应（$SI \times GI$）对年轻企业的影响显著为负，但是对中年企业和老年企业影响显著为正。可以看出，年轻企业由于出口经验不足，抵御风险能力较差，容易受到制度环境摩擦带来的负面影响。同时，虽然中年企业和老年企业容易受到目的地反倾销、反补贴的影响，但是企业所在省份也会给予相应的支持，帮助企业降低损失。

5.2.3　所有制异质性企业出口贸易额的实证

以下将样本按照企业所有制性质划分为国有企业、集体企业、私营企业、外商投资企业和港澳台投资企业。所有制异质性企业的回归结果见表 5 - 8。

结果表明，省级制度环境（SI）提高 1 个单位，集体、私营和外商投资企业的出口贸易额分别提高 15.67%、10.31% 和 23.00%，国有、港澳台投资企业虽然系数为正，但受到的影响并不显著。这说明集体企业属于具有中国特色的企业性质，更容易受到省级制度环境的影响，此外，在样本研究时间段内，我国正处于入世后的初步发展阶段，急需扩大出口和引进外资、优化市场参与结构，所以各个省份在大力鼓励私营、外商投资企业的发展，为其提供了很多的贸易优惠政策，因此，这类企业对各种出口、开放政策的反应更为敏感。国际制度环境（GI）对外商投资企业和港澳台投资企业影响显著为正。这可能是由于外商投资企业和港澳台投资企业的出口规模普遍较大，与海外市场接触较多。制度环境交互摩擦效应（$SI \times GI$）对外商投资企业和港澳台投资企业影响显著为负。正是因为外商投资企业和港澳台投资企业的所有制性质，以及容易受到省级制度环境和国际制度环境影响的现实，所以在制度环境发生摩擦时，更容易受到影响。

5.2.4　贸易方式异质性企业出口贸易额的实证

在样本研究的时间段内，加工贸易成为中国企业出口的重要方式。企业选择出口贸易的方式不同，受到异质性制度环境影响的程度就会有所差异。贸易方式异质性企业的回归结果见表 5 - 8。

结果表明，省级制度环境（SI）每提高 1 个单位，加工贸易企业和非加工贸易企业的出口贸易额分别提高 12.77% 和 17.43%，这说明非加工贸易企业受省份制度环境的影响更大。虽然我国凭借着低廉的劳动力成本优势成为了加工贸易大国，但是也造成了出口产品技术含量和附加值较低的情况，这不利于企业长期稳定地发展，所以政府急需转变发展思路，大力扶持非加工贸易的发展，让其享有一系列特定的减免税等优惠政策。国际制度环境（*GI*）对贸易方式异质性企业出口贸易额的影响为正，其中对非加工贸易企业的影响最为显著，当国际制度环境（*GI*）每提高 1 个单位，非加工贸易企业的出口贸易额将提高 5.81%。制度环境交互摩擦效应（*SI* × *GI*）对加工企业和非加工企业的影响都为负，其中对非加工企业的影响最为显著，当制度环境交互摩擦效应（*SI* × *GI*）提高 1 个单位，非加工贸易企业的出口贸易额将降低 2.49%。这表明我国越是鼓励发展的出口贸易方式，就越容易成为其他贸易伙伴国抵制的对象。

5.2.5　区域异质性企业出口贸易额的实证

当前，中国的区域经济发展差异较大，本节将企业所在区域划分为东部、西部和中部（不包括港澳台地区）三大经济区域。回归结果见表 5 - 8。

结果表明，省级制度环境（*SI*）提高 1 个单位，东部、西部、中部地区企业的出口贸易额分别提高 25.44%、44.71%、35.43%。可以看出，西部地区企业受到省级制度环境的影响最大，其次是中部地区企业，最后是东部地区企业。这可能是由于西部地区的经济发展相对落后，在 2000 年 1 月，国务院成立了西部地区开发领导小组，在经过全国人民代表大会审议通过之后，于同年 3 月正式开始运作，其目的就是鼓励西部企业发展。在此背景下，有更多的制度环境优惠政策汇集于此。国际制度环境（*GI*）对东部、西部、中部地区企业出口贸易额的影响显著为正，分别为 10.87%、14.70%、10.01%。其中，对西部地区企业的影响最大，这说明西部地区企业在出口时更倾向于制度环境更好的目的国，这主要是因为西部经济发展起步较晚，缺乏出口经验，在出口过程中需要选择制度环境有保障的目的地。制度环境交互摩擦效应（*SI* × *GI*）对东部、西部、中部地区企业出口贸易增长都呈现出阻碍作用，分别为 - 4.67%、- 10.11%、- 5.89%。可以看出，东部地区以其良好的经济、贸易发展优势，表现出优秀的抗阻碍能力，而西部地区由于经济发展较为落后，只能被动承受制度环境摩擦给出口带来的消极影响。

5.2.6　行业异质性企业出口贸易额的实证

以下将考察异质性制度环境对行业异质性企业的影响。回归结果见表 5 - 9。

表 5 - 9　　　　　　　　　　行业异质性企业回归结果

行业代码	核心解释变量			常数项	样本量	调整
	SI	GI	$SI \times GI$	$cons$	N	R^2
13	6.061 ***	3.098 ***	- 1.348 ***	- 5.966	13 332	0.449
14	- 6.038 ***	- 3.838 ***	1.607 ***	22.013 ***	6 039	0.428
15	- 4.150	- 1.687	0.793	20.676 *	1 334	0.276
17	0.359	- 0.096	0.026	4.070 ***	87 488	0.620
18	- 1.602 ***	- 1.111 ***	0.531 ***	10.432 ***	68 154	0.540
19	0.887	0.294	- 0.098	1.203	22 069	0.583
20	- 0.350	0.257	- 0.171	8.554 **	6 360	0.359
21	9.253 ***	4.725 ***	- 2.130 ***	- 18.659 ***	13 166	0.633
22	4.978	3.745 *	- 1.834 **	- 4.837	2 369	0.511
23	- 0.957	- 2.161	0.907	11.149	3 727	0.421
24	- 2.202 ***	- 1.167 ***	0.534 ***	9.486 ***	39 081	0.648
25	7.794	- 3.517	1.386	4.604	367	0.808
26	2.714 ***	1.221 ***	- 0.632 ***	1.385	39 585	0.343
27	- 3.683 ***	- 2.586 ***	1.080 ***	17.746 ***	15 748	0.305
28	- 3.694	- 0.985	0.752	16.424 ***	2 237	0.44
29	- 0.356	0.073	- 0.006	3.195	7 099	0.734
30	- 0.279	- 0.397	0.137	6.091	21 757	0.289
31	5.576 ***	2.473 ***	- 1.119 ***	- 5.901 ***	25 652	0.568
32	2.272	1.859 **	- 0.735 **	0.471	3 535	0.580
33	3.724 ***	1.638 **	- 0.885 ***	- 1.943	6 881	0.444

行业代码	核心解释变量			常数项	样本量	调整
	SI	GI	$SI \times GI$	$cons$	N	R^2
34	3.697 ***	2.058 ***	−0.782 ***	−5.336 ***	41 211	0.428
35	2.006 **	0.335	−0.042	−1.404	51 881	0.447
36	3.774 ***	1.592 ***	−0.620 ***	−4.154 **	19 817	0.407
37	−5.002 ***	−2.875 ***	1.288 ***	14.673 ***	28 124	0.423
39	4.006 ***	1.815 ***	−0.787 ***	−5.353 ***	60 599	0.570
40	2.389 *	1.093	−0.431	−2.203	44 697	0.690
41	5.925 ***	2.035 ***	−0.877 **	−6.644 **	22 895	0.455
42	−3.626 ***	−0.766	0.410	12.543 ***	32 817	0.637

注：括号内数值是估计结果的标准差，***、** 和 * 分别表示 1%、5% 和 10% 的显著性水平。回归结果只截取了制度相关的解释变量，且都控制了时间和地区固定效应。

结果表明，省级制度环境（SI）对行业 13（农副食品加工业）、21（家具制造业）、41（仪器仪表及文化、办公用机械制造业）中企业出口贸易额的影响显著为正，分别为 60.61%、92.53%、59.25%。国际制度环境（GI）对行业 13（农副食品加工业）、21（家具制造业）、22（造纸及纸制品业）中企业影响最大，分别为 30.98%、47.25%、37.45%。制度环境交互摩擦效应（$SI \times GI$）对行业 13（农副食品加工业）、21（家具制造业）、22（造纸及纸制品业）中企业的影响为负且较大，分别为 −13.48%、−21.30%、−18.34%。具体来看，省级制度环境（SI）依然是鼓励我国基础行业出口的主要动力。国际制度环境（GI）较好的国家（地区）更能够吸引我国轻工行业的出口，可能是因为这样的行业污染较大，所以很多国家依然需要依靠进口来满足本国的需求。同时，制度环境交互摩擦效应（$SI \times GI$）对于我国轻工业的冲击较大。在样本研究时间段内，我国工业正处于发展壮大时期，而加工制造业是支撑我国经济发展的重要行业，贸易伙伴为了抑制我国的发展，制造了较大的制度阻力。

5.3　本章小结

本章在理论分析的基础上，构建了基准计量模型，利用之前章节所测度的异质性制度环境变量和企业出口数据，实证分析了异质性制度环境对企业出口贸易额的影响。在计量方法的选择上，首先选用"最小二乘虚拟变量模型（LSDV）"进行估计，在回归时同时控制了省份、年份与行业固定效应，较大程度避免了遗漏变量带来的影响。同时，通过运用四种方法对基准模型进行稳健性检验，以及用工具变量法对内生性问题进行处理。最后，本章还探讨了异质性制度环境对不同规模、不同年龄、不同所有制、不同贸易方式、不同区域、不同行业异质性企业出口贸易额的影响。主要结论如下。

①总体而言，虽然异质性制度环境对企业出口贸易额的影响都非常显著，但是省级制度环境对贸易增长的推动作用远大于国际制度环境。其中，省级制度环境、国际制度环境与企业出口贸易额的关系显著为正。同时，制度环境交互摩擦效应对企业出口贸易额的影响显著为负。这意味着如果企业所在省份的制度环境越好，给予企业的制度支持就越多，那么企业的出口贸易额就会增加；目的地的制度环境越好，越能够降低企业的出口成本和风险，从而促进企业出口贸易额的增长；但制度环境交互摩擦会产生"浪费型"贸易成本，将会抑制企业出口贸易额的增长。

②本章主要从改变估计方法、缩尾回归、截尾回归、分位数回归、改变企业生产率测度方法这几方面进行稳健性检验。核心解释变量省级制度环境、国际制度环境的系数都为正且显著，制度环境交互摩擦效应的系数为负且显著，这与基准回归一致。在处理内生性方面，本章分别用两阶段最小二乘法和面板工具变量法进行内生性处理，在处理了内生性问题之后，制度环境交互摩擦效应的系数虽然与处理前有了一定程度的变化，但各变量的符号并未发生改变。此外，其他主要解释变量的系数也并未发生

实质性的变化。因此，得到了比较稳健的估计结果。

③对于不同类型的异质性企业而言，异质性制度环境的核心解释变量对企业出口贸易额的影响与基准回归基本一致。具体来看，省级制度环境、国际制度环境对外商投资企业、年轻企业、非加工贸易企业出口贸易额的影响程度较大，制度环境交互摩擦效应对不同区域企业出口贸易额的阻碍作用呈现出区域差异，东部最弱，中部次之，西部最强的特点。这充分说明异质性制度环境对不同类型企业的影响具有异质性的结果。

本章实证探讨了异质性制度环境对企业出口贸易额的影响，不仅关注了企业生产率、工资水平、政府补贴及融资约束等变量的影响效应，而且还从规模、年龄、所有制、贸易方式、区域、行业等方面进行深入分析，得出的研究结论与第3章的理论假说1基本保持一致。

第6章

异质性视角下制度环境对企业
出口贸易特征影响的实证

6.1 计量模型设定与变量说明

6.1.1 计量模型设定

(1) 企业出口贸易二元边际模型

本章借鉴张杰、郑文平（2015）设定计量模型的方法，分析异质性制度环境对中国企业出口贸易二元边际的影响。考虑到企业在出口时，不仅会受到省级制度环境和国际制度环境的影响，也会受到两者制度环境交互摩擦效应的影响。因此，在构建企业出口扩展边际和集约边际的计量模型时，将加入异质性制度环境变量，从而考察在这种复杂的制度环境下，企业出口扩展边际和集约边际的表现。具体计量模型如下：

$$EM_{it} = \alpha_0 + \alpha_1 SI_{it} + \alpha_2 GI_{kt} + \alpha_3 SI_{it} \times GI_{kt} + \alpha_4 Z + \varepsilon_{it} \qquad (6-1)$$

$$IM_{it} = \beta_0 + \beta_1 SI_{it} + \beta_2 GI_{kt} + \beta_3 SI_{it} \times GI_{kt} + \beta_4 Z + \varepsilon_{it} \qquad (6-2)$$

其中，EM 表示企业出口贸易的扩展边际，IM 表示企业出口贸易的集约边际，i 为企业，t 为年份，k 为进口国（地区），SI 为企业所在省份的制度环境水平，GI 为出口目的地的国际制度环境水平，$SI \times GI$ 代表制度环境交互摩擦效应；Z 代表控制变量，包括企业层面的控制变量和国家层面的控制变量。

（2）企业出口贸易持续时间模型

目前，部分国内外学者使用的是连续时间的 Cox 风险模型（cox proportional hazards models），对贸易持续时间的影响因素进行分析（Besede & Blyde，2010）。还有一些学者采用离散时间的 Cloglog（complementary log-log）模型估计贸易关系持续时间受到不同因素影响的程度。离散时间生存分析 Cloglog 模型相较于连续时间 Cox 比例风险模型，可以有效解决由贸易持续时间节点问题而引起的系数有偏，还可以控制不可观测的异质性。而在使用 Cox 模型时必须满足比例危险的假设，也就是个体之间危险率的比值是不随时间变化的，相比之下 Cloglog 离散时间生存模型不需要考虑"比例风险"的假设条件。因此，Cloglog 模型更适合处理生存数据。所以，本章最终采用 Cloglog 离散时间生存模型进行实证分析。

Cloglog 模型的估计结果可输出普通系数和指数系数两种形式。如果用普通系数来表示回归结果，当系数小于 0 时，说明该解释变量与风险率之间存在负向关系，也就是说该解释变量的增加将降低出口风险率，从而延长贸易关系持续时间；当系数大于 0 时，说明该解释变量与风险率之间存在正向关系，也就是说该解释变量的增加将提高出口的风险率，从而抑制贸易关系持续时间的延长；如果用指数系数来表示回归结果，当指数系数小于 1 时，说明该解释变量能够降低风险率；当指数系数大于 1 时，说明该解释变量将会提高风险率。本节主要以普通系数形式输出回归结果，因此估计结果系数为负表明有助于企业出口生存的延续。

本章采用离散时间模型的基本形式为：

$$h_{it} = p(T < t_{k+1} \mid T \geq t_k, \ x_i k) = F(x'_{ik}\beta + \gamma_k) \tag{6-3}$$

T_i 表示某一商品生存的时间，h_{it} 是离散时间危险概率，表示某个贸易联系在给定的时间区域 $[t_k, t_{k+1}]$ 内停止的概率，其中 $k = 1, 2, 3$，$k^{(\max)}$，且 $t_1 = 0$。i 表示某个特定商品贸易联系的持续生存时间，x_{ik} 为时间依存协变量的向量，γ_k 是会随着时间而变化的基准风险函数。$F(\cdot)$ 为危险率的分布函数。可以引入一个二分类的变量 y_{ik}，如果某个出口商品生存时间停止在 k 年，其取值为 1，反之取值为 0。下面将根据危险函数的不同，选取 Cloglog（complementary log-log）模型进行估计，并采用 Probit 模型、Logit 模型进行稳健性检验。模型构建如下：

$$\ln[S_v(t, X)] = \gamma_i + \delta_1 SI_{it} + \delta_2 GI_{kt} + \delta_3 SI_{it} \times GI_{kt} + \delta_4 Z + \mu \quad (6-4)$$

在式（6-4）中，γ_i 是随时间变化的基准风险函数，Z 表示所有控制变量的集合，$S_v(t, X)$ 是在影响因素共同作用下，出口商品贸易关系在 t 时刻停止的危险率，δ 是影响因素的回归系数向量。v 表示企业—目的国不可观测的异质性，误差项 $\mu = \ln v$，并且 $\mu \sim N(0, \sigma^2)$。

(3) 企业出口贸易产品质量模型

在构建企业出口产品质量的计量模型时，本章将通过加入异质性制度环境变量，进一步考察产品质量的变化。具体计量模型如下：

$$Q_{it} = \phi_0 + \phi_1 SI_{it} + \phi_2 GI_{kt} + \phi_3 SI_{it} \times GI_{kt} + \phi_4 Z + \varepsilon_{it} \quad (6-5)$$

其中，Q 表示企业出口产品质量，其他表示均与式（6-1）一致，此处不再赘述。

6.1.2　变量说明及统计描述

(1) 变量说明

本章主要确定了以下三种变量：被解释变量、核心解释变量和控制变量。被解释变量为企业出口贸易三维特征变量，包括企业出口贸易二元边际，即扩展边际和集约边际、企业出口贸易持续时间、企业出口贸易产品质量；核心解释变量是异质性制度环境，包括省级制度环境、国际制度环境、制度环境交互摩擦效应；控制变量的选取与第 5 章相同，具体内容不再赘述。以上章节已经总结了被解释变量和关键解释变量的选取及测度方法，以下仅对相关变量进行简要说明。

①被解释变量：企业出口贸易三维特征变量。

企业出口集约边际（IM）和企业出口扩展边际（EM）。本章把企业出口集约边际定义为企业—产品—目的地关系对的平均出口额（下面简称平均出口额）。扩展边际定义为企业—产品—目的地关系对的数目①。

企业出口贸易持续时间模型中的被解释变量（S）为 0，1。一个贸易关系每一年度的数据都可以作为一个观测值，如果一段贸易关系持续时间 i 是删失的，那么 i 中每一年的被解释变量的取值都为 0；如果 i 是完整的（"失败"事件发生），则 i 的最后一年记为 1，其余都为 0。

企业出口贸易产品质量（Q）是运用产品价格和产品销售量估计的企业出口产品质量。该方法的基本假设是：消费者在选择价格相同的两个同类型产品时，更倾向于挑选质量更好的产品，所以质量较好产品的市场份额也会更大。具体估计步骤见第 4 章。

②核心解释变量：异质性制度环境。

异质性制度环境包括：省级制度环境（SI）、国际制度环境（GI）、制度环境的交互摩擦效应（$SI \times GI$）。其选取标准和测度方法见第 5 章内容。

③控制变量：企业控制变量和国家控制变量。

控制变量包括两类：企业相关变量和国家（地区）相关变量。其中，企业相关控制变量包括：企业规模（$Size$）、企业生产率（TFP）、企业年龄（Age）、企业工资水平（$Wage$）、企业资本密集度（Cap）、企业融资约束（FC）、企业收入补贴（Sub）；国家（地区）相关控制变量包括：国家之间文化距离（WI）、国家（地区）之间距离（Dis）、出口目的地规模（GDP）、目的地进口关税水平（$Tariff$）、国家（地区）之间是否相邻（$Border$）、WTO 成员（WTO）。变量的选取和度量与第 5 章一致。除 0，1 类型

①　本章仅针对企业—产品—目的国关系对的数目的扩展边际进行实证分析，不再单独分析企业出口产品种类和出口目的地。

的变量外，其他变量都进行了取对数的运算。同时，本章还引入了企业所处地区、所属行业以及年份的虚拟变量，选取标准与第5章相同，具体内容不再赘述。

（2）变量的统计描述

本章企业层面的样本数据来源于2000~2006年中国工业企业数据库，该数据库涵盖了规模以上企业的详细信息及本章所需各项企业层面指标。企业出口的数据主要来自于中国海关数据库，在使用企业层面数据分析时，本章出于这几方面原因考虑。第一，中国在2000年前并未加入WTO，出口规模较小，国际制度环境对我国出口贸易的影响程度较弱。第二，在2008年，突发性的全球金融危机导致国际制度环境与我国出口贸易之间出现了极大的干扰现象，经济出现较大波动。第三，2007年和2008年的数据出现了重要指标大量缺失的问题，无法满足研究需要。在考虑到数据库的平稳性、完整性以及可匹配性的情况下，本章仅对2000~2006年的企业数据进行整理和实证分析。通过对两个数据库进行匹配后，共得到2000~2006年69 917个企业的3 216 007个观测值。变量描述分析见第5章，以下仅对企业出口贸易的三维特征变量进行统计描述，具体见表6-1。

表6-1　　　　　　　　　　被解释变量描述与统计特征

变量类型	变量名称	变量描述	观测值	平均值	标准差	最小值	最大值
被解释变量	EM	企业出口扩展边际	3 216 007	104. 6148	229. 6782	1	3 423
	IM	企业出口集约边际	3 216 007	363 470. 2	1 670 823	1	4.76e +08
	S	企业出口风险率	1 354 062	0. 5513199	0. 4973595	0	1
	Q	企业出口产品质量	3 301 365	0. 502716	0. 1590227	0	1

注：企业出口产品质量是对标准化后的结果进行统计特征分析。

6.2 异质性制度环境对企业出口
贸易三维特征影响的实证

6.2.1 企业出口贸易二元边际的实证

(1) 企业出口贸易二元边际的大样本分析

本节将前文计算得出的企业出口贸易二元边际作为被解释变量，对式（6-1）和式（6-2）分别进行回归。在对总样本分析之前，首先要确定面板数据采用的回归方法，考虑到解释变量中有不随时间变化的变量，在进行基准回归时最终选用与双向固定效应有相同效果的"最小二乘虚拟变量模型（LSDV）"进行估计。在回归时控制了省份、年份与行业固定效应，这样可以更大程度解决遗漏变量带来的不良影响。具体实证结果见表6-2的第（1）列和第（2）列。

表6-2 企业出口贸易三维特征回归分析结果

变量	(1) 扩展边际（EM）	(2) 集约边际（IM）	(3) 风险率（S）	(4) 产品质量（Q）
SI	1.692 *** (0.17)	−0.116 (0.17)	−2.085 *** (0.34)	0.510 * (0.30)
GI	0.117 (0.09)	0.426 *** (0.09)	−1.096 *** (0.17)	0.564 *** (0.16)
$SI \times GI$	−0.150 *** (0.04)	−0.079 * (0.04)	0.396 *** (0.08)	−0.149 ** (0.07)
$Size$	0.467 *** (0.00)	0.231 *** (0.00)	−0.025 *** (0.00)	0.028 *** (0.00)

续表

变量	（1） 扩展边际（EM）	（2） 集约边际（IM）	（3） 风险率（S）	（4） 产品质量（Q）
Age	−0.006*** (0.00)	−0.097*** (0.00)	−0.063*** (0.00)	0.019*** (0.00)
Cap	−0.167*** (0.00)	−0.063*** (0.00)	0.048*** (0.00)	0.019*** (0.00)
Wage	−0.007** (0.00)	0.070*** (0.00)	−0.056*** (0.01)	0.211*** (0.00)
TFP	0.578*** (0.01)	1.152*** (0.02)	−0.329*** (0.03)	0.019 (0.02)
Sub	0.043*** (0.00)	−0.030*** (0.00)	0.000 (0.00)	−0.000 (0.00)
FC	−0.057*** (0.00)	−0.003*** (0.00)	0.008*** (0.00)	−0.022*** (0.00)
WI	0.108*** (0.00)	0.019*** (0.00)	0.072*** (0.01)	−0.047*** (0.01)
Dis	0.103*** (0.00)	−0.087*** (0.00)	0.006 (0.01)	−0.038*** (0.00)
GDP	−0.037*** (0.00)	0.028*** (0.00)	−0.060*** (0.00)	0.026*** (0.00)
Tariff	−0.031*** (0.00)	0.007*** (0.00)	−0.014*** (0.00)	0.007*** (0.00)
Border	−0.067*** (0.01)	0.011** (0.01)	0.028** (0.01)	−0.009 (0.01)
WTO	−0.012** (0.01)	0.012** (0.01)	0.015 (0.01)	−0.038*** (0.01)
cons	−5.323*** (0.38)	7.458*** (0.38)	5.589*** (0.74)	−1.123* (0.67)
N	688 022	688 022	287 734	343 435
R^2	0.354	0.284	−1.8e+05	0.097

注：第（3）列回归中的 R^2 是最大似然估计值；括号内数值是估计结果的标准差，***、**和*分别表示1%、5%和10%的显著性水平；以上回归均控制了年份、地区、行业固定效应。

①核心解释变量分析。

从扩展边际（*EM*）的回归结果看，省级制度环境（*SI*）、制度环境交互摩擦效应（*SI* × *GI*）对企业出口扩展边际（*EM*）影响都非常显著。其中，省级制度环境（*SI*）每增加10%，企业出口扩展边际（*EM*）将提高16.92%。这意味着如果企业所在省份给予的出口制度支持越高，企业就更易于出口多样化的产品到不同的地区。国际制度环境（*GI*）对企业出口扩展边际（*EM*）的影响不显著。制度环境交互摩擦效应（*SI* × *GI*）每增加10%，企业出口扩展边际（*EM*）将降低1.50%。这说明，与出口目的地的制度环境摩擦越大，企业隐形的出口成本就越大，从而抑制出口扩展边际的增长。

从集约边际（*IM*）的回归结果看，国际制度环境（*GI*）、制度环境交互摩擦效应（*SI* × *GI*）对企业出口集约边际（*IM*）的影响非常显著。其中，国际制度环境（*GI*）每增加10%，企业出口集约边际将提高4.26%。这意味着目的国拥有良好的制度环境将降低企业出口的不确定风险，提高企业出口集约边际。制度环境交互摩擦效应（*SI* × *GI*）每增加10%，企业出口集约边际（*IM*）将降低0.79%。这意味着制度环境摩擦将抑制企业出口额的增长，这与总量分析得出的结论一致。

总体来看，以上实证结果与第3章理论假说2的结果一致。企业出口扩展边际受到省级制度环境和制度环境交互摩擦效应的影响最为显著；企业出口集约边际受到国际制度环境和制度环境交互摩擦效应的影响最为显著。可见，出口目的国与企业所在省份的制度环境确实会产生摩擦阻碍效应，从而影响企业出口贸易扩展边际和集约边际的增长。

②企业控制变量分析。

在影响扩展边际的企业控制变量方面，企业规模（*Size*）、企业生产率（*TFP*）、企业补贴收入（*Sub*）对企业出口扩展边际（*EM*）的影响显著为正；企业工资水平（*Wage*）、企业融资约束（*FC*）、企业年龄（*Age*）、企业资本密集度（*Cap*）对企业出口扩展边际（*EM*）的影响显著为负。一般说来，规模（*Size*）大且补贴收入（*Sub*）高的企业将有更多的资金投入到企业发展中，从而有能力生产和出口新产品到不同国家（地区）。企业生产率（TFP）高能够克服出口所需的固定成本，增加企业生产产品的数量和种类，从而推动扩展边际增长。但是，本节发现企业工资水平（Wage）越高，劳动力成本就越高，这将增加企业的出口成本，造成产品价格上升，如果价格高于其他同类型产品，那么将会增加拓展新市场的难度。企业融资约束（FC）在一定程度上抑制了企业出口扩展边际的增长，也就是说融资约束宽松的企业，其扩展边际增长并不明显，即会出现"融资约束悖论"的情况。企业年龄（Age）越大，其销售渠道越稳定，所以不愿意投入巨大的成本来开发新市场，这就抑制了扩展边际增长。企业资本密集度（Cap）的影响为负在一定程度说明了，我国企业在本研究的时间段内，主要从事的是劳动密集型产品的生产，如果企业的资本密集度越高，则会把更多的资金用在技术研发等方面，从而降低了对开发新市场的投入，抑制了企业出口扩展边际的增长。

在影响集约边际的企业控制变量方面，企业规模（Size）、企业工资水平（Wage）、企业生产率（TFP）对企业出口集约边际（IM）的影响显著为正；企业融资约束（FC）、企业年龄（Age）、企业资本密集度（Cap）和企业补贴收入（Sub）对企业出口集约边际（IM）的影响显著为负。一般说来，企业工资水平（Wage）越高，代表企业的成本越高，但也意味着劳动力的素质越高，这样的员工在工作中会更加认真负责，也能在一定程度上保证企业出口产品的质量，从而能够稳定出口市场，保持企业产品的大量出口。大型企业（Size）具有较好的生产设备，能达到规模化的生产，这样不仅能够降低企业的生产成本，而且还能保证生产大量的产品。同时，企业生产率（TFP）越高，说明企业在单位时间能生产越多的产品，或者生产单位产品所耗费的成本越低，在此基础上，进行专业化的生产后，企业逐渐提高了出口能力，增加了出口贸易额。但是，企业融资约束（FC）对企业出口集约边际的影响显著为负，这就出现了"融资约束悖论"的情况。另外，企业年龄（Age）越大，就会出现由于缺乏资金支持，导致不能及时更换设备、改进生产技术，企业产品的产量不能满足海外市场的需求，从而对集约边际增长造成影响。企业资本密集度（*Cap*）的影响为负，根据资本密集型行业的特点，为了提高企业的生产率，企业会将较多的资本投入到购买先进的设备和技术研发上，这就增加了企业的总成本，导致出现降低企业出口量的情况。

③国家控制变量分析。

在影响扩展边际的国家控制变量方面，国家（地区）之间文化距离（*WI*）和国家（地区）之间距离（*Dis*）对企业出口扩展边际的影响显著为正；国家（地区）是否相邻（*Border*）、目的地规模（*GDP*）、目的地进口关税水平（*Tariff*）、WTO 成员（*WTO*）对企业出口扩展边际（*EM*）的影响显著为负。具体来看，文化距离（*WI*）与扩展边际（*EM*）的关系显著为正，这意味着我国与出口目的地文化距离越大，企业就有更多可以开发的市场，通过尝试将不同的产品出口到目的地，达到推动出口扩展边际增长的目的。国家之间的距离（*Dis*）越远代表运输成本越高，虽然我国企业倾向与距离较近的国家开展贸易，但是从扩展边际的角度可以理解为，国家之间距离越远，就有更多可供开发的海外市场，为了避免我国企业之间的恶性竞争，因此有更多的企业会选择出口到距离较远的国家或地区。在 WTO 的框架下，虽然成员国享有共同的优惠政策，但是目的地出于对本国市场的保护，就会运用其他方法限制多种商品进口。目的地的进口关税水平（*Tariff*）越高，企业出口的成本就越高，从而抑制了企业出口扩展边际的增长。

在影响集约边际的国家控制变量方面，国家（地区）之间文化距离（*WI*）、目的地规模（*GDP*）、目的地进口关税水平（*Tariff*）、国家（地区）之间是否相邻（*Border*）、WTO 成员（*WTO*）对企业出口集约边际（*IM*）的影响显著为正。其中，国家（地区）之间文化距离（*WI*）越大表明国家（地区）之间具有较大的文化差异，如果产品被认可度较高，那么就会促进企业持续大量的出口。目的地进口关税水平（*Tariff*）的下降会抑制出口额的增加，可能是由于在入世后，虽然各个国家降低了关税水平，但是为了保护本国市场，同时也采用了多种非关税壁垒措施。例如，检验检疫和环保措施，从而影响我国商品的大量出口。此外，其他变量对企业出口集约边际的影响显著且符合理论预期。

（2）稳健性检验

对企业出口贸易二元边际的稳健性检验主要从截尾回归、改变 TFP 测度方法这两方面进行。此外，考虑到制度环境交互摩擦效应（$SI \times GI$）具有内生性问题①，本章运用 2SLS 进行了内生性检验，具体的回归结果见表 6 - 3。

表 6 - 3　　　　　　　　　企业出口二元边际的稳健性检验

变量	扩展边际			集约边际		
	（1）	（2）	（3）	（4）	（5）	（6）
	截尾处理	变换 TFP	2SLS	截尾处理	变换 TFP	2SLS
SI	1.634*** (0.17)	1.634*** (0.17)	1.690*** (0.31)	0.244 (0.16)	0.243 (0.16)	-0.071 (0.31)
GI	0.144* (0.09)	0.144* (0.09)	0.013 (0.16)	0.603*** (0.08)	0.603*** (0.08)	0.582*** (0.16)
$SI \times GI$	-0.152*** (0.04)	-0.152*** (0.04)	-0.124* (0.07)	-0.176*** (0.04)	-0.176*** (0.04)	-0.161** (0.07)
$Size$	0.380*** (0.00)	0.381*** (0.00)	0.404*** (0.00)	0.216*** (0.00)	0.217*** (0.00)	0.258*** (0.00)
Age	-0.001 (0.00)	-0.001 (0.00)	-0.047*** (0.00)	-0.085*** (0.00)	-0.085*** (0.00)	-0.113*** (0.00)
Cap	-0.166*** (0.00)	-0.166*** (0.00)	-0.184*** (0.00)	-0.060*** (0.00)	-0.060*** (0.00)	-0.038*** (0.00)
$Wage$	-0.029*** (0.00)	-0.029*** (0.00)	-0.010** (0.00)	0.068*** (0.00)	0.068*** (0.00)	0.049*** (0.00)
TFP	0.799*** (0.01)	0.795*** (0.01)	0.628*** (0.02)	1.096*** (0.01)	1.089*** (0.01)	0.913*** (0.02)

---

① 交乘项内生性分析已经在第 5 章进行了分析。

续表

变量	扩展边际			集约边际		
	(1)	(2)	(3)	(4)	(5)	(6)
	截尾处理	变换 TFP	2SLS	截尾处理	变换 TFP	2SLS
Sub	0.034 ***	0.034 ***	0.020 ***	− 0.024 ***	− 0.024 ***	− 0.015 ***
	(0.00)	(0.00)	(0.00)	(0.00)	(0.00)	(0.00)
FC	− 0.029 ***	− 0.029 ***	− 0.026 ***	− 0.000	− 0.000	− 0.024 ***
	(0.00)	(0.00)	(0.00)	(0.00)	(0.00)	(0.00)
WI	0.101 ***	0.101 ***	0.092 ***	0.020 ***	0.020 ***	0.042 ***
	(0.00)	(0.00)	(0.00)	(0.00)	(0.00)	(0.00)
Dis	0.097 ***	0.097 ***	0.114 ***	− 0.085 ***	− 0.085 ***	− 0.104 ***
	(0.00)	(0.00)	(0.00)	(0.00)	(0.00)	(0.00)
GDP	− 0.040 ***	− 0.040 ***	− 0.037 ***	0.029 ***	0.029 ***	0.027 ***
	(0.00)	(0.00)	(0.00)	(0.00)	(0.00)	(0.00)
Tariff	− 0.029 ***	− 0.029 ***	− 0.032 ***	0.007 ***	0.007 ***	0.002
	(0.00)	(0.00)	(0.00)	(0.00)	(0.00)	(0.00)
Border	− 0.046 ***	− 0.046 ***	− 0.067 ***	0.002	0.002	0.002
	(0.01)	(0.01)	(0.01)	(0.01)	(0.01)	(0.01)
WTO	− 0.009	− 0.009	− 0.014	0.016 ***	0.016 ***	0.005
	(0.01)	(0.01)	(0.01)	(0.01)	(0.01)	(0.01)
cons	− 4.859 ***	− 4.852 ***	− 4.761 ***	7.013 ***	7.024 ***	8.076 ***
	(0.37)	(0.37)	(0.69)	(0.35)	(0.35)	(0.69)
N	670 757	670 757	224 858	678 195	678 195	226 768
R^2	670 757	670 757	224 858	678 195	678 195	226 768

注：括号内数值是估计结果的标准差，***、** 和 * 分别表示1%、5%和10%的显著性水平；以上回归均控制了年份、地区、行业固定效应。

①截尾处理。

为了处理回归分析中出现的极端值，本章对被解释变量：企业出口的扩展边际（*EM*）、企业出口集约边际（*IM*）在1%水平上进行了双边截尾处理。回归结果见表6-3的第（1）列和第（4）列。

从截尾估计的结果可见，在扩展边际回归结果中，省级制度环境（SI）、国际制度环境（GI）的回归系数都为正且显著，制度环境交互摩擦效应（SI×GI）的回归系数为负且显著，这与基准回归一致。在集约边际回归结果中，国际制度环境（GI）的回归系数都为正，制度环境交互摩擦效应（SI×GI）的回归系数为负且显著，与基准回归一致。以上结果说明，虽然回归的系数有所差异，但在1%的显著性水平下，核心被解释变量与基准回归完全相符。从企业出口贸易二元边际上看，异质性制度环境变量对企业出口二元边际都产生了较强的影响。因此，回归的结果具有稳健性。

②改变TFP估计方法。

虽然本书研究的核心解释变量并不是企业生产率（TFP），但是通过本书第3章的理论模型可知，TFP是制度环境影响被解释变量的重要因素，所以企业生产率的变化将会对被解释变量产生一定程度的影响。所以，有必要在稳健性检验中采用不同方法估算的企业生产率进行回归分析。本章采用半参数法（OP法）对企业生产率再次进行估算。回归结果见表6-3中的第（2）列和第（5）列。

在扩展边际的回归结果中，核心解释变量省级制度环境（SI）的回归系数为正且显著、国际制度环境（GI）的回归系数为正且显著，制度环境交互摩擦效应（SI×GI）的回归系数为负且显著，这与基准回归一致。在集约边际回归中，国际制度环境（GI）的回归系数都为正且显著，制度环境交互摩擦效应（SI×GI）的回归系数为负且显著，与基准回归一致。在此回归分析中，核心解释变量并没有受到改变TFP估计方法的影响。因此，结果具有稳健性。

③内生性处理。

为了处理制度环境交互摩擦效应（SI×GI）引起的内生性问题，本节将采用制度环境交互摩擦效应的一阶滞后项作为工具变量，并用两阶段最小二乘法（2SLS）对企业出口扩展边际模型和集约边际模型进行回归分析，具体结果见表6－3中的第（3）列和第（6）列。

表6－3中的第（3）列是对扩展边际（*EM*）的回归结果，第（6）列是对集约边际（*IM*）的回归结果。可以发现，在对出口扩展边际模型和出口集约边际模型进行内生性问题处理之后，异质性制度环境变量的系数与处理前都有了一定程度的变化，但各变量的符号并未发生改变。此估计结果说明，在处理内生性问题之后，异质性制度环境仍显著地影响了企业出口贸易二元边际。此外，其他主要解释变量的系数也并未发生实质性的变化。这表明，处理内生性问题能在一定程度上调整异质性制度环境变量对我国企业出口贸易二元边际的影响程度，但并未改变其作用方向。因此，经过内生性处理后，得到了比较稳健的估计结果。

6.2.2 企业出口贸易持续时间的实证

（1）企业出口贸易持续时间的大样本分析

本节运用前文计算出的企业出口风险率作为被解释变量，对式（6－4）运用离散时间 Cloglog 模型进行回归分析。同时，控制了省份、年份与行业固定效应，具体实证结果分析如下。

①核心解释变量分析。

从表6－2中第（3）列的总体检验结果中发现，核心解释变量对贸易关系持续时间的影响都比较显著。具体看来，省级制度环境（*SI*）提高10%，出口危险率将降低20.85%，这说明良好的省份制度环境会为企业提供较多的制度保障，从而降低贸易关系失败的危险率，延长企业出口时间。国际制度环境（*GI*）提高10%，危险率降低10.96%，这说明目的国制度环境越好，出口过程中遇到的风险就越小，从而降低失败风险，延长出口持续时间。可见，商品生存时间的延续更依赖于省级制度环境和国际制度环境的共同作用。制度环境交互摩擦效应（*SI* × *GI*）提高10%，危险率升高3.96%，这说明制度环境的摩擦越大，出口障碍就越大，这将降低贸易关系的持续时间。

总体来看，回归结果与第 3 章理论模型中得出的假说 3 一致。省级制度环境（SI）对于提高企业出口持续时间的作用最大，国际制度环境（GI）次之。同时，制度环境交互摩擦效应（$SI \times GI$）将在一定程度上阻碍贸易关系持续时间的延长。

②企业控制变量分析。

从表 6 - 2 中第（3）列，企业特征变量的回归结果可以看出，企业规模（$Size$）越大，企业的信誉度也会越高，如果具有丰富的出口经验，那么在出口方面的保障措施也就越完善。同时，进口国企业也更愿意与规模较大的企业进行长期合作，这样能够保证双方在交易时拥有较稳定的贸易关系。企业年龄（Age）越大，说明积攒的出口经验越丰富，可以有效应对出口风险，延长出口生存时间。企业工资水平（$Wage$）能从一定程度上反映企业劳动力的素质，工资水平越高说明企业员工的素质较高，能对生产认真负责，从而减少生产事故，保证产品品质，降低出口风险，延长企业出口持续时间。企业生产率（TFP）能够反映出企业效率的改善、企业的技术进步或者企业的规模效应，从而降低出口风险，因此能够保持较长的出口持续时间。资本密集度（Cap）越高则会表现出更高的出口风险，这与我国大部分企业属于劳动密集型企业有关。在本研究的时间段内，我国在资本密集型产品上并不具有出口优势。企业的融资约束（FC）越高，越会加剧企业现金流不足的现象，从而增加出口风险，抑制出口持续时间的延长。

③国家（地区）控制变量分析。

在国家控制变量中，国家（地区）之间文化距离（WI）越大，说明目的地与我国文化差异越大，在此背景下，所形成的生活习惯和消费习惯就会不同，那么出口产品到与我国文化差异较大的国家或地区就会面临更高的失败风险。国家（地区）之间是否相邻（$Border$）会增加出口风险，降低出口持续时间。因为中国与相邻国家在经贸合作方面开展的较晚，在本章样本研究时间范围内的合作更多停留在宏观层面，较少涉及通关及大范围的关税减让等具体问题。目的地规模（*GDP*）越大通常代表国家规模越大，这类国家一般会具备更完善的进口机制，所以就会降低出口风险。目的地进口关税水平（*Tariff*）的下降会增加出口风险，可能是由于在入世后，各个国家虽然降低了进口关税水平，但是为了保护本国市场，同时采用了多种非关税壁垒措施，例如，检验检疫和环保措施，从而影响我国产品的持续出口。

（2）稳健性检验

企业出口持续时间的稳健性检验主要从两个方面进行。第一，选用不同的离散时间模型（Probit 模型和 Logit 模型）进行参数估计；第二，重新测算了企业生产率变量（OP 法）进行估计。此外，还进行了内生性问题的处理。具体的回归结果见表 6 - 4。

表 6 - 4　　　　　　　　企业出口贸易持续时间的稳健性检验

变量	改变回归方法		改变 TFP 测度方法		处理内生性	
	（1）	（2）	（3）	（4）	（5）	（6）
	Probit	Logit	Cloglog	Probit	Logit	2SLS
SI	− 1.439 ***	− 2.134 ***	− 2.085 ***	− 1.439 ***	− 2.134 ***	− 0.851 ***
	(0.31)	(0.50)	(0.34)	(0.31)	(0.50)	(0.23)
GI	− 0.744 ***	− 1.103 ***	− 1.096 ***	− 0.744 ***	− 1.103 ***	− 0.402 ***
	(0.16)	(0.26)	(0.17)	(0.16)	(0.26)	(0.12)
SI × GI	0.244 ***	0.344 ***	0.396 ***	0.244 ***	0.344 ***	0.168 ***
	(0.07)	(0.12)	(0.08)	(0.07)	(0.12)	(0.06)
Size	− 0.013 ***	− 0.017 ***	− 0.025 ***	− 0.014 ***	− 0.018 ***	− 0.004
	(0.00)	(0.01)	(0.00)	(0.00)	(0.01)	(0.00)
Age	− 0.039 ***	− 0.055 ***	− 0.063 ***	− 0.039 ***	− 0.055 ***	− 0.008 ***
	(0.00)	(0.01)	(0.00)	(0.00)	(0.01)	(0.00)
Cap	0.037 ***	0.058 ***	0.048 ***	0.037 ***	0.058 ***	0.008 ***
	(0.00)	(0.01)	(0.00)	(0.00)	(0.01)	(0.00)

续表

变量	改变回归方法		改变 TFP 测度方法		处理内生性	
	（1）	（2）	（3）	（4）	（5）	（6）
	Probit	Logit	Cloglog	Probit	Logit	2SLS
Wage	− 0.049 ***	− 0.082 ***	− 0.056 ***	− 0.049 ***	− 0.082 ***	− 0.021 ***
	（0.01）	（0.01）	（0.01）	（0.01）	（0.01）	（0.00）
TFP	− 0.365 ***	− 0.627 ***	− 0.326 ***	− 0.362 ***	− 0.622 ***	− 0.126 ***
	（0.03）	（0.05）	（0.03）	（0.03）	（0.05）	（0.02）
Sub	0.000	0.000	0.000	0.000	0.000	− 0.002 **
	（0.00）	（0.00）	（0.00）	（0.00）	（0.00）	（0.00）
FC	0.009 ***	0.016 ***	0.008 ***	0.009 ***	0.016 ***	0.007 ***
	（0.00）	（0.00）	（0.00）	（0.00）	（0.00）	（0.00）
WI	0.062 ***	0.101 ***	0.072 ***	0.062 ***	0.101 ***	0.008 **
	（0.01）	（0.01）	（0.01）	（0.01）	（0.01）	（0.00）
Dis	0.006	0.010	0.006	0.006	0.010	0.001
	（0.00）	（0.01）	（0.01）	（0.00）	（0.01）	（0.00）
GDP	− 0.058 ***	− 0.096 ***	− 0.060 ***	− 0.058 ***	− 0.096 ***	− 0.012 ***
	（0.00）	（0.00）	（0.00）	（0.00）	（0.00）	（0.00）
Tariff	− 0.013 ***	− 0.021 ***	− 0.014 ***	− 0.013 ***	− 0.021 ***	− 0.003 *
	（0.00）	（0.00）	（0.00）	（0.00）	（0.00）	（0.00）
Border	0.022 **	0.035 **	0.028 **	0.022 **	0.035 **	0.003
	（0.01）	（0.02）	（0.01）	（0.01）	（0.02）	（0.01）
WTO	0.017	0.030 *	0.015	0.017	0.030 *	0.005
	（0.01）	（0.02）	（0.01）	（0.01）	（0.02）	（0.01）
cons	4.425 ***	6.774 ***	5.585 ***	4.421 ***	6.767 ***	2.557 ***
	（0.67）	（1.09）	（0.74）	（0.67）	（1.09）	（0.52）
N	287 734	287 734	287 734	287 734	287 734	66 592
ell	− 1.8e + 05	− 1.8e + 05	− 1.8e + 05	− 1.8e + 05	− 1.8e + 05	− 3.9e + 04

注：括号内数值是估计结果的标准差，***、** 和 * 分别表示 1%、5% 和 10% 的显著性水平；以上回归均控制了年份、地区、行业固定效应。最后一行为最大似然估计的似然函数。

①改变回归方法。

表 6 – 4 中的第（1）列和第（2）列，是运用不同估计方法回归的结果。从 Probit 模型和 Logit 模型的估计结果可以看出，核心解释变量中的省级制度环境（SI）、国际制度环境（GI）的回归系数显著为负，制度环境交互摩擦效应（$SI \times GI$）的回归系数显著为正。这与基准回归完全一致。一定程度上说明省级制度环境（SI）和国际制度环境（GI）能降低企业出口风险，延长企业出口持续时间；制度环境交互摩擦效应（$SI \times GI$）越大，产生的抑制作用越显著，出口风险越大。此外，控制变量符号与基准回归结果一致，虽然回归系数有所差异，但回归结果的符号及显著性都与基准回归一致。因此，该研究结果具有稳健性。

②改变 TFP 估计方法。

表 6 – 4 中的第（3）～（5）列是改变企业生产率测度方法后，同时运用 Cloglog 模型、Probit 模型和 Logit 模型进行回归的结果。可以看出，在三个模型中的核心解释变量对企业出口风险的影响都非常显著。其中，省级制度环境（SI）、国际制度环境（GI）的回归系数显著为负，制度环境交互摩擦效应（$SI \times GI$）的回归系数显著为正。这与基准回归完全一致。虽然系数有所差异，但重要解释变量都通过 t 检验，且符号与 LP 法估计的结果一致，同时控制变量的结果也与基准回归的结果一致。所以，此结果具有稳健性。

③内生性处理。

制度环境交互摩擦效应与企业出口持续时间之间的逆向因果关系可能会导致内生性问题，这主要是基于这三点考虑。第一，受到制度环境摩擦影响较小的企业会有较强的生存能力，能够影响企业出口生存时间。第二，受到制度环境摩擦影响较大的企业可能会通过游说政府得到较为优惠的出口扶持政策。第三，从样本研究的时间范围来看，受到入世的影响，中国各个省份和地区几乎对所有制造行业都实施了鼓励出口的措施，但不同省份在行业之间给予的鼓励政策仍然存在较大的差别，即政府在制定政策时会根据企业原本的特征和出口经验制定具有偏向性的政策。同时，又受到目的地制度环境的影响，导致制度环境摩擦效应与企业出口持续时间出现一定的联系。

本节将采用制度环境交互摩擦效应的一阶滞后项作为工具变量，用两阶段最小二乘法（2SLS）对企业出口贸易持续时间模型进行实证分析，具体回归结果见表 6-4 中的第（6）列。

结果发现，在处理完模型的内生性问题之后，制度环境交互摩擦效应（$SI \times GI$）系数的大小虽然与处理之前有了一定程度的变化，但变量的符号和显著性水平并没有受到较大影响。这个估计结果说明，在处理内生性问题之后，虽然弱化了制度环境交互摩擦效应（$SI \times GI$）对企业出口持续时间的抑制作用，但结果并没有发生实质性的改变。此外，其他控制变量的系数符号及显著性水平并未发生本质的变化。这说明，异质性制度环境对企业出口持续时间的影响并没有受到内生性问题的影响，虽然系数大小稍有变化，但其作用方向和影响程度没有发生较大改变。可以说，此结果具有较强的稳健性。

6.2.3　企业出口贸易产品质量的实证

（1）企业出口贸易产品质量的大样本分析

本节利用前文计算的企业出口贸易产品质量作为被解释变量，对前文中的式（6-5）进行回归分析。在对总样本进行分析之前，首先要确定面板数据采用的回归方法，考虑到解释变量中有不随时间变化的变量，在进行基准回归时选用的是与双向固定效应具有相同效果的"最小二乘虚拟变量模型（LSDV）"进行估计。同时，在回归时控制了省份、年份以及行业固定效应。具体实证结果分析如下。

①核心解释变量分析。

表 6-2 中的第（4）列给出了异质性制度环境与企业出口贸易产品质量的关系。其中，省级制度环境（SI）、国际制度环境（GI）对企业出口

贸易产品质量的影响显著为正。制度环境交互摩擦效应（$SI \times GI$）对企业出口贸易产品质量的影响显著为负。具体来看，省级制度环境（SI）每增加10%，企业出口产品质量将提高5.1%，这意味着如果企业在所在省份或地区得到的制度扶持力度越高，对出口企业的发展就越重视，不仅会鼓励企业大量的出口，而且会有更多的政策倾向于提升产品质量。例如，企业在研发过程中会享受将研发人员工资纳入企业成本核算以及减免税收等优惠政策，这会让企业把重心放在改进产品质量以及新产品的研发上，使产品在出口过程中拥有较强的竞争力。国际制度环境（GI）提高10%，企业出口贸易产品质量将提高5.64%。可见，国际制度环境是促进产品质量提升的主要因素。一般来说，制度环境越好的国家或地区对进口产品质量的要求也越严格，因为制度环境较好的国家或地区普遍具有较高的收入水平和生活质量，所以企业会将质量较好的产品出口到制度环境较好的国家或地区。制度环境交互摩擦效应（$SI \times GI$）对企业出口贸易产品质量的影响显著为负，其提高10%，企业的出口贸易产品质量将降低1.49%，这说明制度环境产生的摩擦效应会在一定程度上通过提高现有进口标准、增加产品出口难度、限制产品之间进行技术交流等，影响企业出口贸易产品质量的提升。

总体来看，实证回归结果与第3章理论模型中的假说4结果一致。核心解释变量中的省级制度环境（SI）对提高企业出口产品质量的作用最大，国际制度环境（GI）次之。同时，制度环境交互摩擦效应（$SI \times GI$）确实会产生"浪费型"交易成本，在一定程度上抑制企业出口贸易产品质量的提升。

②企业控制变量分析。

从表6-2中的第（4）列可以看出，企业规模（$Size$）、企业年龄（Age）、企业工资水平（$Wage$）、企业资本密集度（Cap）对企业出口产品质量的影响显著为正；企业融资约束（FC）对企业出口产品质量的影响显著为负。

一般说来，企业规模（$Size$）越大越能达到规模生产，大规模生产的前提就是运用机械化设备，当企业运用机械化设备进行生产时，就能够提高产品在技术和科技上的含量，在无形之中提高了产品的质量。企业年龄（Age）越大，说明该企业已经在本行业产品的生产上具有比较稳定且熟练的生产工序和流程，熟练的生产技术是生产质量上乘产品的基本保障。所以，年龄较大的企业能够在相当熟悉的产品生产过程中，不断改进生产的工序和流程，从而达到对产品质量的不断完善。企业工资水平（$Wage$）直接与企业劳动力的素质相联系。通常情况下，高素质劳动力的工资水平也相应较高。因为高素质的劳动力是通过不断学习和培训的结果，在此过程中需要花费大量的人力、物力以及时间。在工作过程中，高素质劳动力往往对产品质量要求较为严格。企业资本密集度（Cap）的影响为正，一定程度上说明了在本研究的时间段内，我国正处于第十个五年计划期间，国家正在加快工业改组、改造，加快转变工业增长方式，把经济发展重心转移到了增加产品种类、提高产品品质，提升劳动生产率水平，降低能源消耗等方面。进一步鼓励企业采用高新及先进适用技术对传统产业进行改造，带动产业结构优化升级。所以，资本密集型产品的生产技术以及出口质量呈现出较大幅度的提升。企业生产率（TFP）是企业技术升级、管理模式改进、产品质量提高的综合体现。虽然在回归结果中，企业生产率对出口产品质量的影响并不显著，但是系数的符号为正，可以看出，企业生产率能够从一定程度提高产品的质量。

本节还发现企业融资约束（FC）对出口产品质量的影响显著为负。也就是说融资约束越宽松的企业，其产品质量增长的趋势并不明显。可能是由于大部分出口企业属于私营和外商投资企业，国有企业所占比重较低，而私营和外商投资企业的管理水平和生产技术较高，产品的质量也相对较好。但是，国有企业的融资能力却远远高于其他类型的企业，所以才会出现融资约束抑制企业产品质量提升的情况。

③国家（地区）控制变量分析。

在国家（地区）控制变量中的国家（地区）之间文化距离（WI）、国家（地区）之间距离（Dis）和 WTO 成员（WTO）对企业出口贸易产品质量的影响显著为负。具体来看，国家（地区）之间文化距离（WI）说明了国家或地区之间的文化基础和风俗习惯上是具有差异的，而质量较高的产品在一定程度上能起到弱化文化距离的作用。也就是说，消费者可能会由于良好的产品质量，而忽略了与出口国在文化上存在的差异。我国企业虽然倾向与距离（Dis）较近的国家开展进出口贸易，但是国家之间距离越远，就有更多机会去开拓新的海外市场。所以，为了打开海外市场，占据更多的市场份额，企业一般会把质量较好的产品出口到较远的国家或地区。WTO 的成员在相同的贸易协定框架下，对其有相应的制裁和约束贸易条款，所以在出口时，需要选择质量较高的产品，避免产生不必要的贸易摩擦。目的地规模（GDP）、目的地进口关税水平（$Tariff$）对企业出口贸易质量的影响显著为正。目的地市场规模（GDP）越大，不仅说明其经济发展水平越高，而且消费者对进口产品的要求也较高。所以，很可能对产品设置了严格的进口标准，在样本研究时间范围内，中国工业的发展水平较慢，高端出口产品的质量还有待提高，所以企业出口的主要产品仍是以质量一般的工业品为主。目的地进口关税水平（$Tariff$）水平越高，说明目的地设置的进口障碍越大，要想扩大市场份额，就要选择质量更好的产品出口到目的地市场。

（2）稳健性检验

稳健性检验主要是从缩尾回归、截尾回归、分年份回归、内生性处理这几方面进行检验。具体的回归结果见表 6 – 5。

①缩尾、截尾回归。

为了避免极端值对回归结果的影响，本节对被解释变量：企业出口产品质量（Q），在 1% 水平上进行了双边缩尾和双边截尾处理。回归结果见表 6 – 5 中的第（1）列和第（2）列。

从回归结果可以看出，核心解释变量中的省级制度环境（SI）、国际制度环境（GI）的系数都为正且显著，制度环境交互摩擦效应（$SI \times GI$）的系数显著为负，这与基准回归一致，说明在控制其他因素不变的情况下，虽然回归系数有所差异，但在 1% 的显著性水平下，不仅异质性制度环境变量全部显著，而且控制变量符号也与基准回归结果基本一致，这说明从企业出口产品的质量上看，异质性制度环境对企业出口行为产生了较强的影响。因此，研究结果具有稳健性。

表 6 – 5　　　　　　　　　　企业出口产品质量的稳健性检验

变量	(1)	(2)	(3)	(4)	(5)	(6)
	缩尾回归	截尾回归	2000 ~ 2001 年	2002 ~ 2003 年	2005 ~ 2006 年	2SLS
SI	0.546 *	0.822 ***	1.611 *	1.308 *	1.658 ***	1.120 **
	(0.29)	(0.27)	(0.85)	(0.67)	(0.62)	(0.53)
GI	0.578 ***	0.699 ***	1.202 ***	0.865 ***	1.197 ***	0.764 ***
	(0.15)	(0.14)	(0.38)	(0.33)	(0.33)	(0.28)
$SI \times GI$	− 0.157 **	− 0.215 ***	− 0.456 **	− 0.311 **	− 0.446 ***	− 0.262 **
	(0.07)	(0.06)	(0.20)	(0.16)	(0.15)	(0.13)
$Size$	0.028 ***	0.026 ***	− 0.015 *	0.006	0.036 ***	0.054 ***
	(0.00)	(0.00)	(0.01)	(0.01)	(0.00)	(0.01)
Age	0.018 ***	0.014 ***	0.015 **	0.028 ***	0.000	0.013 **
	(0.00)	(0.00)	(0.01)	(0.01)	(0.00)	(0.01)
Cap	0.018 ***	0.015 ***	0.055 ***	0.032 ***	− 0.013 ***	− 0.002
	(0.00)	(0.00)	(0.01)	(0.01)	(0.00)	(0.00)
$Wage$	0.206 ***	0.178 ***	0.163 ***	0.148 ***	0.213 ***	0.170 ***
	(0.00)	(0.00)	(0.01)	(0.01)	(0.01)	(0.01)
TFP	0.013	− 0.003	− 0.064	0.100 **	− 0.067 *	− 0.061
	(0.02)	(0.02)	(0.06)	(0.05)	(0.03)	(0.04)
Sub	− 0.000	− 0.001	0.000	− 0.000	0.000	− 0.004 **
	(0.00)	(0.00)	(0.00)	(0.00)	(0.00)	(0.00)
FC	− 0.021 ***	− 0.021 ***	0.001	− 0.017 ***	− 0.014 ***	− 0.037 ***
	(0.00)	(0.00)	(0.00)	(0.00)	(0.00)	(0.00)
WI	− 0.045 ***	− 0.038 ***	− 0.047 ***	− 0.034 ***	− 0.045 ***	− 0.029 ***
	(0.00)	(0.00)	(0.01)	(0.01)	(0.01)	(0.01)
Dis	− 0.039 ***	− 0.037 ***	− 0.023 **	− 0.032 ***	− 0.046 ***	− 0.049 ***
	(0.00)	(0.00)	(0.01)	(0.01)	(0.01)	(0.01)

续表

变量	(1) 缩尾回归	(2) 截尾回归	(3) 2000~2001年	(4) 2002~2003年	(5) 2005~2006年	(6) 2SLS
GDP	0.026 *** (0.00)	0.025 *** (0.00)	0.026 *** (0.00)	0.027 *** (0.00)	0.024 *** (0.00)	0.025 *** (0.00)
Tariff	0.007 *** (0.00)	0.006 *** (0.00)	0.015 *** (0.01)	0.010 *** (0.00)	0.003 (0.00)	0.003 (0.00)
Border	−0.008 (0.01)	−0.011 (0.01)	−0.001 (0.03)	0.018 (0.02)	−0.036 ** (0.01)	−0.033 ** (0.02)
WTO	−0.038 *** (0.01)	−0.038 *** (0.01)	−0.169 *** (0.03)	−0.071 *** (0.02)	−0.003 (0.01)	−0.042 ** (0.02)
cons	−1.142 * (0.63)	−1.568 *** (0.60)	−2.978 * (1.63)	−2.473 * (1.41)	−3.306 ** (1.41)	−1.981 * (1.19)
N	343 435	336 708	35 645	83 989	142 624	111 603
R^2	0.101	0.095	0.095	0.086	0.106	0.109

注：括号内数值是估计结果的标准差，***、** 和 * 分别表示1%、5%和10%的显著性水平；以上回归均控制了年份、地区、行业固定效应。

②分年份回归。

考虑到样本中的变量在2004年存缺失的情况，为此本节以2004年为界限来划分样本。比较2000~2001年、2002~2003年、2005~2006年这三个时间段中的检验结果。具体的回归结果见表6-5中的第（3）~（5）列。

从分年份的估计结果可以看出，省级制度环境（SI）、国际制度环境（GI）的系数都为正且显著，制度环境交互摩擦效应（SI×GI）的系数为负且显著，说明控制其他因素不变的情况下，虽然回归系数有所差异，但在1%的显著性水平下不仅核心解释变量全部显著，而且控制变量符号也与基准回归基本一致。这表明从企业出口产品的质量上看，异质性制度环境对企业出口行为产生了较强的影响。因此，研究结果具有稳健性。

③内生性处理。

以上实证分析并没有考虑模型的内生性问题。一般而言，内生性的产生来自于三个原因。第一个是解释变量与被解释变量之间出现相互影响的情况，即因变量可能对自变量产生反向作用；第二个是在进行统计或测量时产生的误差；第三个是模型中还有遗漏的变量。文中由于制度环境交互摩擦效应主要表示双边制度环境在不融合时会出现的一系列影响企业出口贸易的行为，企业出口产品质量越高，越有能力抵御制度环境的摩擦效应；但是当产品质量越高时，制度之间的摩擦效应也会相应增加。所以，制度环境交互摩擦效应可能并不能满足严格外生的假设条件，就会导致估计结果出现偏差。通常的改进方法就是寻找一个与制度环境交互摩擦效应紧密相关，同时独立或者弱相关于企业出口产品质量的变量作为工具变量，进行两阶段最小二乘法（2SLS）估计。为此，本章使用制度环境交互摩擦效应的滞后一期值作为工具变量，回归结果见表 6 - 5中的第（6）列。

通过处理内生性问题之后，虽然制度环境交互摩擦效应（$SI \times GI$）抑制产品质量的作用程度有所减弱，但依然显著。此外，其他控制变量的回归结果并未出现本质的变化。这表明，内生性检验能在一定程度上调整异质性制度环境对我国企业出口产品质量影响的程度，但并未改变其作用方向。因此，本节得出了比较稳健的估计结果。

6.3　异质性制度环境对异质性企业出口贸易三维特征的实证

6.3.1　异质性企业出口贸易二元边际的实证

（1）规模异质性企业出口贸易二元边际的结果分析

企业规模划分标准与前文一致，具体不再赘述，回归结果见表 6 - 6。

表 6 - 6　　　　　　　　不同异质性企业出口贸易二元边际的检验结果

企业类型		扩展边际			集约边际		
		SI	*GI*	*SI × GI*	*SI*	*GI*	*SI × GI*
企业规模	大型	1.910 ***	0.462 ***	− 0.320 ***	− 1.553 ***	− 0.439 ***	0.397 ***
	中型	− 0.118	− 1.041 ***	0.393 ***	0.623 **	0.995 ***	− 0.347 ***
	小型	1.549 ***	0.006	− 0.11	0.085	0.564 ***	− 0.200 **
企业年龄	年轻	1.715 ***	0.243 **	− 0.219 ***	0.038	0.505 ***	− 0.104 **
	中年	0.336	− 0.905 ***	0.356 ***	− 0.825 *	0.332	− 0.079
	老年	− 1.090 **	− 1.054 ***	0.475 ***	0.284	0.200	− 0.062
企业所有制	国有	− 0.55	− 0.580 ***	0.268 ***	1.476 ***	0.442 **	− 0.246 **
	集体	1.561 *	− 0.188	0.057	0.005	0.457	− 0.099
	私营	0.991 ***	− 0.398 ***	0.127 *	0.042	0.288 **	− 0.097
	外商	4.436 ***	1.388 ***	− 0.753 ***	− 2.134 ***	− 0.130	0.191 *
	港澳台	− 0.688	− 1.090 ***	0.325	1.524 ***	1.734 ***	− 0.581 ***
企业贸易方式	加工	3.251 ***	0.598 **	− 0.540 ***	− 1.973 ***	− 0.331	0.353 ***
	非加工	1.674 ***	0.168 *	− 0.139 ***	0.070	0.413 ***	− 0.110 ***
企业所在区域	东部	0.751 ***	− 0.387 ***	0.078	1.794 ***	1.474 ***	− 0.545 ***
	西部	2.671 ***	0.747 ***	− 0.530 ***	1.794 ***	0.720 **	− 0.479 ***
	中部	5.233 ***	1.242 ***	− 0.810 ***	− 1.690 *	− 0.241	0.221

　　注：括号内数值是估计结果的标准差，***、**和*分别表示1%、5%和10%的显著性水平；以上回归均控制了年份、地区、行业固定效应。回归结果只选取了异质性制度环境变量的回归系数。

　　从扩展边际看，省级制度环境（*SI*）对大型企业和小型企业的推动作用最大。由于大型企业具有良好的市场声誉和稳定的市场份额，省级制度环境对其的促进作用最为显著。小型企业具有较为灵活的经营思路，在省级制度的支持下，较容易扩大企业的出口扩展边际。国际制度环境（*GI*）虽然对大型企业和中型企业的出口扩展边际影响显著，但是作用效果却出现了相反的趋势。其中，对大型企业具有显著的促进作用，对中型企业具有显著抑制的作用，这说明大型企业由于具有雄厚的实力和良好的产品品质，有利于扩展边际的增长。同时，中型企业由于受到市场范围的限制，可以选择将不同种类的产品出口到制度环境相对较差的国家。制度环境交互摩擦效应（$SI \times GI$）对大型企业、中型企业的影响具有较大差异，对大型企业的抑制作用非常显著，这与前文中的理论预期完全相符。对中型企业的影响显著为正，这可能是由于在制度环境摩擦效应增加时，会首先影响大型企业的出口产品边际，这样就能够降低一部分中型企业承担的风险，反而能让中型企业得到出口扩展的机会。

从集约边际看，省级制度环境（SI）对大型企业的影响显著为负，可能由于在样本研究的时间范围内，我国在大力鼓励企业扩大出口范围，而不是出口贸易额，在这样的背景下，大型企业会把重心放在扩展市场范围上，所以会影响集约边际的增长。但是对中型企业的影响显著为正。国际制度环境（GI）对三种类型企业出口集约边际的影响都很显著，其中对大型企业的影响显著为负，对中型企业和小型企业的影响显著为正。这也和大型企业将出口重心放在出口市场的扩张方面有关。当企业的产量有限，同时要进行市场扩张时，可能会降低一部分原来市场上的出口额，而大型企业多数会选择出口到国际制度环境较好的市场。当再次进行市场扩张时，将会降低原本市场上的平均出口额。制度环境交互摩擦效应（$SI \times GI$）对三类企业的影响都很显著，其中对大型企业的影响显著为正，对中型企业和小企业影响显著为负，这充分表明大型企业具有很好的抵抗制度摩擦阻力的能力，而中型企业和小企业由于经济实力较差，只能被动接受制度环境摩擦带来的消极影响。

（2）年龄异质性企业出口贸易二元边际的结果分析

按照年龄将样本划分为年轻企业、中年企业和老年企业，回归结果见表 6-6。

从扩展边际看，异质性制度环境对年轻企业的影响最为显著，且与基准回归一致。这说明年轻企业充满活力，富予挑战，更愿意开发新的市场，所以有利于扩展边际的增长。异质性制度环境对中年企业和老年企业的影响恰好相反，这说明中老年企业由于生产的产品较为固定，考虑到拓展市场的成本较高，所以更愿意保持固有的出口模式。从集约边际看，异质性制度环境对年轻企业的影响程度最为显著，且符合理论预期。但是，对中年企业和老年企业的影响并不显著。

(3) 所有制异质性企业出口贸易二元边际的结果分析

按照企业所有制性质将样本划分为国有企业、集体企业、私营企业、外商投资企业和港澳台投资企业。回归结果见表6-6。

从扩展边际看，异质性制度环境中的省级制度环境（SI）对集体企业、私营企业和外商投资企业的影响都显著为正。其中，对外商投资企业的影响最大，此类企业具有丰富的出口经验，能够快速帮助企业扩大市场范围，但在样本研究时间段内，我国正处于入世后的初步发展阶段，急需扩大出口和引进外资、优化市场参与结构。所以，各省较倾向于为外商投资企业提供良好的制度支持。国际制度环境（GI）对所有制企业的影响都很显著，但是作用方向差异较大，其中对外商投资企业的影响显著为正，但是对国有企业、私营企业、港澳台投资企业的影响显著为负。制度环境交互摩擦效应（$SI \times GI$）对国有企业、私营企业和港澳台投资企业的影响显著为正，说明这些企业的实力较强，能够抵御制度环境摩擦带来的负面影响。从集约边际看，国有企业、集体企业、私营企业和港澳台投资企业的回归系数符号与基准回归一致。其中，异质性制度环境对国有和港澳台投资企业的影响最为显著。但是，对外商投资企业的影响呈现出了相反的结果。

(4) 贸易方式异质性企业出口贸易二元边际的结果分析

按照出口贸易方式，将企业划分为加工贸易企业和非加工贸易企业。回归结果见表6-6。

从扩展边际看，异质性制度环境对加工和非加工贸易企业的影响都非常显著，且与基准回归一致。从集约边际看，异质性制度环境对非加工贸易企业的影响符合理论预期，但对加工贸易企业的影响与预期相反。这可能是由于加工贸易是我国企业出口贸易的主要方式，控制其集约边际的增长，有利于增强加工贸易企业抵御外部风险的能力，保证整体出口贸易的稳定。

（5）区域异质性企业出口贸易二元边际的结果分析

当前，中国区域经济的发展并不均衡，呈现出东部领先，中西部落后的情况。本节将中国划分为东部、西部和中部（不包含港澳台地区）三大经济区域。回归结果见表6-6。

从扩展边际看，异质性制度环境对三个区域企业的影响都非常显著。其中，省级制度环境（SI）对西部地区企业影响程度最大。国际制度环境（GI）对东部地区企业的影响显著为负，对中西部地区影响显著为正，这说明东部地区的企业在扩展市场方面更倾向制度环境水平较低的国家或地区。一般来说，制度环境能够反映出一个国家或地区的经济实力和收入水平，可能是由于东部地区企业生产的产品具有非常大的价格优势，所以受到了制度环境水平较低国家或地区的青睐。制度环境交互摩擦效应（$SI \times GI$）对中西部地区企业的影响显著为负，但对东部企业的影响并不显著，这说明东部企业在进行扩张时，具有很强的抵御制度摩擦的能力。从集约边际看，异质性制度环境对东部和西部企业的影响非常显著，且与基准回归一致；但是对中部企业的影响并不显著。

（6）行业异质性企业出口贸易二元边际的结果分析

进一步考察行业异质性企业出口贸易二元边际受到异质性制度环境影响程度的差异，具体的回归结果见表6-7。

从扩展边际看，异质性制度环境对28个行业中的7个行业企业的影响都非常显著，且与基准回归一致。其中，核心变量中的省级制度环境（SI）和国际制度环境（GI）对农副食品加工（13）企业的影响最为显著。制度环境交互摩擦效应（$SI \times GI$）对农副食品加工（13）企业的影响最大且为负。从集约边际看，异质性制度环境对4个行业企业的影响非常显著，且与基准回归一致。其中，省级制度环境（*SI*）对石油加工、炼焦及核燃料加工业（25）企业的影响最大；国际制度环境（*GI*）对文教体育用品制造业（24）企业影响最大；制度环境交互摩擦效应（*SI × GI*）对文教体育用品制造业（24）企业的抑制效应最为显著。可以看出，在样本研究时间内，我国扶持更多的是农产品企业，而受到制度交互摩擦效应影响最大的也是此类企业。总之，通过回归结果可以看出，虽然异质性制度环境对部分行业的影响结果与预期不符，但对我国大部分行业企业的影响都与基本结论相吻合，尤其是农产品企业、轻工业产品企业。因此，虽然制度环境交互摩擦效应对个别行业产生了抑制作用，但是省级制度环境和国际制度环境对企业的二元边际增长依然起到了显著的促进作用。

表 6 - 7　　　　　　　　行业异质性企业出贸易二元边际的检验结果

行业代码	扩展边际			集约边际		
	SI	*GI*	*SI × GI*	*SI*	*GI*	*SI × GI*
13	8.852 ***	3.828 ***	-1.899 ***	-2.790 **	-0.731	0.552 *
14	1.157	-0.374	-0.067	-7.186 ***	-3.459 ***	1.672 ***
15	-1.383	-1.190	0.507	-2.746	-0.483	0.282
17	-0.105	-0.511 **	0.244 **	0.464	0.415 **	-0.218 **
18	-0.724 *	-0.578 **	0.300 ***	-0.879 **	-0.535 **	0.231 **
19	-0.440	-1.332 **	0.506 *	1.330	1.627 ***	-0.605 **
20	-1.104	-0.501	0.043	0.754	0.758	-0.214
21	8.646 ***	3.434 ***	-1.751 ***	0.607	1.292	-0.379
22	1.312	1.724	-0.868 *	3.670	2.023	-0.967 *
23	0.141	-1.734	0.654	-1.084	-0.419	0.249
24	-8.184 ***	-5.460 ***	2.311 ***	5.983 ***	4.293 ***	-1.777 ***
25	-7.308 **	-2.685 *	1.156	15.029 ***	-0.866	0.245
26	0.903 *	0.605 **	-0.229 **	1.809 ***	0.614 ***	-0.402 ***
27	-2.383 ***	-1.572 ***	0.637 ***	-1.290 *	-1.010 *	0.442 **

续表

行业代码	扩展边际			集约边际		
	SI	*GI*	*SI × GI*	*SI*	*GI*	*SI × GI*
28	− 2. 459	− 0. 610	0. 420	− 1. 222	− 0. 369	0. 329
29	1. 413	1. 184 **	− 0. 652 **	− 1. 769 *	− 1. 111 **	0. 646 ***
30	1. 493	− 0. 947	0. 377	− 1. 774	0. 549	− 0. 239
31	5. 110 ***	1. 193 ***	− 0. 587 ***	0. 461	1. 278 ***	− 0. 531 ***
32	1. 862	0. 596	− 0. 340	0. 417	1. 266 **	− 0. 397
33	4. 464 ***	0. 807 **	− 0. 708 ***	− 0. 731	0. 836	− 0. 179
34	2. 355 ***	0. 175	− 0. 171	1. 343 *	1. 884 ***	− 0. 612 ***
35	1. 517 **	− 0. 054	− 0. 037	0. 485	0. 387	− 0. 004
36	2. 895 ***	0. 279	− 0. 206	0. 883	1. 315 ***	− 0. 415 **
37	1. 637 **	− 0. 470	0. 022	− 6. 643 ***	− 2. 408 ***	1. 267 ***
39	2. 305 ***	0. 109	− 0. 280 *	1. 699 ***	1. 705 ***	− 0. 507 ***
40	1. 594 *	1. 006 **	− 0. 656 ***	0. 796	0. 088	0. 225
41	5. 926 ***	1. 562 ***	− 0. 769 ***	0. 009	0. 477	− 0. 111
42	− 2. 046 *	− 0. 533	0. 247	− 1. 579	− 0. 233	0. 162

　　注：括号内数值是估计结果的标准差，***、** 和 * 分别表示 1%、5% 和 10% 的显著性水平；以上回归均控制了年份、地区、行业固定效应。回归结果只选取了异质性制度环境变量的回归系数。

6.3.2　异质性企业出口贸易持续时间的实证

　　周世民等（2013）指出，分行业、分区域、分所有制性质估计的企业出口贸易持续时间及生存率都存在显著的差异。因此，在进行实证分析时，有必要分析异质性制度环境对不同类型企业出口贸易持续时间的影响。虽然在本章前两节的实证分析中已经考虑到个体效应带来的影响，但仍无法反应企业自身特征的差异。因此，以下主要从企业的不同类型对模型再次进行回归，考虑到离散时间 Cloglog 模型、Probit 模型和 Logit 模型的估计结果较为类似，因此下文中的实证分析主要运用 Cloglog 模型来进行检验。

(1) 规模异质性企业出口贸易持续时间的结果分析

规模异质性企业划分标准与前文一致,具体内容不再赘述,回归结果见表6-8。从回归结果来看,异质性制度环境变量对不同规模企业出口危险率的影响都很显著,且回归系数的显著性水平与基准回归一致。具体看来,省级制度环境(SI)每提高1个单位,大型企业、中型企业和小型企业的出口危险率分别降低11.57%、28.17%、14.22%。其中,中型企业出口危险率降低的幅度最大。国际制度环境(GI)每提高1个单位,大型企业、中型企业和小型企业的出口危险率分别降低7.57%、13.73%、7.42%,其中,中型企业出口危险率降低的幅度最大。制度环境交互摩擦效应($SI \times GI$)每提高1个单位,大型企业、中型企业和小型企业的出口危险率分别提高2.52%、5.29%、2.21%,其中,中型企业依然受到的影响幅度最大。可以看出,省级制度环境(SI)对企业出口贸易持续时间的影响程度最大。同时,中型企业受到异质性制度环境变量的影响最为显著。

表6-8　　　　　　　不同异质性企业出贸易持续时间的检验结果

企业类型		SI	GI	$SI \times GI$	_cons	样本数
企业规模	大型	− 1.157 **	− 0.757 ***	0.252 *	3.587 ***	63 170
	中型	− 2.817 ***	− 1.373 ***	0.529 ***	6.105 ***	111 684
	小型	− 1.422 **	− 0.742 **	0.221	4.398 ***	112 880
企业年龄	年轻	− 2.104 ***	− 1.118 ***	0.403 ***	5.664 ***	246 736
	中年	− 1.972 *	− 1.268 **	0.493 *	4.053 *	24 002
	老年	− 0.050	− 0.162	− 0.039	1.757	16 977
企业所有制	国有	0.095	− 0.014	− 0.140	1.242	14 827
	集体	1.110	0.236	− 0.283	− 2.942	9 830
	私营	− 2.349 ***	− 1.164 ***	0.461 ***	6.158 ***	133 132
	外商	− 1.519 *	− 0.699	0.210	3.959 **	66 360
	港澳台	− 2.885 ***	− 1.863 ***	0.683 ***	8.158 ***	63 572

企业类型		SI	GI	$SI \times GI$	_cons	样本数
企业贸易方式	加工	− 1.906 *	− 1.196 **	0.385	5.408 **	38 909
	非加工	− 2.183 ***	− 1.087 ***	0.403 ***	5.655 ***	248 825
企业所在区域	东部	− 3.928 ***	− 2.106 ***	0.842 ***	9.772 ***	265 217
	西部	− 0.072	− 0.157	− 0.086	2.186	11 126
	中部	− 1.017	− 0.428	0.205	1.389	11 378

注：括号内数值是估计结果的标准差，***、** 和 * 分别表示 1%、5% 和 10% 的显著性水平；以上回归均控制了年份、地区、行业固定效应。回归结果只选取了异质性制度环境变量的回归系数。

（2）年龄异质性企业出口贸易持续时间的结果分析

根据企业年龄从小到大，将所有样本划分为年轻企业、中年企业、老年企业。划分标准与前文一致，具体内容不再赘述。年龄异质性企业回归结果见表 6 - 8。

从回归结果来看，异质性制度环境变量对年轻企业和中年企业的影响都很显著，且回归系数的显著性与基准回归一致。具体看来，省级制度环境（SI）提高 1 个单位，年轻企业和中年企业的出口危险率分别降低 21.04%、19.72%。其中，年轻企业危险率的降幅最大。国际制度环境（GI）提高 1 个单位，年轻企业和中年企业的出口危险率分别降低 11.18%、12.68%。其中，中年企业危险率的降幅最大。制度环境交互摩擦效应（$SI \times GI$）提高 1 个单位，年轻企业和中年企业的出口危险率分别提高 4.03%、4.93%。其中，中年企业危险率增幅最大。可以看出，省级制度环境（SI）对不同年龄企业出口持续时间的影响程度较大。同时，中年企业受异质性制度环境的影响最为明显。

（3）所有制异质性企业出口贸易持续时间的结果分析

在经济发展的初期，由于我国国有经济依然占据较大比重，所以政府主导经济增长成为当时重要的发展模式。随着市场逐渐开放，大量外资企业进入中国市场，使得经济发展从政府主导型过渡到了市场主导型的发展模式。可以看出，由于发展模式的转变，让不同所有制企业在实践中受到进入外贸行业的壁垒和所享有的待遇也出现了变化。因此，企业所有制多样化是分析中国企业出口贸易持续时间不容忽视的因素。以下将样本按照企业所有制性质划分为国有企业、集体企业、私营企业、外商投资企业和港澳台投资企业。所有制异质性企业的回归结果见表6-8。

从表6-8的回归结果来看，异质性制度环境变量对私营企业和港澳台投资企业的影响都很显著，且回归系数的显著性与基准回归一致。具体看来，省级制度环境（SI）提高1个单位，私营企业和港澳台投资企业的出口危险率将分别降低23.49%、28.85%。其中，港澳台投资企业危险率降低的幅度最大。国际制度环境（GI）提高1个单位，私营企业和港澳台投资企业的出口危险率将分别降低11.64%、18.63%。其中，港澳台投资企业危险率降低的幅度最大。制度环境交互摩擦效应（$SI \times GI$）每提高1个单位，私营和港澳台投资企业的出口危险率将分别提高4.61%、6.83%。其中，港澳台投资企业危险率增幅最大。可见，异质性制度环境对港澳台投资企业出口持续时间的影响程度最大。

(4) 贸易方式异质性企业出口贸易持续时间的结果分析

加工贸易是我国重要的出口贸易方式，在经营发展中受到国内政策和国外厂商的大力扶持。例如，我国给予来料加工、进料加工这两类加工贸易活动大幅的关税减免政策，这在很大程度上降低了加工贸易企业的生产经营成本，有助于加工贸易企业拓展出口产品范围，延长出口贸易持续时间。贸易方式异质性企业的回归结果见表6-8。

从回归结果来看，异质性制度环境变量对加工和非加工贸易企业的影响都很显著，且回归系数的显著性与基准回归一致。具体看来，省级制度环境（SI）提高1个单位，加工和非加工贸易企业的出口危险率分别降低19.06%、21.83%，其中，非加工贸易企业危险率降低的幅度最大。国际制度环境（GI）提高1个单位，加工和非加工贸易企业的出口危险率分别降低 11.96%、10.87%，其中，加工贸易企业危险率降低的幅度最大。制度环境交互摩擦效应（$SI \times GI$）提高 1 个单位，非加工贸易企业的出口危险率提高 4.03%。可以看出，省级制度环境（SI）对企业的影响程度较大。同时，非加工贸易企业受异质性制度环境的影响较大。

(5) 区域异质性企业出口贸易持续时间的结果分析

由于中国各省份的经济基础不同，所以区域间发展存在着较大的差异。在出口导向型发展战略主导的背景下，各个经济区域给予企业的出口政策也各不相同。中国沿海地区提供了较为开放的政策，为中国经济高速增长做出了较大贡献。同时，各个地区出口的产品差异较大，虽然国内提供了较好的出口鼓励政策，但由于出口产品种类、目的国以及企业对风险的承受能力不尽相同，导致出口生存能力也不同。所以，异质性制度环境对东、中、西部（不包括港澳台地区）地区企业出口持续时间的影响存在较大差异。区域异质性企业的回归结果见表 6-8。

从回归结果来看，异质性制度环境变量对东部地区企业的影响非常显著，且回归系数的显著性与基准回归一致，但是对西部地区企业和中部地区企业的影响并不显著。具体看来，省级制度环境（SI）提高 1 个单位，东部地区企业的出口危险率将降低 39.28%。国际制度环境（GI）提高 1 个单位，东部地区企业的出口危险率将降低 21.06%。制度环境交互摩擦效应（$SI \times GI$）提高 1 个单位，东部地区企业的出口危险率将提高 8.42%。可以看出，省级制度环境对东部地区企业的影响程度最大，东部地区企业的快速发展离不开企业所在省份提供的对外出口贸易政策。正是由于这些鼓励出口的政策，才让企业能够保持持续稳定的出口态势。总体上看，省级制度环境是推动东部地区企业持续出口的主要力量，同时受到制度环境交互摩擦效应带来的抑制作用也较大。

(6) 行业异质性企业出口贸易持续时间的结果分析

行业异质性企业的回归结果见表 6-9。从回归结果来看，异质性制度环境变量对 7 个行业企业的出口贸易持续时间的影响都非常显著，且回归系数及显著性与基准回归一致。具体看来，省级制度环境（SI）对家具制造业（21）企业，皮革、皮毛、羽毛（绒）及其制品（19）企业，电气机械及器材制造业（39）企业出口风险率降低幅度最大，分别为 140.99%、59.55%、58.00%。国际制度环境（GI）对家具制造业（21）企业，皮革、皮毛、羽毛（绒）及其制品（19）企业，电气机械及器材制造业（39）企业出口风险率降低幅度最大，分别为 81.76%、30.81%、29.02%。制度环境交互摩擦效应（$SI \times GI$）对家具制造业（21）企业，皮革、皮毛、羽毛（绒）及其制品（19）企业，电气机械及器材制造业（39）企业出口风险率提升幅度最大，分别为 33.49%、13.36%、12.29%。可以看出，异质性制度环境对这三类企业的影响最为显著，其中，省级制度环境（SI）对企业抵御风险的抑制作用最显著。

表6－9   行业异质性企业出口贸易持续时间的检验结果

行业代码	核心解释变量			常数项	样本数	似然函数
	SI	GI	$SI \times GI$	_cons	N	$Log\ Likelihood$
13	− 1.131	− 0.577	0.178	2.276	5 389	− 3.3e + 03
14	− 3.509	− 1.587	0.655	8.778 *	3 414	− 2.0e + 03
15	4.250	0.623	− 0.791	− 5.121	838	− 482.967
17	0.387	0.001	− 0.055	− 1.072	29 905	− 1.9e + 04
18	− 1.831	− 0.892	0.212	5.632	13 213	− 8.3e + 03
19	− 5.955 **	− 3.081 **	1.336 **	15.306 ***	11 418	− 7.1e + 03
20	− 2.761	− 1.714	0.743	5.492	3 100	− 1.7e + 03
21	− 14.099 ***	− 8.176 ***	3.349 ***	36.878 ***	5 261	− 2.8e + 03
22	− 3.459	− 1.099	0.438	7.256	1 377	− 776.704
23	− 5.963	− 1.776	0.487	15.982	1 308	− 782.402
24	− 3.151	− 1.967 *	0.722	10.177 **	15 797	− 9.5e + 03
25	− 5.630	− 1.964	0.527	6.679	244	− 105.026

续表

行业代码	核心解释变量			常数项	样本数	似然函数
	SI	*GI*	*SI* × *GI*	_cons	*N*	*Log Likelihood*
26	− 1. 788 *	− 0. 665	0. 247	4. 046 **	22 148	− 1. 4e + 04
27	0. 905	0. 399	− 0. 277	− 1. 613	8 561	− 5. 3e + 03
28	2. 196	0. 215	− 0. 389	− 2. 534	1 423	− 765. 502
29	− 1. 489	− 0. 952	0. 521	5. 282	4 147	− 2. 5e + 03
30	− 0. 098	− 0. 267	− 0. 026	1. 193	11 785	− 7. 1e + 03
31	− 3. 766 ***	− 1. 894 ***	0. 750 **	10. 034 ***	13 403	− 8. 0e + 03
32	1. 276	0. 372	− 0. 494	− 2. 483	2 122	− 1. 2e + 03
33	0. 796	0. 229	− 0. 195	0. 053	3 822	− 2. 3e + 03
34	− 3. 143 **	− 1. 504 **	0. 541	8. 269 ***	19 980	− 1. 2e + 04
35	− 2. 817 **	− 1. 558 **	0. 615 *	7. 324 **	23 196	− 1. 4e + 04
36	− 1. 259	− 0. 341	0. 051	3. 382	8 786	− 5. 0e + 03
37	− 3. 257 **	− 2. 155 ***	0. 869 **	8. 981 **	12 044	− 6. 9e + 03
39	− 5. 800 ***	− 2. 902 ***	1. 229 ***	14. 082 ***	26 967	− 1. 6e + 04
40	− 4. 243 ***	− 2. 226 ***	0. 913 **	10. 253 ***	16 256	− 1. 0e + 04
41	− 3. 674 *	− 1. 721 *	0. 708	7. 969 *	9 137	− 5. 4e + 03
42	− 2. 904	− 1. 687	0. 589	10. 046 **	12 674	− 7. 8e + 03

注：括号内数值是估计结果的标准差，*** 、** 和 * 分别表示 1%、5% 和 10% 的显著性水平；以上回归均控制了年份、地区、行业固定效应。回归结果只选取了异质性制度环境变量的回归系数。

6.3.3 异质性企业出口贸易产品质量的实证

（1） 规模异质性企业出口贸易产品质量的结果分析

规模异质性企业的回归结果见表 6 – 10。总体上看，异质性制度环境变量对大型企业的影响非常显著，但是对中型企业和小型企业的影响并不显著。

表6－10   不同异质性企业出口贸易产品质量的检验结果

企业类型		核心解释变量			常数项	样本量	调整
		SI	*GI*	*SI × GI*	_cons	*N*	*R²*
企业规模	大型	0.936 *	0.682 ***	− 0.219 *	− 2.419 **	96 214	0.122
	中型	− 0.273	0.179	0.045	0.064	133 220	0.095
	小型	− 0.573	0.074	0.053	1.512	114 001	0.090
企业年龄	年轻	− 0.070	0.302	− 0.028	0.172	295 335	0.094
	中年	3.416 ***	1.966 ***	− 0.812 ***	− 7.521 ***	29 672	0.134
	老年	2.155 **	0.928 **	− 0.382 *	− 0.960	18 428	0.167
企业所有制	国有	2.985 ***	1.401 ***	− 0.640 ***	− 4.686 ***	18 662	0.198
	集体	− 1.392	− 0.701	0.476	1.272	12 204	0.094
	私营	1.092 **	0.971 ***	− 0.357 ***	− 2.334 **	138 791	0.095
	外商	− 1.330 *	− 0.520	0.350 **	2.935 **	93 101	0.126
	港澳台	0.436	0.665 *	− 0.164	− 1.032	80 677	0.083
企业贸易方式	加工	− 2.771 ***	− 0.805 *	0.635 ***	5.189 ***	55 481	0.168
	非加工	0.893 ***	0.714 ***	− 0.233 ***	− 2.096 ***	287 954	0.091
企业所在区域	东部	− 0.231	0.174	0.026	0.463	322 599	0.093
	西部	− 1.215	− 0.070	0.250	1.616	11 110	0.198
	中部	0.953	0.107	− 0.006	0.902	9 726	0.202

注：括号内数值是估计结果的标准差，***、** 和 * 分别表示1%、5% 和 10% 的显著性水平；以上回归均控制了年份、地区、行业固定效应。回归结果只选取了异质性制度环境变量的回归系数。

具体看来，省级制度环境（*SI*）提高 1 个单位，大型企业出口产品质量提高 9.36%。国际制度环境（*GI*）提高 1 个单位，大型企业出口产品质量提高 6.82%。制度环境交互摩擦效应（*SI × GI*）提高 1 个单位，大型企业的出口产品质量降低 2.19%。可见，大型企业由于具有较强的实力，已经逐步达到了从量变到质变的阶段，加之各省份非常重视此类企业的发展，所以省级制度环境是推动大型企业产品质量提升的最重要因素。与此同时，由于大型企业出口规模较大，也容易受到制度环境交互摩擦效应的影响。

（2）年龄异质性企业出口贸易产品质量的结果分析

年龄异质性企业的回归结果见表 6 - 10。异质性制度环境变量对中年企业和老年企业的影响都非常显著，且回归系数的显著性与基准回归一致。具体看来，省级制度环境（SI）提高 1 个单位，中年企业和老年企业的出口产品质量将分别提高 34.16% 和 21.55%。国际制度环境（GI）提高 1 个单位，中年企业和老年企业的出口产品质量将分别提高 19.66% 和 9.28%。制度环境交互摩擦效应（$SI \times GI$）提高 1 个单位，中年企业和老年企业的出口产品质量将分别降低 8.12% 和 3.82%。总体上看，异质性制度环境对中年企业的影响最大。其中，省级制度环境（SI）对企业的影响程度最大，但中年企业受到制度环境交互摩擦效应的抑制作用也最明显。

（3）所有制异质性企业出口贸易产品质量的结果分析

所有制异质性企业的回归结果见表 6 - 10。异质性制度环境变量对国有企业和私营企业的影响非常显著，且回归系数的显著性与基准回归一致。具体看来，省级制度环境（SI）提高 1 个单位，国有企业和私营企业的出口产品质量将分别提高 29.85% 和 10.92%。国际制度环境（GI）提高 1 个单位，国有企业和私营企业的出口产品质量将分别提高 14.01% 和 9.71%。制度环境交互摩擦效应（$SI \times GI$）提高 1 个单位，国有企业和私营企业的出口产品质量将分别降低 6.40% 和 3.57%。总体上看，异质性制度环境对国有企业的影响最大，可能是由于国有企业经济地位较为特殊，对整体经济的影响最大。总体上看，省级制度环境（SI）对所有制异质性企业的影响程度最大。但国有企业受到制度环境交互摩擦效应所带来的抑制作用也最大。

(4) 贸易方式异质性企业出口贸易产品质量的结果分析

贸易方式异质性企业的回归结果见表6-10。异质性制度环境对非加工企业的影响非常显著，且回归系数的显著性与基准回归一致。但是，对加工贸易企业的回归结果却与基准回归相反。这说明我国正在逐步进行产业升级，不能仅仅依靠简单的加工贸易来扩大出口，提升产品质量，而要进行自主创新。加工企业由于技术含量低，生产的产品质量并不高，所以只能将产品出口到制度环境较差的目的地。由此，才导致异质性制度环境抑制了加工贸易企业产品质量的提升。

(5) 区域异质性企业出口贸易产品质量的结果分析

企业所在区域的划分标准与前文相同，具体内容不再赘述，回归结果见表6-10。异质性制度环境变量对区域异质性企业的影响并不显著，从回归系数看，仅中部地区企业的回归系数方向与基准回归完全一致。

(6) 行业异质性企业出口贸易产品质量的结果分析

异质性制度环境对不同行业企业的回归结果见表6-11。异质性制度环境变量对农副食品加工业（13），纺织业（17），纺织服装、鞋、帽制造业（18），非金属矿物制品业（31），有色金属冶炼及压延加工业（33）这5个行业企业的影响都非常显著，且回归系数的显著性与基准回归一致。具体看来，异质性制度环境对有色金属冶炼及压延加工业（33）企业影响最大。其中，省级制度环境（SI）提高1个单位，此行业企业的出口产品质量将提高73.66%。国际制度环境（GI）提高1个单位，此行业企业的出口产品质量将提高30.58%。制度环境交互摩擦效应（$SI \times GI$）提高1个单位，此行业企业的出口产品质量将降14.69%。可以看出，省级制度环境对行业异质性企业的影响程度最大，同时制度环境交互摩擦效应带来的抑制作用也最强烈。

表6-11　　　　行业异质性企业出口贸易产品质量的检验结果

行业代码	核心解释变量			常数项	样本量	调整
	SI	GI	$SI \times GI$	_cons	N	R^2
13	5.712 ***	2.680 **	-1.213 **	-10.794 **	7 036	0.021
14	-0.293	0.309	0.088	1.683	2 915	0.053
15	8.681 *	3.956 *	-1.848	-17.656 *	562	0.075
17	3.242 ***	2.236 ***	-0.798 ***	-7.866 ***	47 704	0.034
18	4.568 ***	2.189 ***	-0.916 ***	-9.870 ***	37 618	0.032
19	0.056	0.340	-0.229	0.404	14 454	0.044
20	-1.858	-0.621	0.457	4.961	3 105	0.023
21	-2.073	-0.891	0.466	4.941	7 292	0.027
22	-0.476	-0.541	0.366	4.779	1 039	0.155
23	0.509	1.145	-0.290	-5.115	1 800	0.121
24	-3.600 **	-1.358 *	0.755 **	8.034 **	19 497	0.017
25	-1.232	3.723	-1.487	-2.209	148	0.185
26	-2.624 ***	-0.843 *	0.623 ***	5.143 **	16 612	0.039
27	1.434	0.291	-0.039	-2.055	8 671	0.046
28	1.253	1.310	-0.255	-4.581	1 013	0.088
29	-6.255 ***	-2.417 **	1.172 **	12.622 **	3 288	0.062
30	-1.742	-0.010	0.122	2.687	10 488	0.037
31	3.901 **	2.103 **	-0.920 **	-8.790 **	12 357	0.047
32	0.280	-0.303	0.189	-0.784	1 500	0.120
33	7.366 ***	3.058 ***	-1.469 ***	-14.217 ***	3 220	0.071
34	-1.806	-0.498	0.362	2.825	19 845	0.031
35	-2.658 **	-0.703	0.299	6.866 **	21 486	0.047
36	-1.720	-1.057	0.392	6.403 **	10 575	0.035
37	-1.959	-0.388	0.340	4.841	13 766	0.098

续表

行业 代码	核心解释变量			常数项	样本量	调整
	SI	GI	$SI \times GI$	_cons	N	R^2
39	− 2.842 **	− 0.911	0.472 *	7.342 ***	26 807	0.015
40	2.552 *	1.290 *	− 0.464	− 6.017 **	21 653	0.084
41	− 3.877 ***	− 1.569 **	0.785 **	6.688 **	11 457	0.105
42	0.184	− 0.186	0.190	− 0.076	17 527	0.020

注：括号内数值是估计结果的标准差，***、** 和 * 分别表示1%、5%和10%的显著性水平；以上回归均控制了年份、地区、行业固定效应。回归结果只选取了异质性制度环境变量的回归系数。

6.4 本章小结

本章在理论分析的基础上，构建了企业出口贸易三维特征的计量模型，利用之前章节测度的企业出口贸易二元边际、企业出口贸易持续时间、企业出口贸易产品质量的数据，实证分析了异质性制度环境对异质性企业出口贸易三维特征的影响，得出的主要结论如下。

首先，通过对三维特征模型进行基准回归后得出，异质性制度环境对企业出口贸易三维特征的影响都非常显著。这与第3章理论模型中得出的理论假说是一致的，即省级制度环境和国际制度环境对企业出口贸易的三维特征都表现出正向的影响；制度环境交互摩擦效应对出口贸易三维特征均表现出抑制的作用，而且影响程度非常显著。其中，省级制度环境是推动企业产品—地区扩张的主要动力来源，国际制度环境是促进出口贸易数量增长和质量提升的主要因素，产品生存时间的延续更依赖于省级制度环境和国际制度环境的共同作用。

其次，本章进一步对三维特征模型进行了稳健性检验和内生性处理。在稳健性检验方面，采用截尾回归和改变 TFP 测度方法对企业出口贸易二元边际模型进行稳健性检验；采用改变回归方法、改变 TFP 测度方法对企业出口贸易持续时间模型进行稳健性检验；采用缩尾回归、截尾回归、分时间段回归的方法对企业出口贸易产品质量进行稳健性检验。分析结果与企业出口贸易三维特征模型的结果一致。在处理内生性方面，本章对企业出口贸易二元边际、企业出口贸易持续时间、企业出口贸易产品质量分别进行了两阶段最小二乘法（2SLS）的估计。在处理了模型中的内生性问题之后，制度环境交互摩擦效应的系数与处理内生性前有了一定程度的变化，但各变量的符号并未发生改变。此外，其他主要解释变量的系数也并未发生实质性的变化。因此，经过稳健性检验和内生性处理后，得到了比较稳健的估计结果。

最后，对于不同类型异质性企业进行了三维特征分析，可以看出在异质性企业的产品—地区扩张与出口贸易数量增长层面，异质性制度环境对年龄、所有制、区域异质性企业出口贸易产品—地区扩张的作用方向存在较大差异，对规模、所有制异质性企业出口贸易数量增长的作用方向存在较大差异。从产品—地区扩张角度看，异质性制度环境对年轻企业和老年企业、外商投资企业和私营企业、东部地区企业和中西部地区企业都产生了截然相反的影响效果。在异质性企业的产品出口持续时间层面，异质性制度环境对规模、所有制、区域异质性企业的产品出口持续时间影响程度具有较大差异。在异质性企业出口产品质量层面，异质性制度环境对年龄、所有制异质性企业的产品质量影响程度具有较大差异。

本章从实证方面探讨了异质性制度环境对企业出口贸易三维特征的影响，同时还关注了企业控制变量、国家（地区）控制变量的影响效果，并且进行了多维度的异质性企业分类检验，得出的研究结论与第 3 章的理论假设基本保持一致。

第7章

研究结论与展望

7.1 研究结论与启示

7.1.1 研究结论

本书从异质性制度环境、异质性企业、异质性企业出口贸易特征这三个角度出发，探究异质性制度环境对异质性企业出口贸易的影响程度和作用机理。在厘清相关理论和文献研究脉络的基础上，围绕本书研究的主题，从理论和实证两方面展开研究。在理论方面，分析了异质性制度环境对企业出口贸易额及三维特征的作用机理和传导路径，在异质性企业贸易模型的基础上，构建了纳入异质性制度环境的一般理论分析框架。在实证方面，利用 2000～2006 年企业层面的出口数据，考察了异质性制度环境对企业出口贸易总额、三维特征的影响，进一步从多重异质性角度（规模、年龄、所有制、贸易方式、区域、行业）对企业出口贸易特征进行实证分析。总览全书，得到以下主要结论：

（1）异质性制度环境对异质性企业出口贸易影响理论分析结论

省级制度环境及其与国际制度环境的交互摩擦效应是影响企业出口贸

易的重要因素，需要纳入出口贸易理论的相关研究中。通过分析异质性制度环境对企业出口贸易额及三维特征的作用机理后发现，除了国际制度环境会影响企业出口贸易，省级制度环境以及其与国际制度环境的交互摩擦效应，也成为影响企业出口贸易的重要因素。尤其揭示了省级制度环境通过影响企业生产率，制度环境交互摩擦效应通过阻碍国际制度环境降低交易成本的目的，进而影响企业出口贸易额及三维特征的变化。弥补了现有研究主要从制度环境单一视角出发而忽略了制度环境之间交互摩擦效应的影响机制。这都说明在分析企业出口贸易时，必须要关注异质性制度环境的重要作用。

（2）异质性制度环境对异质性企业出口贸易额影响实证结论

①总体上看，省级制度环境对贸易增长的推动作用远大于国际制度环境。全样本实证分析的结果显示，异质性制度环境对企业出口贸易额的影响都很显著，且均通过了 5% 的显著性检验。其中，省级制度环境、国际制度环境对企业出口贸易额均表现出正向影响，而制度环境交互摩擦效应则表现出阻碍贸易增长的结果。具体而言，虽然良好的省级制度环境和国际制度环境都能够促进企业出口贸易额的增长，但省级制度环境发挥的作用明显高于国际制度环境。也就是说，良好的省级制度环境是促进企业出口贸易增长的最重要因素。同时，制度环境交互摩擦效应会增加企业出口贸易成本，从而削弱制度环境推动贸易增长的效果。因此，省级制度环境以及其与国际制度环境交互摩擦效应带来的影响应该引起企业的重视。

②在异质性企业（不同的规模、年龄、所有制、贸易方式、区域和行业）视角下，省级制度环境、国际制度环境对外商投资企业、年轻企业、非加工贸易企业出口贸易额的影响程度较大，制度环境交互摩擦效应对不同区域企业出口贸易额的阻碍作用呈现出东部最弱，中部次之，西部最强的特点。具体看来，虽然异质性制度环境对异质性企业出口贸易额的影响存在差异，但在样本研究时间段内，我国正处于入世后的初步发展阶段，急需扩大出口和引进外资、优化市场参与结构。所以，各省较倾向于为这

三类企业提供良好的制度支持。此外，虽然制度环境交互摩擦效应对东部、中部、西部企业出口贸易增长都呈现出阻碍作用，但东部地区以其良好的经济、贸易发展优势，表现出优秀的抗阻碍能力，而西部地区由于经济发展较为落后，只能被动承受制度环境摩擦给出口带来的消极影响。

（3）异质性制度环境对异质性企业出口贸易特征影响实证结论

①在三维特征总体层面，省级制度环境是推动产品—地区扩张的主要动力来源，国际制度环境是促进出口贸易数量增长和质量提升的主要因素，产品生存时间的延续更依赖于省级制度环境和国际制度环境的共同作用。具体来看，在产品—地区扩张与出口贸易数量增长方面，省级制度环境显著影响产品—地区扩张，而国际制度环境则显著影响出口贸易数量增长。这说明我国在入世后，各省份的政策逐渐从鼓励企业出口贸易数量增长调整到推动企业出口产品及地区范围扩大，为企业打开海外市场、占据市场份额提供了更多的优惠政策。在产品生存时间方面，异质性制度环境的影响作用都非常显著，但省级制度环境相较于国际制度环境更能起到降低企业出口风险、延长生存时间的作用，同时，为企业存活于海外市场提供了重要保障。在产品质量方面，国际制度环境的促进程度高于省级制度环境，呈现出进口国主导质量发展的模式。可见，虽然异质性制度环境对三维特征总体的影响较为显著，但实际上，异质性制度环境变量控制着不同贸易特征的发展。

②在异质性企业的产品—地区扩张与出口贸易数量增长层面，异质性制度环境对年龄、所有制、区域异质性企业出口贸易产品—地区扩张的作用方向存在较大差异，对规模、所有制异质性企业出口贸易数量增长的作用方向存在较大差异。从产品—地区扩张角度看，异质性制度环境对年轻企业和老年企业、外商投资企业和私营企业、东部地区和中西部地区企业都产生了截然相反的影响效果，这主要是因为年轻企业、外商投资企业、东部地区企业普遍具有较强的省级制度支持和适应国际市场的能力，使其在入世后能够不断地扩大出口市场范围。同时，也暴露出老年企业、私营

企业以及中西部地区企业缺乏省级制度支持，适应国际市场能力较差的问题。从出口贸易数量增长角度看，异质性制度环境对中型企业和大型企业、国有企业和外商投资企业都产生了截然相反的影响效果，这可能是由于企业发展程度和经济地位不同，其享有的制度政策存在较大差异，使得中型企业和国有企业成为出口贸易数量增长的主要力量。

③在异质性企业的商品出口持续时间及质量层面，异质性制度环境对规模、所有制、区域异质性企业的产品出口持续时间影响程度具有较大差异，对年龄、所有制异质性企业的产品质量影响程度具有较大差异。从产品出口持续时间角度看，异质性制度环境对中型企业、港澳台投资企业的影响程度最大，对大型企业、外商投资企业的影响程度最小。此外，省级制度环境对东部地区企业的产品出口持续时间影响程度最大，对中部地区企业和西部地区企业的影响并不显著，这表明良好的省级制度环境是推动区域贸易持续发展的关键因素。从出口产品质量角度看，异质性制度环境对中年企业、国有企业的影响程度最大，对老年企业、私营企业的影响程度最小。可见，异质性制度环境对不同企业贸易特征的影响程度具有较大差异。

7.1.2　研究启示

（1）优化省份开放环境，帮助中西部地区企业克服制度摩擦，融入国际市场

本书的结论充分说明，省级制度环境以及其与国际制度环境交互摩擦效应是影响企业出口贸易增长的重要因素。其中，省级制度环境是保证出口持续增长的关键途径。而制度的改善主要取决于各省开放水平是否能与WTO 贸易规则对标，并达标于世界平均水平，从而为企业的生产经营和交易活动提供良好的市场氛围以及制度保障。同时，制度环境交互摩擦效应给中西部企业带来的阻碍作用应该引起高度重视，为此，需要鼓励中西部地区积极向东部地区学习，增强抗阻碍能力，加快融入国际市场的步伐。

这就需要从以下几方面进行调整。

首先，各省应当充分重视 WTO 及我国主要出口国或地区的贸易政策变化趋势，政府部门可以通过搜集大量的信息帮助出口企业充分了解不同国家的贸易规则和制度，及时发布最新的国际贸易政策变化信息。为企业提供学习培训的机会以及解读 WTO 相关条款的专业人员，以便让企业掌握出口贸易协定中的各项制度规则和法律规定，从而按照国际标准严格规范生产程序。其次，对中西部地区而言，由于其开放时间相对较晚，经济、贸易发展基础较为薄弱，导致其缺乏抵御制度摩擦的经验。为此，应当加强中西部与东部省份之间的沟通，构筑完善的"东中西交流平台"，使东部地区的成功发展经验能够有效地传递出去，从而帮助中西部地区的经济、制度环境水平得到提升，最终改变中西部地区被动承受制度环境摩擦，阻碍贸易增长的局面。

（2）重视企业异质性特征，完善制度环境全面的推动作用，培育企业出口实力

对异质性企业出口贸易额的研究结论表明，省级制度环境、国际制度环境对外商投资企业、年轻企业、非加工贸易企业出口贸易额的促进作用较大，对大型企业、中年企业、国有企业的影响并不显著，对老年企业甚至出现了抑制作用。所以，在充分了解异质性制度环境对异质性企业的影响效果后，各省应该全面优化制度环境推动异质性企业出口贸易增长的作用。同时，利用国际制度环境的积极影响，发挥自由贸易区和"一带一路"的驱动作用。

为此，一方面各省应该充分利用各种方式，鼓励不同类型企业从事出口活动，并为其提供充足的制度保障。在"大众创业，万众创新"的背景下，各省不仅要集中精力鼓励创新型企业出口，而且要帮助大型企业、国有企业以及老年企业找到合适自己的发展方向，同时给予相应的政策扶持。例如，降低技术市场的准入门槛，合理提高老年企业出口补贴和出口退税等，还可以通过创新型企业提供技术、国有企业或老年企业提供经验的合作模式，共建"协作研发中心"，使得同产业内的企业达到合作共赢。另一方面利用地理优势，积极打造东部沿海自贸区，使得东部地区企业通过贸易伙伴对标，中西部地区企业与东部地区企业对标，为更多企业提供出口平台。同时，利用"一带一路"的发展契机，深化与沿线国家的合作，通过建立友好城市途径，增进相互之间的友谊、促进经济贸易发展，扩大出口市场范围，为各种类型企业出口找到合适的路径。

（3）依靠制度环境，拓展广度、稳定关系、提高质量，培育出口竞争新优势

对异质性企业出口贸易三维特征的研究结论表明，省级制度环境是推动产品—地区扩张的主要动力来源，国际制度环境是促进出口贸易数量增长和质量提升的主要因素，商品生存时间的延续更依赖于省级制度环境和国际制度环境的共同作用。这在很大程度上表明：异质性制度环境变量控制着不同贸易特征的发展。入世后，我国迫切想要改变依靠出口贸易数量增长带来出口优势的局面，希望从量变达到质变，逐步形成"高质量"的发展模式。因此，就需要各省根据企业自身的发展特点，完善制度政策，保持已有贸易关系，提升出口产品质量，培育贸易竞争新优势。具体需要从以下几方面进行完善。

在地区扩张方面，各省要改变企业仅向单一国家或地区大量出口的现状。由于企业出口扩张的阻力主要来自缺乏对海外市场消费者偏好、风俗文化、营销渠道等方面的了解。为此，各省可以通过构建"外贸信息服务平台"，尽力降低企业的出口贸易前期的沟通成本，还可以通过举办国际商品展览会、增加各国留学生比率等途径，帮助企业从各方面了解出口市场，为企业"走出去"提供良好的制度保障。在保持商品持续出口方面，各省应当对出口企业进行实地调研，了解企业出口产品持续时间过短的原因，引导企业选择海外市场，避免本土产品同质化导致竞争加剧的恶性循环。在质量提升方面，各省应该鼓励企业对"高尖端"产品进行模仿和学习，同时通过规范企业的出口行为，加强对企业出口产品质量的检验检疫，严禁以次充好、打击假冒伪劣产品的生产。此外，还可以通过加强校企合作，让高校充分了解企业对人才的需求，尽快承担起培养与国际接轨的高素质贸易人才的重任。

7.2　研究展望

本书虽然取得了一定的研究结果，但囿于诸多方面原因，仍存在一些不足和有待拓展的空间，值得在今后进行持续深入的研究。本书的研究局限主要表现在以下三个方面。

第一，在微观数据不断完善的条件下，可以继续研究异质性制度环境对企业出口贸易的影响。本书出于这几方面原因考虑，①中国在 2000 年前并未加入 WTO，且出口规模较小，所以国际制度环境对我国出口贸易的影响程度较弱。②2008 年，突发性的全球金融危机导致国际制度环境与我国出口贸易之间出现了极大的干扰现象，经济随之出现较大波动。③2007 年和 2008 年的工业企业数据出现了重要指标大量缺失的问题，无法满足研究需要。在考虑到数据库的平稳性、完整性以及可匹配性的情况下，本书仅对 2000～2006 年的企业数据进行整理和实证分析，虽然能在一定程度上说明异质性制度环境对企业出口贸易影响的程度，但不具有很强的时效性。未来，在数据完善的情况下，可以对企业出口贸易行为进行更为深入的分析。

第二，从制度环境分指标的相互影响来构建异质性制度环境还有很大的拓展空间。国内外学者和研究机构从不同角度构建了可比较的制度环境指标体系。本书重点从省级制度环境（市场化指数总指标）、国际制度环境（经济自由度总指标）及两者交互摩擦效应角度构建了异质性制度环境指标。在未来的研究中，可以运用数据库中的分指标来研究制度环境之间交互作用对贸易增长的影响。例如，政治稳定与货币政策、法制环境与贸易政策、政府腐败与金融政策等，进一步为此领域研究作出贡献。

　　第三，在企业研发数据、自贸区数据、网络交易数据不断丰富的情况下，可以研究异质性制度环境对企业出口贸易新特征的影响。囿于数据的可获得性以及篇幅的限制，本书选择了产品—地区扩张和出口贸易数量增长、产品出口持续时间、产品质量提升这几方面特征构成了本书的分析框架。但是中国企业的出口贸易特征不仅限于此，实际上，中国贸易迅速发展离不开企业技术创新、区域一体化、数字贸易等发挥的作用。在进一步的研究中，可以基于中国的国情，根据不同的研究内容和目的，从新贸易特征视角，分析贸易增长的趋势，或许会得到更多有意义的结论。

附录1 制度环境相关指标

附表1－1　　　　　中国各省份（地区）市场化总指数

省份	2000 年	2006 年	均值	省份	2000 年	2006 年	均值
北京	4.64	9.96	7.41	天津	5.36	9.18	7.31
河北	4.81	6.93	5.74	山西	3.39	5.84	4.51
内蒙古	3.59	6.28	4.66	辽宁	4.76	8.18	6.62
吉林	3.96	6.44	5.03	黑龙江	3.70	5.93	4.66
上海	5.75	10.79	8.84	江苏	6.08	9.80	8.01
浙江	6.57	10.80	8.92	安徽	4.70	7.29	5.70
福建	6.53	9.17	7.99	江西	4.04	6.77	5.24
山东	5.30	8.42	6.91	河南	4.24	7.07	5.29
湖北	3.99	7.12	5.49	湖南	3.86	6.98	5.30
广东	7.23	10.55	9.02	广西	4.29	6.12	5.08
海南	4.75	6.35	5.42	重庆	4.59	8.09	6.37
四川	4.41	7.26	5.90	贵州	3.31	5.22	3.88
云南	4.08	5.72	4.53	西藏	0.00	2.89	1.26
陕西	3.41	5.11	4.17	甘肃	3.31	4.95	3.75
青海	2.49	4.24	3.02	宁夏	2.82	5.24	3.97
新疆	2.67	5.19	4.10				

资料来源：《中国市场化指数——各地区市场化相对进程 2006 年报告》。

附表 1 - 2 **2000～2006 年中国与十大贸易伙伴国（地区）的**

经济自由度状况

国家或地区		2000 年	2001 年	2002 年	2003 年	2004 年	2005 年	2006 年	均值	区间
中国		56.4	52.6	52.8	52.6	52.5	53.7	53.6	53.5	4
欧盟	法国	57.4	58.0	58.0	59.2	60.9	60.5	61.1	59.3	4
	德国	65.7	69.5	70.4	69.7	69.5	68.1	70.8	69.1	3
	意大利	61.9	63.0	63.6	64.3	64.2	64.9	62.0	63.4	3
	荷兰	70.4	73.0	75.1	74.6	74.5	72.9	75.4	73.7	2
	比利时	63.5	63.8	67.6	68.1	68.7	69.0	71.8	67.5	3
	卢森堡	76.4	80.1	79.4	79.9	78.9	76.3	75.3	78.0	2
	英国	77.3	77.6	78.5	77.5	77.7	79.2	80.4	78.3	2
	丹麦	68.3	68.3	71.1	73.2	72.4	75.3	75.4	72.0	2
	爱尔兰	76.1	81.2	80.5	80.9	80.3	80.8	82.2	80.3	1
	希腊	61.0	63.4	59.1	58.8	59.1	59.0	60.1	60.1	3
	葡萄牙	65.5	66.0	65.4	64.9	64.9	62.4	62.9	64.6	3
	西班牙	65.9	68.1	68.8	68.8	68.9	67.0	68.2	67.9	3
	奥地利	68.4	68.1	67.4	67.6	67.6	68.8	71.1	68.4	3
	瑞典	65.1	66.6	70.8	70.0	70.1	69.8	70.9	69.0	3
	芬兰	64.3	69.7	73.6	73.7	73.4	71.0	72.9	71.2	2
	马耳他	58.3	62.9	62.2	61.1	63.3	68.9	67.3	63.4	3
	塞浦路斯	67.2	71.0	73.0	73.3	74.1	71.9	71.8	71.8	2
	波兰	60.0	61.8	65.0	61.8	58.7	59.6	59.3	60.9	3
	匈牙利	64.4	65.6	64.5	63.0	62.7	63.5	65.0	64.1	3
	捷克	68.6	70.2	66.5	67.5	67.0	64.6	66.4	67.3	3
	斯洛伐克	53.8	58.5	59.8	59.0	64.6	66.8	69.8	61.8	3
	斯洛文尼亚	58.3	61.8	57.8	57.7	59.2	59.6	61.9	59.5	4
	爱沙尼亚	69.9	76.1	77.6	77.7	77.4	75.2	74.9	75.5	2
	拉脱维亚	63.4	66.4	65.0	66.0	67.4	66.3	66.9	65.9	3
	立陶宛	61.9	65.5	66.1	69.7	72.4	70.5	71.8	68.3	3

续表

国家或地区		2000 年	2001 年	2002 年	2003 年	2004 年	2005 年	2006 年	均值	区间
东盟	柬埔寨	59.3	59.6	60.7	63.7	61.1	60.0	56.7	60.2	3
	印度尼西亚	55.2	52.5	54.8	55.8	52.1	52.9	51.9	53.6	4
	老挝	36.8	33.5	36.8	41.0	42.0	44.4	47.5	40.3	5
	马来西亚	66.0	60.2	60.1	61.1	59.9	61.9	61.6	61.5	3
	缅甸	47.9	46.1	45.5	44.9	43.6	40.5	40.0	44.1	5
	菲律宾	62.5	60.9	60.7	61.3	59.1	54.7	56.3	59.4	4
	新加坡	87.7	87.8	87.4	88.2	88.9	88.6	88.0	88.1	1
	泰国	66.6	68.9	69.1	65.8	63.7	62.5	63.3	65.7	3
	越南	43.7	44.3	45.6	46.2	46.1	48.1	50.5	46.4	5
美国		76.4	79.1	78.4	78.2	78.7	79.9	81.2	78.8	2
日本		70.7	70.9	66.7	67.6	64.3	67.3	73.3	68.7	3
中国香港		89.5	89.9	89.4	89.8	90.0	89.5	88.6	89.5	1
韩国		69.7	69.1	69.5	68.3	67.8	66.4	67.5	68.3	3
中国台湾		72.5	72.8	71.3	71.7	69.6	71.3	69.7	71.3	2
俄罗斯		51.8	49.8	48.7	50.8	52.8	51.3	52.4	51.1	4
澳大利亚		77.1	77.4	77.3	77.4	77.9	79.0	79.9	78.0	2
印度		47.4	49.0	51.2	51.2	51.5	54.2	52.2	50.9	4

注：数据来源于美国遗产基金会网站，文莱数据缺失，没有进行汇报。区间中的数字表示："自由经济体"（1）、"较自由经济体"（2）、"中等自由经济体"（3）、"较不自由经济体"（4）和"受压制经济体"（5）。

附录2　异质性企业出口贸易额测度

附表2-1　　　　　　　　异质性企业年平均出口贸易额　　　　　单位：百万美元

	2000 年	2001 年	2002 年	2003 年	2004 年	2005 年	2006 年	增长率（%）
总体	1.95	2.19	2.67	3.39	5.78	7.45	5.05	158.97
大型	5.66	7.04	9.52	11.63	26.62	23.27	22.08	290.46
中型	1.18	1.16	1.09	1.72	1.44	7.76	1.96	66.10
小型	0.68	0.61	0.51	0.47	0.44	0.51	0.77	13.11
微型	0.19	0.29	0.66	0.25	0.68	0.32	0.40	107.48
年轻	2.05	2.27	2.72	3.34	5.84	7.29	4.24	106.83
中年	0.75	0.15	0.31	5.14	6.03	11.08	16.12	2 043.81
老年	1.44	1.48	1.12	1.41	2.36	3.13	3.10	115.28
国有	1.73	1.69	2.43	2.69	2.53	9.22	6.35	267.05
集体	0.97	1.57	1.72	2.26	2.34	3.87	58.04	5 891.74
私营	1.96	1.41	1.42	1.78	1.66	2.64	1.22	-37.76
港澳台	1.31	1.39	1.91	2.79	2.80	11.27	3.53	169.47
外商	3.06	3.85	4.72	5.65	12.61	9.17	8.21	168.30
加工贸易	2.70	3.49	4.41	6.14	16.53	17.87	9.24	242.22
一般贸易	1.41	1.48	1.90	2.30	2.20	4.09	3.77	167.74
东部	2.00	2.25	2.78	3.52	6.06	7.80	5.25	162.50
中部	0.97	1.15	0.60	0.67	0.77	1.07	1.15	19.79
西部	0.70	1.25	0.51	0.74	0.67	0.95	1.31	89.86

资料来源：中国海关数据库和中国工业企业数据库。

附表 2－2　　　　　　　行业异质性企业年平均出口额测度　　　单位：百万美元

行业	2000 年	2006 年	增长率（%）
农副食品加工业（13）	0.60	0.98	64.25
食品制造业（14）	0.96	0.96	－0.01
饮料制造业（15）	0.31	1.40	349.13
纺织业（17）	1.69	1.29	－23.67
纺织服装、鞋、帽制造业（18）	1.40	0.98	－29.65
皮革、毛皮、羽毛（绒）及其制品业（19）	2.01	1.72	－14.43
木材加工及木、竹、藤、棕、草制品业（20）	0.36	0.57	59.92
家具制造业（21）	0.99	1.50	51.02
造纸及纸制品业（22）	0.51	2.73	440.26
印刷业和记录媒介的复制（23）	1.65	1.62	－1.82
文教体育用品制造业（24）	1.03	1.69	64.08
石油加工、炼焦及核燃料加工业（25）	10.07	1.25	－87.62
化学原料及化学制品制造业（26）	0.60	1.06	76.16
医药制造业（27）	0.73	1.26	72.85
化学纤维制造业（28）	1.02	1.76	72.55
橡胶制品业（29）	1.18	5.00	323.73
塑料制品业（30）	0.94	0.77	－17.71
非金属矿物制品业（31）	0.72	0.84	16.95
黑色金属冶炼及压延加工业（32）	2.64	4.14	56.82
有色金属冶炼及压延加工业（33）	1.29	2.17	68.22
金属制品业（34）	1.23	1.50	21.95
通用设备制造业（35）	1.13	2.98	163.72
专用设备制造业（36）	0.80	1.40	75.51
交通运输设备制造业（37）	2.69	2.93	8.92
电气机械及器材制造业（39）	2.48	3.96	59.68
通信设备、计算机及其他电子设备制造业（40）	8.15	40.68	399.39
仪器仪表及文化、办公用机械制造业（41）	4.09	5.16	26.16
工艺品及其他制造业（42）	0.43	0.83	92.11

资料来源：中国海关数据库和中国工业企业数据库。

附录3 异质性企业出口贸易二元边际测度

附表 3-1　　　　　　　　行业异质性企业出口的二元边际

行业	集约边际			扩展边际（关系对）		
	2000 年	2006 年	增长（%）	2000 年	2006 年	增长（%）
农副食品加工业（13）	401 457	439 356.6	9.44	18.33	27.74	51.34
食品制造业（14）	266 088.2	286 881.2	7.81	28.66	40.95	42.89
饮料制造业（15）	215 101.4	679 021.6	215.68	23.19	27.54	18.78
纺织业（17）	265 862.2	206 004.4	-22.51	114.84	73.41	-36.07
纺织服装、鞋、帽制造业（18）	193 284.8	155 271.6	-19.67	125.73	76.40	-39.24
皮革、毛皮、羽毛（绒）及其制品业（19）	406 898.1	345 799.4	-15.02	75.81	67.83	-10.53
木材加工及木、竹、藤、棕、草制品业（20）	222 206.1	235 740.3	6.09	22.59	44.25	95.87
家具制造业（21）	290 857.7	269 822.3	-7.23	34.69	73.99	113.28
造纸及纸制品业（22）	216 727.1	292 047.2	34.75	35.75	56.81	58.94
印刷业和记录媒介的复制（23）	219 923.7	194 756.2	-11.44	239.42	49.22	-79.44
文教体育用品制造业（24）	155 289.2	134 467.5	-13.41	164.18	154.62	-5.82
石油加工、炼焦及核燃料加工业（25）	7 533 034	899 223.7	-88.06	6.36	18.07	183.94
化学原料及化学制品制造业（26）	261 226.4	240 099.9	-8.09	28.18	98.37	249.14
医药制造业（27）	193 523.2	214 814	11.00	38.61	66.89	73.24

续表

行业	集约边际			扩展边际（关系对）		
	2000 年	2006 年	增长（%）	2000 年	2006 年	增长（%）
化学纤维制造业（28）	321 284.6	497 303.5	54.79	23.11	36.93	59.80
橡胶制品业（29）	231 178.7	363 171.9	57.10	48.25	101.42	110.21
塑料制品业（30）	181 628.3	195 397.5	7.58	86.73	61.53	-29.05
非金属矿物制品业（31）	236 101.4	171 616.9	-27.31	40.25	66.91	66.23
黑色金属冶炼及压延加工业（32）	938 221.6	1 175 127	25.25	21.30	33.16	55.67
有色金属冶炼及压延加工业（33）	695 180.9	920 065.4	32.35	22.21	33.94	52.79
金属制品业（34）	341 551.5	244 829.3	-28.32	112.28	132.59	18.09
通用设备制造业（35）	219 232.2	227 405.2	3.73	62.87	122.28	94.49
专用设备制造业（36）	194 161.8	210 601.5	8.47	116.28	74.81	-35.67
交通运输设备制造业（37）	496 390.2	437 367.5	-11.89	133.91	114.50	-14.49
电气机械及器材制造业（39）	420 032	344 519.1	-17.98	65.07	115.78	77.94
通信设备、计算机及其他电子设备制造业（40）	1 431 184	1 605 417	12.17	58.59	379.90	548.43
仪器仪表及文化、办公用机械制造业（41）	679 135.6	446 991.1	-34.18	49.67	136.13	174.09
工艺品及其他制造业（42）	186 376.3	160 663.4	-13.80	62.24	80.24	28.92

行业	扩展边际（产品种类）			扩展边际（目的地数）		
	2000 年	2006 年	增长（%）	2000 年	2006 年	增长（%）
农副食品加工业（13）	10.58	9.85	-6.90	5.82	11.08	90.20
食品制造业（14）	8.12	12.63	55.53	13.56	19.67	45.06
饮料制造业（15）	9.65	6.85	-29.02	10.06	13.93	38.40
纺织业（17）	48.01	23.14	-51.80	16.15	18.97	17.47
纺织服装、鞋、帽制造业（18）	50.88	30.79	-39.49	11.77	11.52	-2.09
皮革、毛皮、羽毛（绒）及其制品业（19）	23.74	12.37	-47.89	21.32	21.28	-0.17

行业	扩展边际（产品种类）			扩展边际（目的地数）		
	2000 年	2006 年	增长（%）	2000 年	2006 年	增长（%）
木材加工及木、竹、藤、棕、草制品业（20）	9.09	11.18	23.03	9.54	16.74	75.44
家具制造业（21）	12.46	13.08	4.99	10.81	23.01	112.86
造纸及纸制品业（22）	8.17	11.27	37.97	11.28	21.04	86.54
印刷业和记录媒介的复制（23）	46.28	11.42	−75.33	25.28	15.69	−37.93
文教体育用品制造业（24）	25.10	18.29	−27.14	31.92	33.80	5.89
石油加工、炼焦及核燃料加工业（25）	2.07	4.37	111.32	4.51	12.23	170.90
化学原料及化学制品制造业（26）	8.32	24.71	197.14	14.03	23.00	63.87
医药制造业（27）	11.63	18.80	61.69	17.24	25.20	46.19
化学纤维制造业（28）	6.01	9.14	52.21	15.02	19.53	29.99
橡胶制品业（29）	8.21	9.07	10.36	26.28	39.26	49.40
塑料制品业（30）	14.78	10.91	−26.17	23.76	24.24	2.03
非金属矿物制品业（31）	8.10	9.10	12.35	19.10	26.85	40.56
黑色金属冶炼及压延加工业（32）	6.71	6.31	−5.98	10.16	16.26	60.00
有色金属冶炼及压延加工业（33）	7.11	7.81	9.85	9.21	16.56	79.82
金属制品业（34）	29.69	26.52	−10.65	19.32	27.86	44.19
通用设备制造业（35）	13.52	19.28	42.54	19.09	24.65	29.11
专用设备制造业（36）	44.65	15.26	−65.83	21.10	22.78	7.96
交通运输设备制造业（37）	25.92	24.78	−4.42	24.82	28.01	12.87
电气机械及器材制造业（39）	12.24	15.26	24.66	21.79	32.63	49.76
通信设备、计算机及其他电子设备制造业（40）	14.70	64.28	337.17	18.08	38.78	114.51
仪器仪表及文化、办公用机械制造业（41）	10.73	21.09	96.49	19.90	29.26	47.07
工艺品及其他制造业（42）	16.81	15.41	−8.34	18.47	23.11	25.14

资料来源：中国海关数据库和中国工业企业数据库。

附录4 异质性企业出口贸易
持续时间测度

附表 4-1 异质性企业出口贸易持续时间的检验结果

企业类型		1 年	2 年	3 年	4 年	5 年	6 年	7 年
大型企业	起始值	440 351	122 746	45 900	17 652	7 291	3 328	1 385
	生存率	0.279	0.104	0.0401	0.0166	0.0076	0.0031	0.0031
中型企业	起始值	787 340	197 786	70 561	25 938	10 712	4 635	1 637
	生存率	0.251	0.0896	0.0329	0.0136	0.0059	0.0021	0.0021
小型企业	起始值	1 022 124	249 914	84 031	27 166	11 133	4 581	1 905
	生存率	0.233	0.0783	0.0253	0.0104	0.0043	0.0018	0.0018
微型企业	起始值	14 231	1 617	432	124	42	4	14 231
	生存率	0.114	0.0304	0.0087	0.003	0.0003	0	0
年轻企业	起始值	2 052 733	549 153	211 168	79 261	35 764	16 182	6 431
	生存率	0.272	0.105	0.0392	0.0177	0.008	0.0032	0.0032
中年企业	起始值	146 619	34 535	10 925	3 301	1 207	542	97
	生存率	0.235	0.0745	0.0225	0.0082	0.0037	0.0007	0.0007
老年企业	起始值	64 694	15 922	5 100	1 929	900	477	231
	生存率	0.246	0.0788	0.0298	0.0139	0.0074	0.0036	0.0036
国有企业	起始值	66 980	12 232	3 474	1 244	514	291	172
	生存率	0.183	0.0519	0.0186	0.0077	0.0043	0.0026	0.0026
集体企业	起始值	76 653	12 846	3 334	758	163	56	17
	生存率	0.168	0.0435	0.0099	0.0021	0.0007	0.0002	0.0002

续表

企业类型		1 年	2 年	3 年	4 年	5 年	6 年	7 年
私营企业	起始值	722 743	173 767	57 624	18 554	7 136	2 727	731
	生存率	0.24	0.0797	0.0257	0.0099	0.0038	0.001	0.001
港澳台企业	起始值	686 034	189 233	73 534	28 192	12 372	5 734	2 312
	生存率	0.276	0.107	0.0411	0.018	0.0084	0.0034	0.0034
外商投资企业	起始值	711 636	199 198	79 671	30 149	14 220	6 773	3 132
	生存率	0.28	0.112	0.0424	0.02	0.0095	0.0044	0.0044
加工贸易企业	起始值	576 140	166 797	63 169	24 931	10 671	4 779	2 190
	生存率	0.289	0.11	0.0433	0.0185	0.0083	0.0038	0.0038
一般贸易企业	起始值	1 687 906	413 832	146 739	51 784	22 122	9 149	3 137
	生存率	0.244	0.0865	0.0305	0.013	0.0054	0.0018	0.0018
东部企业	起始值	2 147 137	575 843	224 505	87 968	40 785	19 059	8 212
	生存率	0.276	0.108	0.0422	0.0196	0.0091	0.0039	0.0039
中部企业	起始值	71 368	17 083	5 647	1 751	675	303	165
	生存率	0.239	0.0791	0.0245	0.0095	0.0042	0.0023	0.0023
西部企业	起始值	45 541	11 490	4 121	1 472	621	275	127
	生存率	0.252	0.0905	0.0323	0.0136	0.006	0.0028	0.0028

注：表中数值由 K－M 生存率估计结果汇总整理所得。本表只汇报了起始值和生存率。
资料来源：中国海关数据库和中国工业企业数据库。

附表 4-2   行业异质性企业出口持续时间的 K-M 估计

行业	起始值		生存率	
	1 年	7 年	1 年	7 年
农副食品加工业（13）	45 258	136	0.294	0.003
食品制造业（14）	22 002	99	0.286	0.0045
饮料制造业（15）	4 390	11	0.253	0.0025
纺织业（17）	240 480	327	0.224	0.0014
纺织服装、鞋、帽制造业（18）	277 074	902	0.238	0.0033

续表

行业	起始值		生存率	
	1 年	7 年	1 年	7 年
皮革、毛皮、羽毛（绒）及其制品业（19）	88 009	346	0.291	0.0039
木材加工及木、竹、藤、棕、草制品业（20）	29 683	14	0.23	0.0005
家具制造业（21）	51 615	84	0.256	0.0016
造纸及纸制品业（22）	13 421	7	0.251	0.0005
印刷业和记录媒介的复制（23）	12 416	23	0.244	0.0019
文教体育用品制造业（24）	124 477	949	0.308	0.0076
石油加工、炼焦及核燃料加工业（25）	1 146	1	0.248	0.0009
化学原料及化学制品制造业（26）	92 624	342	0.297	0.0037
医药制造业（27）	31 816	82	0.272	0.0026
化学纤维制造业（28）	4 587	1	0.225	0.0002
橡胶制品业（29）	33 747	64	0.299	0.0019
塑料制品业（30）	92 854	221	0.27	0.0024
非金属矿物制品业（31）	80 487	276	0.287	0.0034
黑色金属冶炼及压延加工业（32）	9 404	8	0.218	0.0009
有色金属冶炼及压延加工业（33）	16 937	26	0.25	0.0015
金属制品业（34）	125 697	412	0.276	0.0033
通用设备制造业（35）	130 875	339	0.285	0.0026
专用设备制造业（36）	68 984	105	0.214	0.0015
交通运输设备制造业（37）	86 161	112	0.255	0.0013
电气机械及器材制造业（39）	171 404	523	0.295	0.0031
通信设备、计算机及其他电子设备制造业（40）	186 861	510	0.265	0.0027
仪器仪表及文化、办公用机械制造业（41）	65 331	286	0.297	0.0044
工艺品及其他制造业（42）	114 316	423	0.279	0.0037

资料来源：中国海关数据库和中国工业企业数据库。

附录5 异质性企业出口贸易产品质量测度

附表 5-1 异质性企业出口产品质量

企业类型	2000 年	2001 年	2002 年	2003 年	2004 年	2005 年	2006 年	均值	增长率（%）
总体	0.5748	0.5839	0.5791	0.5858	0.5862	0.5879	0.5858	0.5834	1.92
大型	0.5783	0.5839	0.5870	0.5981	0.6038	0.6120	0.6326	0.5994	3.65
中型	0.5742	0.5949	0.5821	0.5876	0.5750	0.5755	0.5561	0.5779	0.64
小型	0.5697	0.5694	0.5633	0.5604	0.5659	0.5644	0.5476	0.5630	-1.19
微型	0.5739	0.5444	0.5791	0.6160	0.7664	0.6031	0.5503	0.6047	5.38
年轻	0.5826	0.5878	0.5853	0.5856	0.5846	0.5856	0.5824	0.5848	-0.03
中年	0.5132	0.5579	0.5275	0.5811	0.6218	0.6080	0.6230	0.5761	21.39
老年	0.5213	0.5393	0.5202	0.5992	0.5539	0.5983	0.5767	0.5584	10.64
国有	0.5176	0.5591	0.5561	0.5834	0.6240	0.6430	0.5857	0.5813	13.17
集体	0.5446	0.5500	0.5433	0.6825	0.6044	0.5472	0.6968	0.5955	27.93
私营	0.5692	0.5602	0.5547	0.5589	0.5772	0.5738	0.5653	0.5656	-0.69
港澳台	0.5693	0.5733	0.5747	0.5696	0.5560	0.5784	0.5846	0.5723	2.69
外商	0.5961	0.6054	0.5984	0.6024	0.6033	0.5995	0.5932	0.5998	-0.49
加工	0.5833	0.6000	0.5952	0.6042	0.6047	0.6096	0.6200	0.6024	6.30
一般	0.5570	0.5563	0.5573	0.5619	0.5672	0.5651	0.5540	0.5598	-0.53
东部	0.5778	0.5876	0.5820	0.5884	0.5864	0.5874	0.5865	0.5852	1.52
中部	0.5121	0.5149	0.5216	0.5469	0.5873	0.5990	0.5691	0.5501	11.14
西部	0.5440	0.5244	0.5318	0.5270	0.5780	0.5888	0.5869	0.5544	7.88

资料来源：中国海关数据库和中国工业企业数据库。

附表 5－2　　　　　　行业异质性企业出口产品质量测度

行业	2000 年	2006 年	均值	增长率（％）
农副食品加工业（13）	0.6118	0.6094	0.6139	－ 0.40
食品制造业（14）	0.5534	0.5317	0.5364	－ 3.93
饮料制造业（15）	0.6006	0.3888	0.5274	－ 35.27
纺织业（17）	0.6184	0.5810	0.6006	－ 6.04
纺织服装、鞋、帽制造业（18）	0.5826	0.5586	0.5644	－ 4.12
皮革、毛皮、羽毛（绒）及其制品业（19）	0.6605	0.6235	0.6489	－ 5.60
木材加工及木、竹、藤、棕、草制品业（20）	0.5924	0.5782	0.5732	－ 2.41
家具制造业（21）	0.5678	0.5943	0.5906	4.68
造纸及纸制品业（22）	0.5473	0.5027	0.5236	－ 8.16
印刷业和记录媒介的复制（23）	0.5863	0.5842	0.6135	－ 0.36
文教体育用品制造业（24）	0.5771	0.5513	0.5695	－ 4.47
石油加工、炼焦及核燃料加工业（25）	0.5519	0.6016	0.5082	9.00
化学原料及化学制品制造业（26）	0.4906	0.4833	0.5014	－ 1.49
医药制造业（27）	0.5400	0.5237	0.5344	－ 3.03
化学纤维制造业（28）	0.6209	0.5212	0.5880	－ 16.05
橡胶制品业（29）	0.5279	0.5652	0.5591	7.07
塑料制品业（30）	0.5694	0.5424	0.5611	－ 4.74
非金属矿物制品业（31）	0.5869	0.5550	0.5795	－ 5.43
黑色金属冶炼及压延加工业（32）	0.3010	0.5604	0.4546	86.20
有色金属冶炼及压延加工业（33）	0.5214	0.6463	0.5283	23.96
金属制品业（34）	0.5950	0.5245	0.5839	－ 11.84
通用设备制造业（35）	0.6622	0.6573	0.6196	－ 0.74
专用设备制造业（36）	0.6254	0.6640	0.6531	6.17
交通运输设备制造业（37）	0.6155	0.6757	0.6567	9.77
电气机械及器材制造业（39）	0.5072	0.4870	0.4925	－ 3.97
通信设备、计算机及其他电子设备制造业（40）	0.5652	0.6111	0.5928	8.11
仪器仪表及文化、办公用机械制造业（41）	0.5492	0.5435	0.5814	－ 1.03
工艺品及其他制造业（42）	0.6337	0.5993	0.6155	－ 5.42

资料来源：中国海关数据库和中国工业企业数据库。

参 考 文 献

[1] 鲍宗客. 创新行为与中国企业生存风险：一个经验研究 [J]. 财贸经济，2016（2）：85－99，113.

[2] 布罗姆利. 经济利益与经济制度 [M]. 上海：上海三联书店，1996.

[3] 曹驰. 制度质量对中国企业出口行为的动态影响研究 [D]. 武汉：中南财经政法大学，2017.

[4] 曹亮，陆蒙华. 贸易成本、多产品出口企业与出口增长的二元边际 [J]. 宏观经济研究，2017（1）：42－53.

[5] 曹献飞，李晓萍，戴云徽. 政府补贴对企业出口产品质量的影响研究 [J]. 江苏科技大学学报（社会科学版），2018，18（2）：86－93.

[6] 陈怀超，范建红. 制度距离、中国跨国公司进入战略与国际化绩效：基于组织合法性视角 [J]. 南开经济研究，2014（2）：99－117.

[7] 陈继勇，刘骐豪. 信贷融资对中国企业出口行为的影响——基于双重信贷和双重出口边际的研究 [J]. 世界经济研究，2015（4）：53－63，128.

[8] 陈丽丽，龚静. 区域服务贸易协定、制度因素与服务贸易促进体系研究——基于49国之间双边服务贸易流量面板数据的实证分析 [J]. 国际贸易问题，2014（11）：132－143.

[9] 陈梅，周申，何冰. 金融发展、融资约束和进口二元边际——基于多产品企业的研究视角 [J]. 国际经贸探索，2017，33（6）：85－101.

[10] 陈能军，王娟. 制度质量与出口结构优化的关系测度——基于2003～2016年中国与"一带一路"沿线58个国家的经验数据 [J]. 江汉论坛，2019 (4)：16–21.

[11] 陈思思. 关税减让、多产品企业与中国进口的扩展边际 [D]. 大连：大连理工大学，2014.

[12] 陈雯，孙照吉. 劳动力成本与企业出口二元边际 [J]. 数量经济技术经济研究，2016，33 (9)：22–39.

[13] 陈晓华，沈成燕. 出口持续时间对出口产品质量的影响研究 [J]. 国际贸易问题，2015 (1)：47–57.

[14] 陈勇兵，陈宇媚，周世民. 贸易成本、企业出口动态与出口增长的二元边际——基于中国出口企业微观数据：2000～2005 [J]. 经济学 (季刊)，2012，11 (4)：1477–1502.

[15] 陈勇兵，李燕，周世民. 中国企业出口持续时间及其决定因素 [J]. 经济研究，2012，47 (7)：48–61.

[16] 陈勇兵，钱意，张相文. 中国进口持续时间及其决定因素 [J]. 统计研究，2013，30 (2)：49–57.

[17] 陈阵，隋岩. 贸易成本如何影响中国出口增长的二元边际——多产品企业视角的实证分析 [J]. 世界经济研究，2013 (10)：43–48，88.

[18] 程玉坤. 融资约束与多产品出口企业的二元边际 [D]. 广州：暨南大学，2015.

[19] 大卫·李嘉图. 政治经济学及赋税原理 [M]. 北京：商务印书馆，1962.

[20] 戴美虹. 出口产品异质性对企业出口持续期的影响研究 [D]. 大连：大连理工大学，2016.

[21] 戴翔，金碚. 产品内分工、制度质量与出口技术复杂度 [J]. 经济研究，2014，49 (7)：4–17，43.

[22] 邓宏图，宋高燕. 学历分布、制度质量与地区经济增长路径的分岔 [J]. 经济研究，2016 (9)：89–103.

［23］邓路，谢志华，李思飞．民间金融、制度环境与地区经济增长［J］．管理世界，2014（3）：31－40，187．

［24］董志强，魏下海，汤灿晴．制度软环境与经济发展——基于30个大城市营商环境的经验研究［J］．管理世界，2012（4）：9－20．

［25］凡勃仑．有闲阶级论［M］．北京：商务印书馆，1964．

［26］樊纲，王小鲁，朱恒鹏．中国市场化指数——各地区市场化相对进程2006年报告［M］．北京：经济科学出版社，2007．

［27］樊海潮，郭光远．出口价格、出口质量与生产率间的关系：中国的证据［J］．世界经济，2015，38（2）：58－85．

［28］范金亚．融资约束对江苏省制造业企业出口的影响分析［J］．时代金融，2017（15）：58－59．

［29］弗鲁博顿，芮切特．新制度经济学［M］．上海：上海三联书店，2006．

［30］郭界秀．制度与贸易发展关系研究综述［J］．国际经贸探索，2013，29（4）：85－94．

［31］郭平．政治关系、制度环境与中国企业出口行为［J］．当代财经，2015（1）：98－108．

［32］郭苏文，黄汉民．制度质量、制度稳定性与经济增长：一项实证研究［J］．当代经济科学，2010，32（6）：116－121，126．

［33］郭苏文，黄汉民．中国贸易政策的制度质量分析——基于制度有效性和稳定性视角［J］．经济经纬，2014，31（6）：52－57．

［34］胡超，王新哲．中国－东盟区域经济深度一体化——制度环境与制度距离的视角［J］．国际经贸探索，2012，28（3）：77－87．

［35］胡国恒，赵雪婷．制度环境、契约密集度与制造业出口产品质量——基于微观数据的研究［J］．国际经贸探索，2018，34（8）：4－18．

［36］黄远浙，李鑫洋，王成岐．外资对中国企业出口影响的二元边际经验分析［J］．国际贸易问题，2017（5）：114－125．

［37］加尔布雷思．丰裕社会［M］．上海：上海人民出版社，1965．

[38] 加尔布雷思. 经济学与公共目标 [M]. 北京：华夏出版社，2001.

[39] 加尔布雷思. 新工业国 [M]. 上海：上海人民出版社，2012.

[40] 蒋灵多，陈勇兵. 出口企业的产品异质性与出口持续时间 [J]. 世界经济，2015，38（7）：3 – 26.

[41] 蒋为，顾凌骏. 融资约束、成本异质性与企业出口行为——基于中国工业企业数据的实证分析 [J]. 国际贸易问题，2014（2）：167 – 176.

[42] 金祥荣，茹玉骢，吴宏. 制度、企业生产效率与中国地区间出口差异 [J]. 管理世界，2008（11）：65 – 77.

[43] 康芒斯. 制度经济学 [M]. 北京：商务印书馆，2011.

[44] 科斯. 财产权利与制度变迁——产权学派与新制度学派译文集 [M]. 上海：上海三联书店，2002.

[45] 兰宜生. 中国的大国贸易政策修正 [M]. 上海：上海财经大学出版社，2010.

[46] 李春顶. 中国企业"出口 – 生产率悖论"研究综述 [J]. 世界经济，2015，38（5）：148 – 175.

[47] 李方静. 中间产品进口与企业出口质量 [J]. 世界经济研究，2016（10）：76 – 88，136.

[48] 李军，刘海云. 生产率异质性还是多重异质性——中国出口企业竞争力来源的实证研究 [J]. 南方经济，2015（3）：1 – 23.

[49] 李俊青，刘凯丰，李双建. 法治环境、契约密集度与企业出口决策 [J]. 国际贸易问题，2018（9）：38 – 52.

[50] 李坤望. 改革开放三十年来中国对外贸易发展评述 [J]. 经济社会体制比较，2008（4）：35 – 40.

[51] 李新，王翠竹，谭桑. 制度与国际贸易关系研究进展 [J]. 经济学动态，2013（11）：127 – 134.

[52] 刘德学，孙博文. 经济制度距离与贸易发展——基于跨国面板数据的实证研究 [J]. 国际商务，2019（1）：21 – 33.

[53] 刘慧，綦建红. 以往经验能否促进中国企业出口生存时间的延

长——基于微观数据的证据 [J]. 国际贸易问题, 2017 (4): 3 - 13.

[54] 刘清肇. 金融发展对中国企业出口二元边际的影响研究 [D]. 南京: 东南大学, 2017.

[55] 刘晓宁. 贸易自由化、异质性企业出口决策与出口产品质量升级研究 [D]. 济南: 山东大学, 2015.

[56] 逯宇铎, 陈金平, 陈阵. 中国企业进口贸易持续时间的决定因素研究 [J]. 世界经济研究, 2015 (5): 42 - 51, 127 - 128.

[57] 逯宇铎, 于娇, 刘海洋. 出口行为对企业生存时间的强心剂效应研究——来自 1999~2008 年中国企业面板数据的实证分析 [J]. 经济理论与经济管理, 2013 (8): 60 - 71.

[58] 路畅, 王媛媛, 于渤, 等. 制度环境、技术创新与传统产业升级——基于中国省际面板数据的门槛回归分析 [J]. 科技进步与对策, 2019 (5): 1 - 6.

[59] 毛其淋, 盛斌. 贸易自由化、企业异质性与出口动态——来自中国微观企业数据的证据 [J]. 管理世界, 2013 (3): 48 - 65, 68, 66 - 67.

[60] 孟祥宁, 张林. 多重异质性与经济演化关系的系统化研究 [J]. 南方经济, 2018 (3): 68 - 83.

[61] 聂辉华, 江艇, 杨汝岱. 中国工业企业数据库的使用现状和潜在问题 [J]. 世界经济, 2012, 30 (5): 142 - 158.

[62] 诺斯. 经济史中的结构与变迁 [M]. 上海: 上海三联书店, 1991.

[63] 诺斯, 托马斯. 西方世界的兴起 [M]. 北京: 华夏出版社, 2013.

[64] 诺斯. 制度、制度变迁与经济绩效 [M]. 上海: 上海人民出版社, 2014.

[65] 潘安, 魏龙. 制度距离对中国稀土出口贸易的影响——基于 18 个国家和地区贸易数据的引力模型分析 [J]. 国际贸易问题, 2013 (4): 96 - 104.

[66] 潘向东, 廖进中, 赖明勇. 经济制度安排、国际贸易与经济增

长影响机理的经验研究 [J]. 经济研究, 2005 (11): 57 – 67, 124.

[67] 潘镇. 制度质量、制度距离与双边贸易 [J]. 中国工业经济, 2006 (7): 45 – 52.

[68] 彭国华, 夏帆. 中国多产品出口企业的二元边际及核心产品研究 [J]. 世界经济, 2013, 36 (2): 42 – 63.

[69] 齐兰, 徐云松. 制度环境、区域金融化与产业结构升级——基于中国西部面板数据的动态关系研究 [J]. 中央财经大学学报, 2017 (12): 22 – 33.

[70] 祁春凌, 邹超. 东道国制度质量、制度距离与中国的对外直接投资区位 [J]. 当代财经, 2013 (7): 100 – 110.

[71] 綦建红, 李丽, 杨丽. 中国 OFDI 的区位选择: 基于文化距离的门槛效应与检验 [J]. 国际贸易问题, 2012 (12): 137 – 147.

[72] 钱学锋. 企业异质性、贸易成本与中国出口增长的二元边际 [J]. 管理世界, 2008 (9): 48 – 56, 66, 187.

[73] 曲如晓, 韩丽丽. 文化距离对中国文化产品贸易影响的实证研究 [J]. 黑龙江社会科学, 2011 (4): 34 – 39.

[74] 邵军. 中国出口贸易联系持续期及影响因素分析——出口贸易稳定发展的新视角 [J]. 管理世界, 2011 (6): 24 – 33, 187.

[75] 邵骏, 张捷. 中国服务业增长的制度因素分析——基于拓展索洛模型的跨地区、跨行业实证研究 [J]. 南开经济研究, 2013 (2): 132 – 152.

[76] 施炳展, 邵文波. 中国企业出口产品质量测算及其决定因素——培育出口竞争新优势的微观视角 [J]. 管理世界, 2014 (9): 90 – 106.

[77] 施炳展, 曾祥菲. 中国企业进口产品质量测算与事实 [J]. 世界经济, 2015, 38 (3): 57 – 77.

[78] 施炳展. 中国出口增长的三元边际 [J]. 经济学 (季刊), 2010, 9 (4): 1311 – 1330.

[79] 施炳展. 中国企业出口产品质量异质性: 测度与事实 [J]. 经济

学（季刊），2014，13（1）：263 - 284.

[80] 宋渊洋. 制度距离、制度相对发展水平与服务企业国内跨地区经营战略——来自中国证券业的经验证据 [J]. 南开管理评论，2015，18（3）：60 - 70.

[81] 苏丹妮，盛斌，邵朝对. 产业集聚与企业出口产品质量升级 [J]. 中国工业经济，2018（11）：117 - 135.

[82] 隋岩. 汇率变动影响中国多产品企业出口的实证研究 [D]. 大连：大连理工大学，2014.

[83] 孙楚仁，王松，陈瑾. 国家制度、行业制度密集度与出口比较优势 [J]. 国际贸易问题，2018（2）：33 - 42.

[84] 孙晓华，李明珊，王昀. 市场化进程与地区经济发展差距 [J]. 数量经济技术经济研究，2015（6）：39 - 55.

[85] 谭智，王翠竹，李冬阳. 目的国制度质量与企业出口生存：来自中国的证据 [J]. 数量经济技术经济研究，2014，31（8）：87 - 101.

[86] 汤二子，刘海洋. 中国出口企业"生产率悖论"存在性检验——来自2005～2008年中国制造业企业的证据 [J]. 国际经贸探索，2011，27（11）：39 - 47.

[87] 佟家栋，许家云，毛其淋. 人民币汇率、企业出口边际与出口动态 [J]. 世界经济研究，2016（3）：70 - 85，135.

[88] 威廉姆森. 资本主义经济制度 [M]. 北京：商务印书馆，2002.

[89] 韦永贵，李红. 中国文化产品出口贸易的影响因素研究——基于文化、地理及制度三维距离的检验 [J]. 现代财经，2016，36（10）：103 - 113.

[90] 魏浩，何晓琳，赵春明. 制度水平、制度差距与发展中国家的对外贸易发展——来自全球31个发展中国家的国际经验 [J]. 南开经济研究，2010（5）：18 - 34.

[91] 魏昀妍，樊秀峰. 基于商品生存时间视角的中国向"丝路"国家出口增长趋势研究 [J]. 世界经济研究，2017（7）：110 - 121，137.

[92] 吴飞飞，唐保庆，张为付. 地区制度环境与企业出口二元边际——兼论市场取向的供给侧结构性改革路径 [J]. 国际贸易问题，2018 (11)：31 – 44.

[93] 吴先明，张雨. 海外并购提升了产业技术创新绩效吗——制度距离的双重调节作用 [J]. 南开管理评论，2019，22 (1)：4 – 16.

[94] 吴晓云，陈怀超. 基于制度距离的跨国公司知识转移研究 [J]. 经济问题探索，2011 (9)：17 – 23.

[95] 项卫星，李宏瑾. 经济自由与经济增长：来自各国的证据 [J]. 南开经济研究，2009 (5)：3 – 25.

[96] 谢洪明，钱莹，李春阳. 制度质量对跨国并购绩效的影响——制度距离和跨国并购经验的调节效应 [J]. 浙江工业大学学报 (社会科学版)，2018，17 (3)：267 – 272.

[97] 谢孟军，王立勇. 经济制度质量对中国出口贸易影响的实证研究——基于改进引力模型的36国 (地区) 面板数据分析 [J]. 财贸研究，2013，24 (3)：77 – 83.

[98] 谢千里，罗斯基，张轶凡. 中国工业生产率的增长与收敛 [J]. 经济学 (季刊)，2008 (3)：809 – 826.

[99] 辛大楞，辛立国. 营商环境与企业产品质量升级——基于腐败视角的分析 [J]. 财贸研究，2019，30 (3)：85 – 98.

[100] 熊锋，黄汉民. 贸易政策的制度质量分析——基于制度稳定性视角的研究评述 [J]. 中南财经政法大学学报，2009 (5)：53 – 59，143.

[101] 徐浩，冯涛. 制度环境优化有助于推动技术创新吗？——基于中国省际动态空间面板的经验分析 [J]. 财经研究，2018，44 (4)：47 – 61.

[102] 徐莉. 创新补贴影响企业出口二元边际研究 [D]. 长沙：湖南大学，2017.

[103] 许和连，王海成. 最低工资标准对企业出口产品质量的影响研究 [J]. 世界经济，2016，39 (7)：73 – 96.

[104] 许和连，徐莉，王海成. 创新补贴影响企业出口二元边际研究

[J]．湖南大学学报（社会科学版），2017，31（2）：61－68.

[105] 许家云，毛其淋，胡鞍钢．中间品进口与企业出口产品质量升级：基于中国证据的研究［J］．世界经济，2017，40（3）：52－75.

[106] 许家云，毛其淋．政府补贴、治理环境与中国企业生存［J］．世界经济，2016，39（2）：75－99.

[107] 许家云，周绍杰，胡鞍钢．制度距离、相邻效应与双边贸易——基于"一带一路"国家空间面板模型的实证分析［J］．财经研究，2017，43（1）：75－85.

[108] 许明，李逸飞．中国出口低加成率之谜：竞争效应还是选择效应［J］．世界经济，2018，41（8）：77－102.

[109] 许明．市场竞争、融资约束与中国企业出口产品质量提升［J］．数量经济技术经济研究，2016，33（9）：40－57.

[110] 亚当·斯密．国民财富的性质和原因的研究［M］．北京：商务印书馆，1997.

[111] 阎大颖．制度距离、国际经验与中国企业海外并购的成败问题［J］．南开经济研究，2011（5）：75－97.

[112] 颜克高，井荣娟．制度环境对社会捐赠水平的影响——基于2001～2013年省级数据研究［J］．南开经济研究，2016（6）：41－55.

[113] 杨连星，张杰，金群．金融发展、融资约束与企业出口的三元边际［J］．国际贸易问题，2015（4）：95－105.

[114] 杨小凯．经济学：新古典与新古典框架［M］．北京：社会科学文献出版社，2003.

[115] 叶迪，朱林可．地区质量声誉与企业出口表现［J］．经济研究，2017（6）：105－119.

[116] 于洪霞，陈玉宇．外贸出口影响工资水平的机制探析［J］．管理世界，2010（10）：47－58，187.

[117] 余淼杰．加工贸易与中国企业生产率——企业异质性理论和实证研究［M］．北京：北京大学出版社，2013.

［118］曾金莲．金融发展、融资约束与中国企业出口二元边际［D］．南京：南京财经大学，2016．

［119］曾燕萍，曲如晓．社会信任对中国工业企业出口影响的实证研究［J］．经济统计学（季刊），2017（2）：133－151．

［120］张兵兵，田曦．目的国经济政策不确定性如何影响中国企业的出口产品质量？［J］．世界经济研究，2018（12）：60－71，133．

［121］张慧，彭璧玉．创新行为与企业生存：创新环境、员工教育重要吗［J］．产业经济研究，2017（4）：30－40．

［122］张慧．政府补贴、异质性与企业生存：来自中国工业企业的证据［D］．广州：暨南大学，2018．

［123］张杰，郑文平．政府补贴如何影响中国企业出口的二元边际［J］．世界经济，2015，38（6）：22－48．

［124］张明志，季克佳．人民币汇率变动对中国制造业企业出口产品质量的影响［J］．中国工业经济，2018（1）：5－23．

［125］张五常．经济组织与交易成本［M］．北京：商务印书馆，2000．

［126］赵瑞丽，孙楚仁，陈勇兵．最低工资与企业出口持续时间［J］．世界经济，2016，39（7）：97－120．

［127］郑辛迎，方民月，聂辉华．市场范围、制度质量和企业一体化：来自中国制造业的证据［J］．南开经济研究，2014（1）：118－133．

［128］周世民，孙瑾，陈勇兵．中国企业出口生存率估计：2000～2005［J］．财贸经济，2013（2）：80－90．

［129］周晖．基于贸易二元边际的中国出口增长转型研究［D］．南昌：江西财经大学，2015．

［130］朱福林，赵绍全．制度质量、国际R&D溢出与服务出口技术复杂度——基于跨国面板数据的实证研究［J］．经济问题探索，2018（10）：151－162．

［131］宗芳宇，路江涌，武常岐．双边投资协定、制度环境和企业对外直接投资区位选择［J］．经济研究，2012，47（5）：71－82，146．

[132] Acemoglu D, Antràs P, Helpman E. Contracts and technology adoption [J]. American Economic Review, 2007, 97 (3): 916 – 943.

[133] Aeberhardt R, Buono I, Fadinger H. Learning, incomplete contracts and export dynamics: Theory and evidence from french firms [J]. European Economic Review, 2014, 68: 219 – 249.

[134] Amiti M, Freund C. The anatomy of China's export growth [M]. University of Chicago Press, 2010.

[135] Amurgo – Pacheco A, Pierola M D. Patterns of export diversification in developing countries: Intensive and extensive margins [J]. World Bank Policy Research Working Paper, 2008.

[136] Anderson J, Marcouiller D. Insecurity and the pattern of trade: An empirical investigation [J]. The Review of Economics and Statistics, 2002, 84 (2): 342 – 352.

[137] Ando N, Paik Y. Institutional distance, host country and international business experience and the use of parent country nationals [J]. Human Resource Management Journal, 2013, 23 (1): 52 – 71.

[138] Antoniades A. Heterogeneous firms, quality and trade [J]. Journal of International Economics, 2015, 95 (2): 263 – 273.

[139] Antràs P, Helpman E. Global sourcing [J]. Journal of Political Economy, 2004, 112 (3): 552 – 580.

[140] Ara T. Institutions as a ricardian source of comparative advantage [J]. Fukushima University, 2013.

[141] Araujo L, Mion G, Ornelas E. Institutions and export dynamics [J]. Journal of International Economics, 2016, 98: 2 – 20.

[142] Arkolakis C, Demidova S, Klenow P J et al. Endogenous variety and the gains from trade [J]. American Economic Review, 2008, 98 (2): 444 – 450.

[143] Bae J, Salomon R. Institutional distance in international business

research［M］. Emerald Group Publishing Limited, 2010.

［144］ Baldwin R E, Okubo T. Heterogeneous firms, agglomeration and economic geography: Spatial selection and sorting［J］. Journal of Economic Geography, 2005, 6 (3): 323 – 346.

［145］ Baldwin R, Harrigan J. Zeros, quality, and space: Trade theory and trade evidence［J］. American Economic Journal Microeconomics, 2011, 3 (2): 60 – 88.

［146］ Behrens K, Duranton G, Robert – Nicoud F. Productive cities: Sorting, selection, and agglomeration ［J］. Journal of Political Economy, 2014, 122 (3): 507 – 553.

［147］ Belloc M, Bowles S. Factor mobility and the persistence of cultural-institutional diversity ［J］. International Trade. CESifo Working Paper Series No. 2762. 2009.

［148］ Berkowitz D, Moenius J, Pistor K. Trade, law, and product complexity ［J］. The Review of Economics and Statistics, 2006, 88 (2): 363 – 373.

［149］ Bernard A B, Eaton J, J. Bradford J, et al. Plants and productivity in international trade ［J］. American Economic Review, 2003, 93 (4): 1268 – 1290.

［150］ Bernard A B, Jensen J B. Exceptional exporter performance: Cause, effect, or both? ［J］. Working Papers, 1999, 47 (1): 1 – 25.

［151］ Bernard A B, Jensen J B, Lawrence R Z. Exporters, jobs, and wages in U. S. manufacturing: 1976 – 1987 ［J］. Brookings Papers on Economic Activity Microeconomics, 1995, 1995: 67 – 119.

［152］ Bernard A B, Jensen J B, Redding S J, et al. Firms in international trade ［J］. Journal of Economic Perspectives, 2007, 21 (3): 105 – 130.

［153］ Bernard A B, Jensen J B, Redding S J. The margins of US trade

［J］. American Economic Review, 2009, 99 (2): 487 – 493.

［154］ Bernard A B, Jensen J B. Why some firms export ［J］. The Review of Economics and Statistics, 2004, 86 (2): 561 – 569.

［155］ Bernard A B, Redding S J, Schott P K. Multiproduct firms and trade liberalization ［J］. The Quarterly Journal of Economics, 2011, 126 (3): 1271 – 1318.

［156］ Bernard A B, Wagner J. Exports and success in German manufacturing ［J］. Weltwirtschaftliches Archiv, 1997, 133 (1): 134 – 157.

［157］ Besedes T, J. Prusa T. Ins, outs, and the duration of trade ［J］. Canadian Journal of Economics, 2006a, 39 (1): 266 – 295.

［158］ Besedes T, Nair – Reichert U. Firm heterogeneity, trade liberalization, and duration of trade and production: The case of India ［J］. Canadian Journal of Economics, 2009, Working Paper.

［159］ Besedeš T, Prusa T J. Product differentiation and duration of US import trade ［J］. Journal of International Economics, 2006b, 70 (2): 339 – 358.

［160］ Besedeš T, Prusa T J. The role of extensive and intensive margins and export growth ［J］. Journal of Development Economics, 2011, 96 (2): 371 – 379.

［161］ Békés G, Muraközy B. Temporary trade and heterogeneous firms ［J］. Canadian Journal of Economics, 2012, 87 (2): 232 – 246.

［162］ Bonaccorsi A. On the relationship between firm size and export intensity ［J］. Journal of International Business Studies, 1992, 23 (4): 605 – 635.

［163］ Borrmann A, Busse M, Neuhaus S. Institutional quality and the gains from trade ［J］. Kyklos, 2006, 59 (3): 345 – 368.

［164］ Boschma K F A. A theoretical framework for evolutionary economic geography: Industrial dynamics and urban growth as a branching process ［J］.

Journal of Economic Geography, 2007, 7 (5): 635 – 649.

[165] Brandt L, Biesebroeck J V, Zhang Y. Creative accounting or creative destruction? Firm-level pro-ductivity growth in Chinese manufacturing [J]. Journal of Development Economics, 2012, 97 (2): 339 – 351.

[166] Bratti M, Felice G. Are exporters more likely to introduce product innovations? [J]. World Economy, 2012, 35 (11): 1559 – 1598.

[167] Broda C, Weinstein D E. Globalization and the gains from variety [J]. The Quarterly Journal of Economics, 2006, 121 (2): 541 – 585.

[168] Brooks E L. Why don't firms export more? product quality and colombian plants [J]. Journal of Development Economics, 2006, 80 (1): 160 – 178.

[169] Bustos P. Trade liberalization, exports, and technology upgrading: Evidence on the impact of mercosur on argentinian firms [J]. American Economic Review, 2011, 101 (1): 304 – 340.

[170] Chacha P W, Edwards L. The duration of dutch export relations: Decomposing firm, country and product characteristics [J]. ERSA Working Paper No. 712, 2017.

[171] Chakraborty P. Judicial quality and regional firm performance: The case of Indian states [J]. Journal of Comparative Economics, 2016, 44 (4): 902 – 918.

[172] Chaney T. Distorted gravity: The intensive and extensive margins of international trade [J]. American Economic Review, 2008, 98 (4): 1707 – 1721.

[173] Chao M H, Kumar V. The impact of institutional distance on the international diversity-performance relationship [J]. Journal of World Business, 2010, 45 (1): 93 – 103.

[174] Cheptea A. Trade liberalization and institutional reforms [J]. Economics of Transition and Institutional Change, 2007, 15 (2): 211 – 255.

[175] Clerides S, Lach S, Tybout J R. Is learning by exporting impor-

tant? Micro-dynamic evidence from colombia, mexico, and morocco [J]. The Quarterly Journal of Economics, 1998, 113 (3): 903 – 947.

[176] Coase R. The nature of the firm [J]. Economica, 1937, 4 (16): 386 – 405.

[177] Coase R. The problem of social cost [J]. Classic Papers in Natural Resource Economics, 1960, 3 (10): 83 – 137.

[178] Combes P P, Gilles D, Laurent G et al. The productivity advantages of large cities: Distinguishing agglomeration from firm selection [J]. Social Science Electronic Publishing, 2009, 80 (6).

[179] Costinot A. On the origins of comparative advantage [J]. Journal of International Economics, 2009, 77 (2): 255 – 264.

[180] Crozet M, Head K, Mayer T. Quality sorting and trade: Firm-level evidence for french wine [J]. The Review of Economic Studies, 2011, 79 (2): 609 – 644.

[181] Eaton J, Eslava M, Maurice K. The margins of entry into export markets: Evidence from colombia [M]. The Organization of Firms in a Global Economy, Cambridge, MA: Harvard University Press, 2008.

[182] Eaton J, Kortum S S, Kramarz F. Trade growth in a heterogeneous firm model: Evidence from South Eastern Europe [J]. Econometrica, 2011, 79 (5): 1453 – 1498.

[183] Elsass P M, Veiga J F. Acculturation in acquired organizations: A force-field perspective [J]. Human Relations, 1994, 47 (4): 431 – 453.

[184] Esteve – Pérez S, Requena – Silvente F, Pallardó – Lopez V J. The duration of firm-destination export relationships: Evidence from Spain, 1997 – 2006 [J]. Economic Inquiry, 2013, 51 (1): 159 – 180.

[185] Facundo A, Sebastián F, Hallak J C. Survival in export markets [J]. Journal of International Economics, 2016, 102: 262 – 281.

[186] Falvey R, Greenaway D, Yu Z. Extending the melitz model to

asymmetric countries [J]. Social Science Electronic Publishing, 2004, No. 07.

[187] Falvey R, Greenaway D, Yu Z. Intra-industry trade between asymmetric countries with heterogeneous firms [J]. Ssrn Electronic Journal, 2004, No. 05.

[188] Fan H, Yao A L, Yeaple S R. Trade liberalization, quality, and export prices [J]. The Review of Economics and Statistics, 2015, 97 (5): 1033 – 1051.

[189] Faruq H A. How institutions affect export quality [J]. Economic Systems, 2011, 35 (4): 586 – 606.

[190] Feenstra R C, Li Z, Yu M. Exports and credit constraints under incomplete information: Theory and evidence from China [J]. The Review of Economics and Statistics, 2013, 96 (4): 729 – 744.

[191] Feenstra R C, Romalis J. International prices and endogenous quality [J]. The Quarterly Journal of Economics, 2014, 129 (2): 477 – 527.

[192] Felbermayr G J, Kohler W. Exploring the intensive and extensive margins of world trade [J]. Review of World Economics, 2006, 142 (4): 642 – 674.

[193] Francois J, Manchin M. Institutions, infrastructure, and trade [J]. World Bank Policy Research. 2007, Working Paper No. 4152.

[194] Fugazza M, Molina A C. The determinants of trade survival [J]. HEID Working Paper No. 05, 2009.

[195] Gervais A. Product quality, firm heterogeneity and trade liberalization [J]. The Journal of International Trade & Economic Development, 2015, 24 (4): 523 – 541.

[196] Groot H L F D, Linders G J, Rietveld P et al. The institutional determinants of bilateral trade patterns [J]. Kyklos, 2004, 57 (1): 103 – 123.

[197] Gullstrand J, Persson M. How to combine high sunk costs of exporting and low export survival [J]. Review of World Economics, 2015, 151

（1）：23 – 51.

［198］ Hallak J C. Product quality and the direction of trade ［J］. Journal of International Economics, 2006, 68 （1）：238 – 265.

［199］ Hallak J C, Schott P K. Estimating cross-country differences in product quality ［J］. The Quarterly Journal of Economics, 2011, 126 （1）：417 – 474.

［200］ Hallak J C, Sivadasan J. Firms' exporting behavior under quality constraints ［J］. Working Papers, 2010, 14928.

［201］ Hallak J C, Sivadasan J. Product and process productivity：Implications for quality choice and conditional exporter premia ［J］. Journal of International Economics, 2013, 91 （1）：53 – 67.

［202］ Helpman E, Melitz M, Rubinstein Y. Estimating trade flows：Trading partners and trading volumes ［J］. The Quarterly Journal of Economics, 2008, 123 （2）：441 – 487.

［203］ Helpman E. Trade, FDI, and the organization of firms ［J］. Journal of Economic Literature, 2006, 44 （3）：589 – 630.

［204］ Hiller S, Schröder P J H, Sørensen A. Export market exit and firm survival：Theory and first evidence ［M］. Berlin：Springer Berlin Heidelberg, 2017.

［205］ Hummels D, Klenow P J. The variety and quality of a nation's exports ［J］. American Economic Review, 2005, 95 （3）：704 – 723.

［206］ Hummels D, Skiba A. Shipping the good apples out? An empirical confirmation of the alchianallen conjecture ［J］. Journal of Political Economy, 2004, 112 （6）：1384 – 1402.

［207］ Jean S. International trade and firms' heterogeneity under monopolistic competition ［J］. Open Economies Review, 2002, 13 （3）：291 – 311.

［208］ Johnson R C. Trade and prices with heterogeneous firms ［J］. Journal of International Economics, 2012, 86 （1）：43 – 56.

[209] Kancs D. Trade growth in a heterogeneous firm model: Evidence from South Eastern Europe [J]. The World Economy, 2007, 30 (7): 1139 – 1169.

[210] Khandelwal A K, Schott P K, Wei S J. Trade liberalization and embedded institutional reform: Evidence from Chinese exporters [J]. American Economic Review, 2013, 103 (6): 2169 – 2195.

[211] Khandelwal A K. The long and short (of) quality ladders [J]. The Review of Economic Studies, 2010, 77 (4): 1450 – 1476.

[212] Kleibergen F, Paap R. Generalized reduced rank tests using the singular value decomposition [J]. Journal of Econometrics, 2006, 133 (1): 97 – 126.

[213] Koenker R, Bassett G. Regression quantiles [J]. Econometrica, 1978, 46 (1): 33 – 50.

[214] Kogut B, Singh H. The effect of national culture on the choice of entry mode [J]. Journal of International Business Studies, 1988, 19 (3): 411 – 432.

[215] Krammer S M S, Strange R, Lashitew A. The export performance of emerging economy firms: The influence of firm capabilities and institutional environments [J]. International Business Review, 2018, 27 (1): 218 – 230.

[216] Krugman P. Scale economies, product differentiation, and the pattern of trade [J]. American Economic Review, 1980, 70 (5): 950 – 959.

[217] Kugler M, Verhoogen E. Prices, plant size, and product quality [J]. The Review of Economic Studies, 2011, 79 (1): 307 – 339.

[218] Kugler M, Verhoogen E. The quality-complementarity hypothesis: Theory and evidence from Colombia [J]. National Bureau of Economic Research, 2007, No. 14418.

[219] Lawless M. Deconstructing gravity: Trade costs and extensive and intensive margins [J]. Canadian Journal of Economics, 2010, 43 (4): 1149 – 1172.

［220］Lejour A. The duration of dutch export relations: Decomposing firm, country and product characteristics ［J］. De Economist, 2015, 163 (2): 155 - 176.

［221］Levchenko A. Institutional quality and international trade ［J］. The Review of Economic Studies, 2007, 74 (3): 791 - 819.

［222］Li J, Vertinsky I, Zhang H. The quality of domestic legal institutions and export performance ［J］. Management International Review, 2013, 53 (3): 361 - 390.

［223］Linder S B. An Essay on Trade and Transformation ［M］. New York: John Wiley, 1961.

［224］Lipuma J A, Newbert S L, Doh J P. The effect of institutional quality on firm export performance in emerging economies: A contingency model of firm age and size ［J］. Small Business Economics, 2013, 40 (4): 817 - 841.

［225］Long N V, Raff H, Stähler F. Innovation and trade with heterogeneous firms ［J］. Journal of International Economics, 2011, 84 (2): 149 - 159.

［226］Lorz O, Wrede M. Trade and variety in a model of endogenous product differentiation ［J］. SSRN Electronic Journal, 2009, 09 (1): 145 - 174.

［227］Álvarez Inmaculada C, Javier B, Andrés R P. Does institutional quality matter for trade? Institutional conditions in a sectoral trade framework ［J］. World Development, 2018, 103: 72 - 87.

［228］Manova K, Zhang Z. Export prices across firms and destinations ［J］. The Quarterly Journal of Economics, 2012, 127 (1): 379 - 436.

［229］Marano V, Kostova T. Unpacking the institutional complexity in adoption of CSR practices in multinational enterprises ［J］. Journal of Management Studies, 2016, 53 (1): 28 - 54.

［230］Mayer T, Melitz M J, Ottaviano G I P. Market size, competition, and the product mix of exporters ［J］. Social Science Electronic Publishing, 2014, 104 (2): 495 - 536.

［231］Ma Y, Qu B, Zhang Y. Judicial quality, contract intensity and trade: Firm-level evidence from developing and transition countries ［J］. Journal of Comparative Economics, 2010, 38 (2): 146 – 159.

［232］Melitz M J. The impact of trade on intra-industry reallocations and aggregate industry productivity ［J］. Econometrica, 2003, 71 (6): 1695 – 1725.

［233］Meon P, Sekkat K. Institutional quality and trade: Which institutions? Which trade? ［J］. Economic Inquiry, 2008, 46 (2): 227 – 240.

［234］Nocke V, Yeaple S. Cross-border mergers and acquisitions vs. greenfield foreign direct investment: The role of firm heterogeneity ［J］. Journal of International Economics, 2007, 72 (2): 336 – 365.

［235］Nunn N. Relationship-specificity, incomplete contracts, and the pattern of trade ［J］. The Quarterly Journal of Economics, 2007, 122 (2): 569 – 600.

［236］Nunn N, Trefler D. Domestic institutions as a source of comparative advantage ［M］. Elsevier, 2014: 263 – 315.

［237］Ohlin B. Interregional and international trade ［M］. MA: Harvard University Press, 1933.

［238］Olley S, Ariel P. The dynamics of productivity in the telecommunications industry ［J］. Econometrica, 1996, 64 (4): 1263 – 1298.

［239］Pavcnik N. Trade liberalization, exit, and productivity improvements: Evidence from chilean plants ［J］. The Review of Economic Studies, 2002, 69 (1): 245 – 276.

［240］Roberts M J, Xu D Y, Fan X Y et al. A structural model of demand, cost, and export market selection for Chinese footwear producers ［J］. NBER Working Paper No. 17725, 2012.

［241］Samadi A H. Institutions and entrepreneurship: unidirectional or bidirectional causality? ［J］. Journal of Global Entrepreneurship Research, 2019,

9 (1): 135 – 161.

[242] Schott P K. Across-product versus within-product specialization in international trade [J]. The Quarterly Journal of Economics, 2004, 119 (2): 647 – 678.

[243] Shearmur R, Doloreux D, Laperrière A. Is the degree of internationalization associated with the use of knowledge intensive services or with innovation? [J]. International Business Review, 2015, 24 (3): 457 – 465.

[244] Soeng R, Cuyvers L. Domestic institutions and export performance: Evidence for Cambodia [J]. The Journal of International Trade & Economic Development, 2018, 27 (4): 389 – 408.

[245] Tibor B, Juan B. What drives export survival in latin america? An analysis of export duration in Latin America [J]. Inter – American Development Bank, mimeo, 2010.

[246] Verhoogen E A. Trade, quality upgrading, and wage inequality in the mexican manufacturing sector [J]. The Quarterly Journal of Economics, 2008, 123 (2): 489 – 530.

[247] Wagner J. Exports, imports and firm survival: first evidence for manufacturing enterprises in Germany [J]. Review of World Economics, 2013, 149 (1): 113 – 130.

[248] Wang Y, Wang Y, Li K. Judicial quality, contract intensity and exports: Firm-level evidence [J]. China Economic Review, 2014, 31: 32 – 42.

[249] Zahonogo P. Trade and economic growth in developing countries: Evidence from Subsaharan Africa [J]. Journal of African Trade, 2016, 3 (1): 41 – 56.